经济法研究

Economic Law Review

(第17卷)

主编 张守文

图书在版编目(CIP)数据

经济法研究.第17卷/张守文主编.—北京:北京大学出版社,2016.11
ISBN 978-7-301-27666-2

Ⅰ.①经… Ⅱ.①张… Ⅲ.①经济法—研究—中国—文集 Ⅳ.①D922.290.4-53

中国版本图书馆 CIP 数据核字(2016)第 246241 号

书　　　名	经济法研究(第17卷)	
	JINGJIFA YANJIU	
著作责任者	张守文　主编	
责任编辑	郭瑞洁	
标准书号	ISBN 978-7-301-27666-2	
出版发行	北京大学出版社	
地　　　址	北京市海淀区成府路 205 号　100871	
网　　　址	http://www.pup.cn	
电子信箱	law@pup.pku.edu.cn	
新浪微博	@北京大学出版社　@北大出版社法律图书	
电　　　话	邮购部 62752015　发行部 62750672　编辑部 62752027	
印　刷　者	三河市博文印刷有限公司	
经　销　者	新华书店	
	965 毫米×1300 毫米　16 开本　16.75 印张　283 千字	
	2016 年 11 月第 1 版　2016 年 11 月第 1 次印刷	
定　　　价	38.00 元	

未经许可,不得以任何方式复制或抄袭本书之部分或全部内容。
版权所有,侵权必究
举报电话: 010-62752024　电子信箱: fd@pup.pku.edu.cn
图书如有印装质量问题,请与出版部联系,电话: 010-62756370

卷 首 语

随着我国全面深化改革和全面依法治国的推进,在经济发展的新阶段,如何处理好改革、法治与发展的关系,是经济法研究需要回应的重要问题。为此,本卷分为"经济法基础理论""宏观调控法""市场规制法""比较法论坛""综述"五个栏目,每个栏目所收入的论文,都试图从经济法理论和制度建设的角度,回答当前的重大现实问题。

"经济法基础理论"专栏共刊发了五篇论文,主要涉及新时期经济法制度建设的理论和实践问题。陈乃新教授的《论新时期的经济法制建设》一文,提出经济法通过对主体的劳动力要素上的权利义务配置,可以对全面深化改革发挥独特作用,因而应当加强经济法的法制建设,更好地运用经济法的调整原则和调整方法。董玉明教授的《论经济新常态与经济法的回应》一文,认为"经济新常态"是当前和将来一段时期中国的经济社会发展现实,为经济法研究提供了重要素材,为此,经济法研究和制度建设都应作出回应。邢会强教授的《经济法立法如何精细化——精细化的立法技术初探》一文,对经济法的若干重点立法技术进行了探讨,认为经济生活的变动仍频,如果为了追求经济法的稳定性而大量地使用原则性的立法技术和授权立法,就可能造成法律的空洞化,因此,经济法的立法不能忽略细节,否则就形同虚设。袁达松教授和黎昭权同学合著的《经济法类型学与经济基本法的制定次序》一文,基于类型学的视角,认为可以对经济法按照特定属性进行识别和归类,以更好地把握其发展规律与特性,同时强调,现阶段制定《经济法纲要》时机尚未成熟,可考虑先制定"经济稳定与增长促进法"和"发展规划法"。此外,基于公共治理理念的兴起和"软法"现象的大量出现,林益先生的《中国〈上市公司治理准则〉的软法化研究》一文认为,在上市公司治理规则中,除了硬法规范外,还存在着证券交易所、上市公司协会等不同主体制定的软法规范,该文对上市公司治理准则软法化的具体路径进行了探讨。

"宏观调控法"专栏共刊发四篇论文,主要涉及税法和金融法的理论和制度建设。杨小强教授和胡蕙雅同学合著的《论增值税法上的对价》一文认为,在增值税的征收过程中,实现正确征税,避免国家税收流失以及纳税人合法权益被侵犯的重要手段之一,就是明确增值税法上的对价的定义和确定方式;我国相关法律文件中关于对价的规定不能适应现实需求,因而应当设立更为完善的对价制度。许炎教授的《城市化与居住权:不动产税制的作用》一文,结合香港的制度实践,着重讨论城市化与居住权保护问题,研究不动产税制的引入能否为保护居住权,促进财富再分配和打击投机行为等起到应有的作用。陈越鹏博士的《住宅用地续期问题与房产税改革》一文认为,住宅建设用地使用权续期是否需要收费、如何收费等问题尚无定论,需要后续立法予以解决。刘辉博士生和陈向聪教授合著的《我国信贷政策管理法制化之迷思与路径》一文认为,长期以来,我国信贷政策管理实践呈现出法律依据不足、管理主体混乱、管理手段滞后、管理效率低下等问题,并提出我国信贷政策管理权宜从基础法律框架和配套法律制度两方面进行优化设计。

"市场规制法"专栏共刊发四篇论文,主要涉及反垄断法和金融监管法的内容。刘云亮教授的《反垄断执法责任清单的挑战与对策》一文认为,在简政放权,明晰权力,转变职能的行政体制改革的大背景下,推行反垄断执法机构的责任清单制度,强化反垄断执法机构的责任制度,将有助于全面促进我国反垄断法实施,提升反垄断法在市场经济中的重要地位和弘扬市场经济运行机制的公正性。刘丹副教授的《反抽象行政行为所致行政垄断的司法救济》一文,以《行政诉讼法》的修改为背景,重点探讨了反抽象行政行为所致行政垄断的司法救济问题。此外,推行证券发行注册制是中国证券监管改革的一个重大举措,必将对证券市场发展产生深远影响,对此,黄辉教授的《注册制改革背景下的虚假陈述赔偿制度:现状与未来》一文提出,投资者赔偿制度的构建就是其中一个关键问题,该文分析了我国证券虚假陈述赔偿制度的现状以及未来发展的方向,认为我国证券虚假陈述赔偿诉讼制度的主要问题不在于实体规则,也不在于诉讼形式,而是法院的司法问题。何锦龙先生的《同类资产管理监管规则一致性初探:以银行理财和基金为对象》一文认为,随着资产管理行业的繁荣和规范,银行理财和基金的相似度越来越高,因而监管规则也存在趋同的趋势。

进行比较法研究一直都是法学研究的主要路径之一。实际上,比较经济法研究亦是中国经济法发展的重要推动力。作为后发国家,我国必须自觉充分地学习、借鉴法治发达国家先进的经济法理论智识与制度经验,进而结合本土资源与中国语境,解决现实问题。基于此种考虑,**本卷新设"比较法论坛"栏目,共刊发五篇文章**,分别从理论与制度层面展开对比研讨。刘大洪教授、段宏磊博士生的《中美 PCA 立法与实施比较研究》一文,通过对中美具体制度的比较研究,发现我国目前的商业银行即时纠正措施之设置尚离基本的效率要求相去甚远,认为我国商业银行即时纠正措施一方面应细化类别、指标和相应的纠正措施,另一方面可以借鉴美国的不同类别银行的动态传导机制,以达到对即时纠正措施效率的改进。毕莹老师的《丹宗昭信之经济法理论述评》一文,对日本著名经济法学家丹宗昭信教授的代表作《〈经济法(学)的独立性——以"统制"的概念对经济法统一体系化的尝试〉》进行了详细介绍和评述。余涛博士生的《内地与香港外汇基本法制之比较:一个法理的反思》一文,从制度理念和规则构成两个维度,对香港和内地的外汇基本法制进行了考察,认为内地的制度应当从委任性规则数量的配置、外汇法制的市场导向、外汇法制文化的生成等方面去完善。李乃洪博士生的《美国行标组织专利池的反垄断规制与专利池博弈模型分析》一文,运用简易经济模型,检验了中美两国的相关规定和法院判决,认为应采用专门立法的形式鼓励设立 SSO 专利联营组织,仅对于 SSO 成员的少数切割产能等反垄断行为予以明文限制,其余可疑行为则应由政府监理部门以个案方式分析监理而非径行禁止。张妍美博士生的《场外金融衍生品之事前规制措施——以韩国事前审议制度为主》一文,从韩国原有的事前审议制度出发,在对世界其他国家、地区具有代表性的事前审查制度考察的基础上,讨论中国引进事前审议制度的必要性和可能性。

在综述栏目,刊发了一篇年会综述。 孟庆瑜教授和刘广明副教授合作完成的《第二十三届全国经济法理论研讨会综述》,整理了中国经济法学研究会 2015 年年会暨第二十三届全国经济法理论研讨会的会议成果,围绕"全面改革、依法治国与经济法"的主题,对年会论文集、参评青年论文以及会议简报等内容作出了系统综述。

当下的中国已步入"经济新常态",由此虽给中国带来重要的发展机遇,但诸多问题和挑战也接踵而至。经济法作为促进发展之法,需要合理因应"经济新常态",以促进经济和社会的良性运行和可持续发展。我国在财税立法、互联网金融创新、反垄断法实施、房地产调控以及食品安全监管等诸多领域,已形成了丰富的实践经验,依法治国也纳入了中共十八届四中全会的主要议题。如何结合既有经济法理论,立足于"经济新常态",从这些生动的治理实践中提炼出新的理论命题,进一步发展经济法理论,为全面深化改革和经济社会的新发展作出经济法学者的独特贡献,应当是我国经济法学界关注的重点。《经济法研究》将一如既往地欢迎学界、实务界同仁惠赐优秀研究成果,共同推进经济法的新发展。

北京大学经济法专业的博士研究生覃甫政、董学智、祝远石、王磊,硕士研究生李兆俊、徐温妮,承担了本卷部分约稿、编辑工作,在此感谢他们认真细致的工作。同时,也感谢北京大学出版社法律事业部邹记东主任、郭瑞洁编辑长期以来的大力支持。

张守文

2016 年 5 月 30 日

于北京大学经济法研究所

目录

经济法基础理论

3　论新时期的经济法制建设　　　　　　　陈乃新
9　论经济新常态与经济法的回应　　　　　董玉明
17　经济法立法如何精细化
　　——精细化的立法技术初探　　　　　邢会强
24　经济法类型学与经济基本法的制定次序
　　　　　　　　　　　　　袁达松　黎昭权
39　中国《上市公司治理准则》的软法化研究　林　益

宏观调控法

57　论增值税法上的对价　　　　杨小强　胡蕙雅
84　城市化与居住权:不动产税制的作用　　许　炎
100　住宅用地续期问题与房产税改革　　　陈越鹏
114　我国信贷政策管理法制化之迷思与路径
　　　　　　　　　　　　　　刘　辉　陈向聪

市场规制法

131　反垄断执法责任清单的挑战与对策　　刘云亮
138　反抽象行政行为所致行政垄断的司法救济
　　　　　　　　　　　　　　　　　　　刘　丹

145 注册制改革背景下的虚假陈述赔偿制度：
　　　现状与未来　　　　　　　　　　　　黄　辉
159 同类资产管理监管规则一致性初探：
　　　以银行理财和基金为对象　　　　　　何锦龙

比较法论坛

175 中美PCA立法与实施比较研究
　　　　　　　　　　　　　　　刘大洪　段宏磊
186 丹宗昭信之经济法理论述评　　　　　　毕　莹
195 内地与香港外汇基本法制之比较：
　　　一个法理的反思　　　　　　　　　　余　涛
209 美国行标组织专利池的反垄断规制与
　　　专利池博弈模型分析　　　　　　　　李乃洪
225 场外金融衍生品之事前规制措施
　　　——以韩国事前审议制度为主　〔韩〕张妍美

综述

243 全面改革、依法治国与经济法
　　　——第二十三届全国经济法理论研讨会综述
　　　　　　　　　　　　　　　孟庆瑜　刘广明

257 稿约

Contents

Fundamental Theory of Economic Law

The Development of The Economic Law in The New Age　　Chen Naixin　3

The Response to China's New Normal from The Economic Law
　　　　　　　　　　　　　　　　　　　　　　Dong Yuming　9

How to refine Economic law legislation—a preliminary study of the
　　refinement of legislative technology　　Xing Huiqiang　17

Typology of Economic Law and the setting of Economic Basic Law
　　　　　　　　　　　　　　　Yuan Dasong, Li Zhaoquan　24

A study on How to make China's listed company governance principles
　　become a soft law　　　　　　　　　　　　　　Lin Yi　39

The Macro-control Law

Thesis on the Consideration in Value-Added Tax Law
　　　　　　　　　　　　　　　　Yang Xiaoqiang, Hu Huiya　57

Urbanization and Habitatio: the role of real estate tax system　Xu Yan　84

The Issue on the Extension of the Right to Use Land for housing and the
　　Reform of Real Estate Tax Law　　　　　　Chen Yuepeng　100

The Myth and the Approach of the Legislation of China's Credit Policy
　　Management　　　　　　　　　　　Liu Hui, Chen Xiangcong　114

The Market Regulation Law

The challenges and countermeasures of the law enforcement responsibility
　　list in anti-monopoly field　　　　　　　　　　Liu Yunliang　131
Judicial Remedies of Administrative Monopoly due to Anti-abstract
　　Administrative Act: In the Core of the Administrative Procedure Law
　　　　　　　　　　　　　　　　　　　　　　　　Liu Dan　138
The Compensation System for The False Statement of Securities Under
　　The Background of The registration Reform: The Status and The
　　Future　　　　　　　　　　　　　　　　　　Huang Hui　145
The Consistency of Assets Management Supervisory Regulations: Unified
　　Supervision of Bank Financing and Funds　　　He Jinlong　159

The Comparative Law Forum

The Efficiency of PCA: A Comparative Study Based on "Federal Deposit
　　Insurance Act" in USA and "Capital Ratio Management Approach"
　　in China　　　　　　　　　　　Liu Dahong, Duan Honglei　175
Review of Economic Law theory of Tanimune Akinobu　　Bi Ying　186
A Comparison between the Fundamental Foreign Exchange Institutions
　　of China Mainland and Hong Kong: A juridical Reflection　Yu Tao　195
Antitrust Regulation of The Line Standard Organization Patent Pool and
　　Patent Pool Game Model Analysis　　　　　　　Li Naihong　209
OTC Advance Regulation Measures of Financial Derivatives: Korea's
　　Review System (Hong-Gi Kim)　　　　　　Zhang Yanmei　225

Summary

Comprehensive reform, the rule of law, and Economic Law: a summary of
　　the twenty-third National Seminar on Economic Law
　　　　　　　　　　　　　　　Meng Qingyu, Liu Guangming　243

Contributions Wanted　　　　　　　　　　　　　　　　　257

经济法基础理论

论新时期的经济法制建设

陈乃新[*]

在 2001 年即新世纪元年,我国已把经济法列入中国特色社会主义法律体系,经济法已成为构成该体系的七大法律部门之一,同时还决定包括经济法在内的"各个法律部门中基本的、主要的法律应当制定出来"[①]。然而,到如今已经过去了十多年,我国尚未制定出类似《民法通则》的基本经济法,而且对经济法作为独立法律部门也还认识不足,这在全面改革与依法治国的当下,经济法的建设显得难以适应客观需要。对此,我认为当务之急就是要弄清两个问题:一是只有确定经济法调整劳动力关系,经济法才能真正区别于民商法以及行政法这两个法律部门,我们才能使经济法作为一个独立法律部门对改革发挥应有作用;二是作为独立法律部门的经济法,应当在"领域立法"[②]之中真正得到更多体现与应用,以满足全面依法治国的需要。显然,如果我们能建设好这种经济法,那就将是世界法制史上开天辟地的大事件,也必会产生世界性的影响。

一、经济法只有作为独立法律部门 才能对改革发挥独特作用

我国实行社会主义市场经济,现已确定要使市场对资源配置起决定性作用和更好发挥政府作用。这肯定需要多个法律部门各自独立地又相互协调

---

[*] 陈乃新,湘潭大学法学院教授,博士生导师。
[①] 参见李鹏:《全国人民代表大会常务委员工作报告》,载《中华人民共和国第九届全国人民代表大会第四次会议文件汇编》,人民出版社 2001 年版,第 162 页。
[②] 参见《中共中央关于全面推进依法治国若干重大问题的决定》,第二点之第(四)点"加强重点领域立法"。

地来满足这种改革的需要,但经济法部门现在还很难做好这一点。

（一）我国经济法现在还未真正以独立的法律部门对改革发挥作用

我们说经济法尚未真正以独立法律部门对改革发挥作用,其理由主要有二：

第一,经济法本身的发展还不甚成熟。在我国经济法虽已成为中国特色社会主义法律体系的组成部分,即对经济法在法律体系中的地位已有所确认；但经济法这个法律部门,目前除了1986年北京大学杨紫烜教授等曾经提起并受托作出了一份《中华人民共和国经济法纲要起草大纲（征求意见稿）》③外,基本经济法和与经济法相应的程序法的制定迄今都没有提上议事日程；同时,我们也未能在有关的法律中抽出一种可共同归属于经济法这个法律部门的法律规范体系。

第二,对经济法与经济领域立法还有所混同。对于领域立法,例如在有关经济的法律中,学界对运用了经济法特有的调整原则和调整方法的法律规范的例证,尚缺乏学科法学的系统的解释；而经济法作为一个独立的法律部门,它也可能与其他部门法一起共同存在于领域法之中。这是由于为了解决某个领域如经济领域问题的法律,往往会牵涉对主体的财产、劳动力,以及不能排他性占有的资源与环境等三大物质要素的权利义务配置,还牵涉对公权力（尤其是行政权）对主体行使这三要素权利的某种干预的规定；在有关经济的法律中,常会有民商法、经济法和社会法,以及也还可能有行政法等各种法律规范。为此,我们既应当防范把某些有关经济的法律,直接说成是经济法；还应当在领域法的研究中,注意研究经济法部门的存在和发展。

经济法在实践上和在理论上的这种欠缺,使得经济法还没有真正作为独立的法律部门对改革发挥独特作用。

（二）经济法只有以调整劳动力关系作为独立法律部门的调整对象,才能对改革发挥独特作用

显然,我国立法机构是把经济法作为国家管理经济的法律,才确认经济法是中国特色社会主义法律体系七大法律部门之一的。但这也就很容易使

---

③ 原载中国经济法研究会北京分会秘书处1986年12月15日所编《会讯》第四期（总第10期）。

人把经济管理领域的法律当成经济法。而国家对经济的管理,此前又主要是通过行政机关行使行政权来进行的,于是有人就把经济法说成是经济行政法。④ 再加上我国自改革开放以来开始实行的是资源配置由"政府起决定作用"的市场经济,为适应这种需要的经济立法,本身就又有很多行政权干预经济的规定。这就造成了经济法与经济行政法的混同,以致经济法迄今未能作为独立法律部门对改革发挥独特作用。

实际上,经济法既不是调整财产关系,也不是调整行政关系,而是调整劳动力关系的。我们知道,一是民法调整财产关系已有法律规定,经济法不调整财产关系就可予以确定了,否则经济法就只能作为民法或民法的组成部分发挥作用。而劳动力则与民法所指称的财产不相同,是物质生产的一个必备要素。民法调整财产关系,经济法调整劳动力关系,两者才可并行不悖。二是把经济法说成是经济行政法,这连形式逻辑都违反了。如果经济法就只是行政法的一部分,还能说它是一个与行政法相并列的独立法律部门吗?但我们不否定行政主体可依法干预经济,而且它干预经济,并涉及对市场主体行使财产权、行使劳动力权和行使不可排他性占有的资源与环境的权利等的各种干预,这种立法即经济行政法不过是经济领域中运用行政法的调整原则和调整方法的表现。它与经济法调整劳动力关系并不相干。

以往由于我们没弄清经济法调整劳动力关系,经济法就或多或少与民法商法、与行政法纠缠在一起,以致使经济法存在着"种了别人的田,荒了自己的地"的欠缺,难以作为一个独立的法律部门对改革发挥独特的作用。

二、据实确定经济法调整劳动力关系,更好实行依法治国

为了实行依法治国,我们既需要一个由若干法律部门构成的中国特色社会主义法律体系,故应当完善经济法部门的建设;又需要"加强重点领域立法",故应当在经济领域的立法中更好地运用经济法的调整原则和方法。

(一) 确定经济法调整劳动力关系的理论基点

要完善经济法部门的建设,就应当确定经济法调整劳动力关系的理论基

---

④ 详见梁慧星、王利明、崔勤之:《经济行政法论》,载王家福主编:《中国经济法诸论》,法律出版社1987年版,第129—194页。

点。经济法学界近来更多的是对经济领域的立法展开研究,并已涉及经济法作为部门法与经济领域的法律的关系的研究。然而,在作为部门法的经济法研究中,较多人仍把其中行政干预经济的法律规范(或可称为经济行政法)当做了经济法;这从其理论基础来说,可能与囿于凯恩斯的国家干预主义有关。学界对于如何从马克思的历史唯物主义出发,去真正弄清市场经济弊端的法律应对,仍存在不足。

笔者认为,市场经济与世界上的其他事物一样,有其利也必有其弊。市场经济之弊在于:它使人的劳动力成了商品,进而对劳动力在生产出自己商品的价值之外还生产出的剩余价值(劳动力孳息)当做了天然孳息,并还像从前一样将其归为作为投资者的财产权人所有,并无度地展开这种市场竞争,不顾消费者利益地追逐剩余价值(劳动力孳息),直至国家也被卷入其中。这使市场经济在促进生产力大发展的同时也引发了资源环境危机、经济危机、人体能力危机和两极分化危机,这不是行政权力从外部加以干预所能包办得了的。马克思的一部《资本论》,则是强调要把人的劳动力从它作为商品的地位解放出来,实行剩余价值创造者的各尽其能、各得其所的劳动力"个人所有制"⑤,这才能应对。经济法正是这种劳动力个人所有制的法律形式。

我们已知,针对人们的生产、流通、分配和消费的经济活动,在为解决其中某种经济问题的立法中,通常就需要有关于主体行使财产权的民法、商法规范,又需要有主体行使劳动力(自益)权的经济法规范,以及还需要有主体行使以不可排他性占有的资源环境为媒介的劳动力孳息共益权的社会法规范。如果某个经济领域的法律侧重这三要素之一种要素的权利义务配置,这个法律可被归属相应的法律部门,但不能就此否定该法律中其他部门法的存在。由于财产、劳动力和不可排他性占有的资源与环境是经济生活的三大要素,对这三大要素的权利义务都作出配置,在要使市场对资源配置起决定性作用和更好发挥政府作用的经济体制中,才能体现全面依法治国的要求。当然,在为解决某种经济问题的立法中,也可能有行政干预经济生活的规定(属于行政法),但因政府对资源配置不起决定性作用,这种属于行政法的规范在经济领域的立法中不应占主导地位。

(二) 经济法调整劳动力关系本是一种客观存在

经济法调整劳动力关系,并非主观臆断,而是可从经济等领域的立法中

---

⑤ 马克思:《资本论》(第一卷),人民出版社 1975 年版,第 832 页。

抽出来得到求证的一种观点。我们若能按照经济法调整劳动力关系去建设经济法，就可更好地实行依法治国。这是因为，经济法调整劳动力关系，它是通过设定主体的劳动力的权利义务来规范行为，并规定其行为后果，解决发展利益纠纷，实现合作共赢的法益目的，保障主体各尽其能、各得其所的劳动力公平，促进经济持续健康发展的法律。它是我们在社会主义市场经济中实行依法治国的重要法制措施，对我们运用它的调整原则和调整方法以完善经济领域的立法，更好解决各种经济问题，都有独特的作用。

1. 微观经济的领域法中存在调整劳动力关系的经济法的实证

微观经济领域立法中所存在的调整劳动力关系的经济法，包括直接生产、市场经营和生活消费等领域的立法：一是直接生产领域的立法，主要有劳动法，以及公司法等，它们都不构成独立的法律部门，也不专属于哪个法律部门，它们有多个法律部门的共同渊源，其中就存在经济法的规范。例如，劳动法中有不得雇佣童工、工作日、最低工资、劳动保护、休息休假、民主管理等各种保护劳工的劳动力权（并非行政干预雇主财产权）的规定；劳动法最初表现为资本主义工厂法，比如，1804年法国制定民法典早两年制定的1802年英国《学徒健康与道德法》，这种劳动领域的立法，一开始就在有调整劳动力商品买卖（财产流转）关系的民事合同法内容的同时，又有为保护劳动力权而对劳动力关系进行调整的经济法内容，由于劳动法抓住了主体在物质生产中劳动力要素的权利配置，有利于平衡财产权人与劳动力权人的利益，有利于物化劳动与活劳动两要素的互动，因此，马克思把工厂法的制定看做"是社会对其生产过程自发形式的第一次有意识、有计划的反作用"⑥。再如，公司法中除了有公司行使法人财产权、人身权等民法商法的规定，也有关于股东股东会、董事董事会、经理，以及监事监事会等，协同运用公司财产和分享公司全体员工所创造的成果即行使劳动力权和分享劳动力孳息的规定，这实际就是公司立法对经济法调整原则与调整方法的运用；当然公司法中，还有有关社会保障等社会法的规定，有关公司登记的行政法的规定等。二是在市场竞争法中的经济法，即在市场经营领域立法中也存在的经济法。在市场经济中的微观经济领域，不仅包括直接生产，也包括市场经营，市场主体须在市场竞争中争得交易机会，交易份额和利润份额，实现它在直接生产中因付出劳动力而创造的剩余价值。但有的市场主体便会依托公共权力或财产实力，通过垄断和不正当竞争，以损害竞争对手的劳动力权进行市场逐利，并最终损害生

---

⑥ 马克思：《资本论》（第一卷），人民出版社1975年版，第527页。

产发展和消费者利益。因此,社会就需要保障等量资本获得等量利润公平的竞争法,来反不正当竞争,反垄断等,保护并促进市场主体的竞争力。因此,在竞争法中就会有制止民事侵权,非民事而是竞争侵权(侵犯市场主体在直接生产中付出的劳动力在市场竞争中得到相应利润而实现的权利),以及政府为维护市场竞争秩序而对违法行为进行行政处罚等,有关民法商法,经济法和行政法的规定。三是在生活消费领域立法中的经济法。在市场主体进入市场竞争时,也会发生以损害消费者利益来取得竞争优势和获得更多的利润的情形。这就产生了消费者权益保护法等法律。由于消费者须与经营者进行买卖方可消费,因此消费就前置了某种民事行为,从而可能产生民事违约或民事侵权,损害消费者的财产人身权益;但经营者还可能损害人的劳动能力,使能力再生的消费秩序遭到破坏,酿成能力危机,从而损害社会生产力发展的公共利益,所以,在消费者权益保护法中还有经济法,行政法等规范,来保护劳动力权和维护社会生活消费秩序。

2. 宏观经济的领域法中存在调整劳动力关系的经济法的实证

宏观经济领域的立法包括经济与社会发展计划、区域经济与产业经济、财政税收、金融、价格,以及涉外经济等各种领域的法律。在这些法律中,既有国家运用财产等民事手段调整宏观经济行为的民法商法规范,又有国家行政依法干预宏观经济的行政法规范,当然还有国家机构与市场主体合作创造财富和合作消减危机提高整个国民经济效益,参与对外竞争实现社会总资本的利润,以及促进民众消费与政府消费提高两者能力的经济法规范,这是因为在经济全球化背景下,每个国家也是一个从事物质财富创造,进行市场竞争和进行生活消费的主体,同时,这还因为政府也是由具有劳动力的个人结合起来的一种组织,它本身也能以宏观经济行为方式参与财富创造,并非只能以行政权干预经济。这就是说,在宏观经济领域的立法中也存在着调整国家机构与市场主体之间的劳动力关系的经济法。

根据以上分析,作为部门法的经济法可以在领域法中得到实证。同时,在领域立法中引入调整劳动力关系的经济法,使经济法通过对主体的劳动力要素上的权利义务配置,可以对物力资本与人力资本,实业资本与虚拟资本,物化劳动与活劳动等的利益平衡发挥作用,促进劳资政和中外各方的合作共赢,使经济法更好地为依法治国服务。

论经济新常态与经济法的回应

董玉明[*]

"经济新常态"是当前和将来一段时期中国经济社会发展的现实,因而必然是经济法学研究的重要问题意识源泉。为此,本文结合自己的学习体会,就我国"经济新常态"提出的背景、基本内容以及经济法的回应问题略述己见,以求教于学界同仁。

一、经济新常态提出的背景与基本内容综述

综合各种官方的新闻宣传报道,目前关于"经济新常态"的提法,包括了起源、政策含义和基本特征等几个方面的内容。

首先,关于"经济新常态"的提法,最早起源于 2014 年 5 月,习近平主席在河南考察时指出,"我国发展仍处于重要战略机遇期,我们要增强信心,从当前中国经济发展的阶段性特征出发,适应新常态,保持战略上的平常心态。"2014 年 11 月 9 日,习近平主席在亚太经济合作组织工商领导人峰会开幕式主旨演讲中又指出,"中国能否抓住新的机遇,应对新常态下的各种挑战和风险,关键在于全面深化改革的力度。"到 2014 年年底召开的经济工作会议上,更是将"认识新常态,适应新常态,引领新常态",定位为"当前和今后一个时期我国经济发展的大逻辑"。由此表明了,"经济新常态"的表述,是中央最高领导对我国当前及今后至少五年内所面临的经济发展形势和发展战略的基本判断。也是新一届中央领导在如何领导经济方面的新思维的体现,不仅具有经济意义,也具有政治意义。与此同时,也是对经济学界有关我国在

---

[*] 董玉明,山西大学法学院教授,山西省经济法学研究会会长。

经过30多年的高速发展后,下一步宏观经济发展战略将如何设计争议的"定纷止争"①,具有从最高层面决策并统一全国人民思想的政策意义。而这种政策导向一旦确定,将会成为今后一段时期内,全国人民在党中央领导下发展经济的基本出发点。而事实上,在2015年10月29日中共中央第十八届中央委员会第五次会议通过的《中共中央关于制定国民经济和社会发展第十三个五年规划的建议》中,已经将"加快形成引领经济发展新常态的体制机制和发展方式"确定为十三五期间我国发展的重要指导思想。据此,有关"经济新常态"已经由国家领导人的提法上升为中央的集体决策。

其次,关于"经济新常态"的政策含义问题,大意是指新常态之"新",意味着不同以往;新常态之"常",意味着相对稳定,主要表现为经济增长速度适宜、结构优化、社会和谐;转入新常态,意味着我国经济发展的条件和环境已经或即将发生诸多重大转变,经济增长将与过去三十多年10%左右的高速度基本告别,与传统的不平衡、不协调、不可持续的粗放增长模式基本告别。对此,中国人民大学校长陈雨露教授在《光明日报》发表文章认为,中国经济"新常态"孕育着一个正在崛起的国家拥抱新经济体系的宏大发展机遇。其主要包括:第一,大改革与大调整的机遇;第二,大消费、大市场与构建"大国经济效应"的机遇;第三,"大纵深"与构建多元增长极的机遇;第四,"大人才"与构建第二次人口红利的机遇;第五,"大创新"与构建技术红利的机遇;第六,"大升级"与构建升级版中国经济的机遇;第七,"大开放"与中国经济全球布局的机遇。并且,他认为,要很好把握这七大机遇,应将各种战略机遇转化为真正的增长和发展,这不仅需要我国有效解决"新常态"面临的各种问题和挑战,同时还需要我国在全面深化改革的基础上构建出适合下一轮经济发展的制度体系。②

最后,关于此轮"经济新常态"的基本特征,被表述为三个不同于过去30

---

① 自2010年中国GDP规模取代日本成为全球第二之后,中国经济出现了明显不同于前30年的特征,经济增速持续下滑,自2010年至2012年经济增速连续11个季度下滑后,2012年至2013年,GDP年增速连续两年低于8%。对于经济增速的持续下滑,理论和政策层面对此分歧很大。一部分学者认为,2010年以来经济下滑是因为全球金融危机等外部因素的影响,一旦这些因素消除,中国经济会恢复快速增长;而绝大多数的学者认为,中国经济近几年增速下滑的原因是趋势性的,是中国经济在经历30多年的快速增长之后,旧的增长模式已经难以为继,经济增速的下滑是必然的。很显然,两种观点不仅仅是理论的分歧,更重要的,其蕴含的宏观政策的导向完全不同:如果认为中国经济的减速是外部因素所致,则意味着经济增长是低于潜在增长率,刺激政策可以大有所为;如果认为中国经济的减速是内在因素所致,则意味着中国经济减速的原因是潜在增长率下降,宏观政策对此应该保持必要的克制和包容。

② 详见陈雨露:《新常态下中国经济发展的七大机遇》,载《光明日报》2015年3月19日。

年的特征：一是从高速增长转为中高速增长；二是经济结构不断优化升级，第三产业消费需求逐步成为主体，城乡区域差距逐步缩小，居民收入占比上升，发展成果惠及更广大民众；三是从要素驱动、投资驱动转向创新驱动。这三个特征是一个具有内在统一逻辑的体系。择其要点，可以概括为降速度、优结构、扩消费需求和创新驱动四个方面。

二、"经济新常态"之学术分析

目前，有关"经济新常态"的讨论，已经由学术界的讨论上升为国家的发展战略，并赋予了其政治运动的色彩。虽然社会各界在行动和宣传上应当与中央保持一致，但是，就学术研究而言，还需要保持一定的冷静，估计有关的讨论甚至争议，还会持续下去。对此，本文认为，其基本理由如下：

第一，"经济新常态"的政策效应还有待观察。

自2014年经济工作会议结束以来，中央的宏观经济政策即按照新的政策安排，向"降速度、优结构、扩消费需求和创新驱动方向"努力。但是直到现在，其突出效果还没有显现。其中，在降速度方面，仍然存在着保持7%增长速度的困扰，其中，由于经济增长速度的持续下滑，政府投资增长模式还会不得不反弹；在优结构方面，既往的工业剩余还没有得到消化，资源型产业结构调整则陷入困境；在扩大居民消费方面，基于居民购买力提升慢，还没有明显的进展；而在创新驱动方面，民间资本还处于徘徊状态，民间资本投资的投机性特征没有得到改变，科技增长率不足。尤其值得一提的是，2015年发生的"股灾事件"[③]和"天津港危险化学品大爆炸事件"[④]等一系列"人祸"，严重干

---

③ 中国股市自2014年第三季度之后，在短短8个月之内从2000多点攀升至2015年6月12日的5178点，涨幅之大令世界为之惊叹。但是，从6月15日开始发生了严重的股灾，从6月15日至7月8日，短短17个交易日上证指数从5178点暴跌至3373点，暴跌32.11%。两市市值蒸发24.5万亿，相当于10个上海市的GDP和13个中石油的市值。1349家上市公司选择停牌避灾，97%的股票下跌，其中占A股37%的922只股票跌幅超过50%，5000点以上的配资资金全军覆没，广大股民损失惨重。为此，国务院被迫采取强力救市措施，"暴力"干预股市，先后投入了近10000亿的资金，比2014年启动IPO融资以来总额还多8000亿左右，付出了沉重的代价。此后一批证监会官员被查，场外做空者受到严厉处罚。

④ 2015年8月12日晚11时，由于严重违规超标储存和操作不当，位于天津港的私营性质的瑞海公司危险品仓库发生特别重大火灾爆炸事故。截至9月11日上午9时，共发现遇难者165人，已确认身份165人，失联者8人，住院治疗233人，其中危重症3人，重症3人，累计出院565人。事故造成周边居民住宅和办公楼严重损毁，周边环境恶化。直接经济损失高达700亿，间接损失无法估量。事后发现该企业的设立也存在违法问题，相关官员和企业责任人遭到严厉查处。国务院下令，在全国展开对危险化学品生产储存违规行为的专项整理活动。

扰了"经济新常态"政策的实施。

第二,各地经济发展的不平衡问题。

从学理上分析,"经济新常态"的新思维,是经济发展阶段理论的具体化。它既是与过去 30 多年中国经济高速发展历史的切割,也是对近 10 年来,特别是 2008 年以来,中国为应对国际金融危机所采取的"投资增长型"模式的切割。然而,基于中国经济发展的不平衡,在适应"经济新常态"发展模式时,发达地区与欠发达地区存在着差异性,导致一些地区出现了严重的困境,例如,东北地区经济增长锐减。⑤ 又如,山西由于其本身的资源禀赋导致其难以转型也同样处于困境。⑥ 因此,从总体上判断,发达地区比较适应"经济新常态",而欠发达地区则不太适应"经济新常态"。如果中央无视欠发达地区经济急剧下滑的现状,新一轮的区域发展不平衡将会进一步加剧。之前,国家为解决区域发展不平衡矛盾所作出的努力将丧失掉,而现在所提倡的"经济新常态"也难以实现。

第三,国际上对我国经济新常态的接纳也有待观察。

随着我国经济规模和对外贸易的增长,我国的国际经济地位大幅度提升,为此,我国在国际经济发展中的话语权的分量也越来越重要。为此,"经济新常态"在对外开放方面,把我国的经济发展定位于"对国外的投资增长",并希望通过"一带一路"战略的实施⑦,使我国在国际经济秩序形成中发挥更大的作用,使我国在今后国际经济事务中有更多的主动权。然而,从目前的

---

⑤ 从 2013 年下半年,尤其是 2014 年以来,东北地区经济增速持续下滑。2003 年东北十年来保持平均 12% 以上的高速不再,变成了 2014 年几乎折半的速度。引起了官方和社会各界的关注。有调查认为,东北地区经济下滑的原因依次为:"产业结构不合理,资源型和重化工类产业比重大,服务业比重低"(76.4%)、"国企改革推进缓慢,民营经济发展迟缓"(74.6%)、"计划经济思维重,政府对市场、企业干涉过多"(67.3%)、"'原'字号'老'字号企业多,高科技新兴产业比重低"(65.5%)、"缺乏合理的对外开放格局,周边经济开放条件较差"(34.6%)、"中国经济进入'三期叠加'的新常态,东北受影响最大"(30.9%)。资料来源:中国高陵网:《中国有个地方,10 年走了 180 万人,已经到了最危急的时候!》2015 年 11 月 15 日。

⑥ 从 2001 年起,基于煤炭市场行情的增长,山西经历了持续 10 年的经济快速增长的黄金期,至 2012 年起开始出现了断崖式的经济下滑。主要原因是煤炭市场行情开始下滑所导致,而消费和进出口有限。基于资源禀赋又难以实现自身的产业转型。为此,改变经济现状,除自身努力外,需要国家产业政策的支持。

⑦ "一带一路"是"丝绸之路经济带"和"21 世纪海上丝绸之路"的简称。"一带一路"贯穿欧亚大陆,东边连接亚太经济圈,西边进入欧洲经济圈。无论是发展经济、改善民生,还是应对危机、加快调整,许多沿线国家同我国有着共同利益。历史上,陆上丝绸之路和海上丝绸之路就是我国同中亚、东南亚、南亚、西亚、东非、欧洲经贸和文化交流的大通道,"一带一路"是对古丝绸之路的传承和提升。"一带一路"的发展思路是习近平主席访问中亚和印尼的时候提出来的。目前获得了广泛认同,并已经上升到了中国和一些国家发展战略的高度。

状况来看,以美国为首的西方发达国家并不希望或者真心希望这样的局面出现,它们对于我国的崛起,心存恐惧,会以新的"冷战思维"百般阻挠,尤其是惧怕社会主义最终战胜资本主义。

第四,改革调整与经济新常态存在悖论。

按照目前对经济新常态的解释是希望今后的经济发展处于稳定、平衡的状态。对此,本文认为,经济新常态应包括三个方面的含义:一是,经济的发展首先要立足于满足既有人民群众在"吃、穿、住、用、行"的基本需求或社会保障之上,并以此为基础组织相应的社会生产。这是最基本的,且是保底的,是国家的基本责任。二是,在满足社会基本需求基础上,保持经济的适度增长,以便解决新增人口、新增劳动力、富裕人群的进一步消费需求以及国家平衡经济之所需。三是,以该两点为基础,仔细考量稳定发展中国家自然资源的消耗和环境生态保护问题,以便为可持续发展奠定基础。

然而,目前提到的"经济新常态",又是以"改革""调整"等命题为前提的。而要"改革""调整",就要打破既有的利益关系,对其进行"变革"。因而,它在理论上,又会与"常态""稳定"等提法存在悖论。如果按照市场经济的要求,我国过去的飞速发展,是用政府力促的"非常态"或"非常规"手段,才迅速发展到今天,虽然符合发展经济学原理[8],但并非是市场经济发展之常态。从此意义上讲,现在提到的"经济新常态",实质上就是指在过去"非常态"发展的基础上,落脚到符合市场经济要求的"常态"的状况,因而,是不存在"新常态"与"旧常态"之分的。与此同时,一种合理的解释是,现在"经济新常态"的提法,主要针对的是在国家经济增长的模式上,由过去通常或长期采用的常态性的"投资增长模式",力图转变为常态性的"消费增长性"模式,它符合市场发展的消费决定生产的经济增长逻辑。[9] 为此,国家有必要消减政府干预经济的权力,大力扶持市场的发展,并同时担负起公共消费的职责。

---

[8] 在经济学领域,发展经济学是专门研究发展中国家如何通过赶超战略的实施赶上发达国家的经济学。按照发展经济学原理,中国改革开放 30 多年的发展路程,就是按照发展经济学原理,通过非常规的市场发展赶超战略的政策和制度安排,推动经济快速发展,并取得了巨大的成效。

[9] 关于经济增长的模式,按照经济理论和实务界的表述,通常称之为"三驾马车",即投资、消费和进出口。在我国,由于消费力提升速度和进出口依赖受限的原因,形成了长时期依靠投资的经济增长模式。该模式虽然能够迅速满足经济速度增长的需求,并在解决公共需求方面成效显著,但却存在着资源耗竭过快和不可持续性问题。

三、"经济新常态"下经济法的回应

众所周知,经济法是调整国家经济运行的法。按照我国社会主义法律体系的部门法分工,经济法的功能主要是"为国家对市场经济进行适度干预和宏观调控提供法律手段和制度框架,防止市场经济的自发性和盲目性所导致的弊端"[⑩]。因此,在国家大力推行"经济新常态"时,经济法学界不可能不对这一现象作出积极的回应。本文认为,主要包括以下五个方面:

第一,要加强和完善宏观调控法。

在此方面,国家提出要完善宏观调控的体制、机制和制度。这说明,在"经济新常态"形势下,国家在强调"市场决定"的同时,并未否定宏观调控在市场经济中的地位和作用。在如何完善宏观调控的体制、机制和制度上,按照十八届四中全会"全面推进依法治国"的要求,就是要通过法治来完善宏观调控的体制、机制和制度。而在这其中,除有些方面需要宪法和行政法的立法和实施推动外,大部分的任务需要由经济法的制度完善和创新来落实。其基本点主要体现在几个方面:一是,积极参与"十三五"发展规划的制订并促进《发展规划法》的出台。目前,中央和地方的"十三五"发展规划正处于紧锣密鼓地筹划之中,中共中央有关"十三五"规划建议已经出台,进一步的规划纲要、专项规划及区域发展规划也将于2016年陆续出台。为此,经济法学界应当抓住机遇,积极调查研究,为国家和地方科学制订规划建言献策。而在《发展规划法》的出台问题上,应当与国家发改委、全国人大有关机关积极联络,参与其中,使经济法的国家责任、国家适度干预、保护社会整体利益、民主协调发展、奖惩结合等理念能够在立法中得以体现。二是,在完善财税制度和金融调控制度方面,作出积极的贡献。这是因为,在宏观调控领域,财税调控和金融调控制度是市场经济条件下宏观调控的基本手段。在此方面,虽然国家立法有一些进展,例如,修改了《预算法》,但是,在制度创新方面还有很大的空间。其中,2015年发生的"股灾",进一步说明了如何合理设计股市制度以及在发生"股灾"后,实施国家强力干预的必要性和合理性。对此,经济法学界应当予以深入的研究。

---

⑩ 该表述来源于2011年10月国务院新闻办公室发布的《中国特色社会主义法律体系》白皮书。

第二,要重点研究和促进市场运行中的消费力增长问题。

如前所述,"经济新常态"形势下,要重点促进消费力的增长,以消费促生产、促增长。为此,经济法理论研究和实务开展要在促进消费力增长方面大做文章。要改变以往主要关注微观领域的居民消费权益保障的法治现实,以"国家保基本、市场促消费,促发展"的基本原则为切入点,将居民家庭消费、生产消费和公共消费一体考量,其中,由政府负责的公共消费和部分关系居民消费安全的市场消费领域,应当坚持国家或政府责任原则,由政府负责予以规制与监督,甚至应包括主渠道的供给[11],而对于那些一般的民用的和生产用消费品,则主要通过市场调节来解决。为此,经济法的制定和实施,要为达到这样的"经济新常态"秩序,提供法律制度的保障。

第三,要更加重视对自然资源的分类管理和环境保护问题的研究。

按照现有社会主义法律体系的分工,自然资源保护立法范畴属于经济法,而环境保护方面的立法虽然归于行政法范畴,但却与经济法有着密切的联系。为此,经济法对于自然资源和环境保护法律问题的研究和调整,是以自然资源保护法为立足点的研究。而对自然资源保护法的调整,最有效的方法就是要分类调整、分类监管。其中,重点是对那些已经处于稀缺状态且涉及国家安全的自然资源,或对于缓解环境污染具有重要地位的自然资源的开发和利用问题进行法律规制与监督方面展开研究,同时,应当以贯彻《循环经济促进法》为基础,重点对环保产业的发展提出经济法制度完善的合理化建议。

第四,要研究"经济新常态"下对外贸易与投资的相关立法完善问题。

目前,中国的对外贸易已经达到世界第二的水平,因此,原有促进对外贸易的政策和法律措施,需要改变为以规范贸易秩序的新政策予以替代,它涉及《对外贸易法》的修订问题。与此同时,"经济新常态"要求中国政府和企业以"一带一路"战略实施为契机,更多地走出国门,到他国进行投资。这样,就涉及中国政府和企业在对外投资中,如何适应投资国的经济政策和法律,保护自身合法权益的问题,也涉及与对外投资相关的国际条约和协定的执行法律问题。为此,经济法学界需要与国际经济法学界共同联手,加强研究。

第五,要在统一大市场的格局中研究区域市场力的配置问题。

按照"经济新常态"的要求,新的常态经济要建立全国统一的大市场。为

---

[11] 这方面比较突出的问题是,为了保证13亿人民吃上放心粮,保证粮食供应安全,中央和地方政府必须下大力气,加强粮食主产区的安全生产规划与管理,担负起国家责任。

此,解决区域发展的不平衡问题的根本点在于取消各省市经济增长的竞争格局,对全国市场力予以统一布局,才能真正实现区域发展的利益共享和经济平衡。对此,经济法应当在制度创新上积极探索。

最后,值得强调的是,国家提出"经济新常态",并非是对过去经济工作的否定,而是对经济发展新阶段如何摆脱经济困境,"又好又稳"地发展经济的总体的和宏观的判断与决策。它是过去经济发展成绩和问题的延续,同时,也是对既有和潜在问题解决方案的行动指南。而要达到"经济新常态"的理想状况,全面推进依法治国并不意味着只要有了立法就能实现目标。其中,经济运行中的变量调整需要通过授权政府部门根据实际情况予以相机抉择性的处理,而包括经济法在内的法律主要在于新经济法律秩序的形成与基本制度的规范与监督落实。为此,在法律框架下的经济手段,甚至必要的行政手段必不可少,而经济领域道德诚信环境与制度的建设则是基础性的。由此表明,我们对"经济新常态"的经济法研究,必须是问题导向性的和综合性的,才能提出有效的解决方案。

经济法立法如何精细化

——精细化的立法技术初探[*]

邢会强[**]

一、经济法的不稳定性特征

国外经济法似乎不求稳定性,修改频繁。例如,韩国《金融控股公司法》(法律第6274号)于2000年10月23日颁布,并于2000年11月24日起施行。之后,经过2002年4月27日、2005年1月17日、2005年3月31日、2005年5月31日、2007年8月3日、2008年2月29日、2008年3月14日、2008年3月28日、2009年2月3日、2009年4月1日、2009年7月31日、2010年5月17日、2010年6月8日、2013年4月5日、2013年8月13日多次修改。13年间修改了15次,平均每年修改一次。在这15次修改中,有的年份修改了3次,例如2005年、2008年、2009年,有的修改间隙甚至只有短短的两个星期。为什么不做立法规划,保持修法的严肃性呢?

我国台湾地区的"证券交易法"修改也很频繁。该法于1968年4月30日制定并公布全文,共183条。此后,截至2014年5月8日笔者写作此文时,46年间共经历了18次修改。平均不到3年修改一次,有的年份一年修改多次。无怪乎台湾学者自我揶揄说:"教材老是落后。"

美国的证券法,从1933年出台到现在,大大小小的修改,包括以一些专门立法进行的制度完善,大概修改了40多次,平均下来大概每两年就得修改

---

[*] 教育部人文社会科学研究项目《经济政策与经济法——经济法立法精细化研究》(13YJC820084)。

[**] 邢会强,法学博士,中央财经大学法学院教授。

一次。其中关于证券的定义,在八十多年的历史中就修改了三十多次。①

我国《证券法》自 1998 年 12 月 29 日由第九届全国人民代表大会常务委员会第六次会议通过以来,截至 2014 年 5 月,16 年来只修改了两次:2004 年 8 月 28 日一次,2005 年 10 月 27 日一次。平均 8 年一次,修改频率是比较低的。

经济生活的变动比社会生活的变动要频仍,因此,经济法的修改要频繁于其他民法、刑法、行政法的修改。经济法不能太稳定,否则就会落后于时代。在一些奉行法律保留的国家,为了维护这一铁定原则,它们修法频繁,宁可牺牲法律的稳定性。我国为了追求经济法的稳定性,大量地使用了原则性的立法技术和授权立法,结果却造成了法律的空洞化。两害相权,还是第一种选择比较好。

二、经济法的若干精细化立法技术

(一) 大量使用定义性语言

定义能使法律术语的含义更清晰,但我国却不采用这一立法技术,不在总则部分规定法律术语的含义,至多在最后一章附则中规定几个定义,或者在正文中紧随(有时候也不紧随)该需要解释的专业术语之后规定其定义而已。这样的立法技术实际上是违反逻辑顺序的。定义项都是专业术语,读了包含该专业术语的法条,往往会因不知道该专业术语的含义而不明其义,一头雾水。只有读到了后面的定义之后,再回头读一遍法条,才会明白其意思。例如:

> 最高人民法院《关于审理证券市场因虚假陈述引发的民事赔偿案件的若干规定》(2002 年 12 月 26 日最高人民法院审判委员会第 1261 次会议通过)
>
> 第 31 条 投资人在基准日及以前卖出证券的,其投资差额损失,以买入证券平均价格与实际卖出证券平均价格之差,乘以投资人所持证券数量计算。
>
> ……

---

① 肖钢:《证券法的法理与逻辑——肖钢主席在第四届"上证法治论坛"上的演讲》,http://www.financialservicelaw.com.cn/article/default.asp?id=2334。

第33条 投资差额损失计算的基准日,是指虚假陈述揭露或者更正后,为将投资人应获赔偿限定在虚假陈述所造成的损失范围内,确定损失计算的合理期间而规定的截止日期。基准日分别按下列情况确定:

(一)揭露日或者更正日起,至被虚假陈述影响的证券累计成交量达到其可流通部分100%之日。但通过大宗交易协议转让的证券成交量不予计算。

(二)按前项规定在开庭审理前尚不能确定的,则以揭露日或者更正日后第30个交易日为基准日。

(三)已经退出证券交易市场的,以摘牌日前一交易日为基准日。

(四)已经停止证券交易的,可以停牌日前一交易日为基准日;恢复交易的,可以本条第(一)项规定确定基准日。

在本例中,读了第31条,由于对"基准日"的涵义不知道,因此,读后难以明白其意思。读了32条之后仍然不会明白,只有读完了第33条之后,再回头来读,才会明白其意思。可谓费时又费力。为何不将定义统一提到总则部分或前面呢?这样既符合逻辑顺序,又便于查找。此外,定义的详细化有助于减少争议,也有助于增强立法机关的权威。

例如,美国1933年《证券法》对"证券"的定义翻译成中文为:"证券"一词系指任何票据、股票、库存股票、债券、公司信用债券、债务凭证、盈利分享协议下的权益证书或参与证书、以证券作抵押的信用证书,组建前证书或认购书、可转让股票、投资契约、股权信托证、证券存款单、石油、煤气或其他矿产小额利息滚存权,或一般来说,被普遍认为是"证券"的任何权益和票据,或上述任一种证券的权益或参与证书、暂时或临时证书、收据、担保证书,或认股证书或订购权或购买权。约200字。

我国《证券法》对"证券"则没有给出任何定义,只是在第2条规定:"在中华人民共和国境内,股票、公司债券和国务院依法认定的其他证券的发行和交易,适用本法;本法未规定的,适用《中华人民共和国公司法》和其他法律、行政法规的规定。政府债券、证券投资基金份额的上市交易,适用本法;其他法律、行政法规另有规定的,适用其规定。证券衍生品种发行、交易的管理办法,由国务院依照本法的原则规定。"

可见,我国的立法机关是在迁就,或者说是屈服于部门分割的格局。也由此可见,法律的权威也在于敢下定义。

（二）规则性立法而非原则立法

例如，美国《克莱顿法》(1914年制定)第15条对反垄断诉讼详细规定了起诉的地点（管辖）、赔偿请求权人、赔偿范围、法官裁判时的考虑因素、损失的计算、各州检察长提起的公益诉讼、诉讼时效等等，可操作性强。当事人起诉有法可依，有法能依。但我国《反垄断法》第50条仅规定："经营者实施垄断行为，给他人造成损失的，依法承担民事责任。"

这一鲜明对比说明，法律仅仅是一种姿态，一种原则，而不是一种规则。规则有待最高人民法院的司法解释。如果没有该司法解释，当事人的权利往往是没办法保护的。

再如，我国《证券法》对内幕交易的民事诉讼的规定是第76条第3款："内幕交易行为给投资者造成损失的，行为人应当依法承担赔偿责任。"而我国台湾地区"证券交易法"对内幕交易的民事诉讼的规定是：

> 下列各款之人，实际知悉发行股票公司有重大影响其股票价格之消息时，在该消息明确后，未公开前或公开后18小时内，不得对该公司之上市或在证券商营业处所买卖之股票或其他具有股权性质之有价证券，自行或以他人名义买入或卖出：
>
> 一、该公司之董事、监察人、经理人及依公司法第27条第一项规定受指定代表行使职务之自然人。
>
> 二、持有该公司之股份超过10%之股东。
>
> 三、基于职业或控制关系获悉消息之人。
>
> 四、丧失前三款身分后，未满6个月者。
>
> 五、从前四款所列之人获悉消息之人。
>
> 前项各款所定之人，实际知悉发行股票公司有重大影响其支付本息能力之消息时，在该消息明确后，未公开前或公开后18小时内，不得对该公司之上市或在证券商营业处所买卖之非股权性质之公司债，自行或以他人名义卖出。
>
> 违反第一项或前项规定者，对于当日善意从事相反买卖之人买入或卖出该证券之价格，与消息公开后10个营业日收盘平均价格之差额，负损害赔偿责任；其情节重大者，法院得依善意从事相反买卖之人之请求，将赔偿额提高至3倍；其情节轻微者，法院得减轻赔偿金额。
>
> 第一项第五款之人，对于前项损害赔偿，应与第一项第一款至第四款提供消息之人，负连带赔偿责任。但第一项第一款至第四款提供消息

之人有正当理由相信消息已公开者,不负赔偿责任。

第一项所称有重大影响其股票价格之消息,指涉及公司之财务、业务或该证券之市场供求、公开收购,其具体内容对其股票价格有重大影响,或对正当投资人之投资决定有重要影响之消息;其范围及公开方式等相关事项之办法,由主管机关定之。

第二项所定有重大影响其支付本息能力之消息,其范围及公开方式等相关事项之办法,由主管机关定之。

第22条之二第三项规定,于第一项第一款、第二款,准用之;其于身分丧失后未满六个月者,亦同。第20条第四项规定,于第三项从事相反买卖之人准用之。

以上共750余字,详细规定了损害的计算方法、赔偿义务人、赔偿范围与赔偿倍数等,且简化了因果关系证明,因此,可操作性强,有利于在打击内幕交易的同时使投资者获得赔偿。截至2009年3月,台湾地区所有的内幕交易民事案件共14件,就诉讼结果而言(按最后一审的判决结果为准),原告败诉的有7件,胜诉1件,部分胜诉的有6件。基本上是胜败各半。② 但在大陆,截至2014年4月,共只发生了3起内幕交易民事赔偿诉讼案件(以被告为统计单位),数量之少,令人哀叹,且均以投资者败诉而告终。由是可见,法律空洞化的可怕后果之一纵容违法。

(三) 立法规定执法工作报告与立法评估报告

美国金融立法的一大特色是法律中规定执法工作报告和立法评估报告。我国法律对此是不会涉及的。

以下是《美国公平债务催收法》规定的立法评估报告和执法工作报告③:

第15条 递交国会的委员会报告

(一) 联邦贸易委员会(简称委员会)应于不迟于本法生效日期一年后以及往后每间隔一年,向国会提交有关其执行本法所赋予的管理职能的工作报告,并提出委员会认为必要或合适的建议。另外,委员会提交的每份报告都应包括其对本法施行程度的评估,以及委员会依照本法第十四条规定而采取的执法行动的总结。

---

② 庄嘉蕙:《内线交易实证研究》,台湾"国立"交通大学管理学院硕士论文,2009年,第239—262页。

③ 中文译本见《美国公平债务催收法》,曾天琪译,载《金融服务法评论》第5卷。

(二)为执行本法所赋予的职能,委员会可寻求依照本法第14条规定具有执法职能的联邦机构的意见。

德国《投资者示范诉讼法》曾设有一个"日落条款",即该法将于2012年10月到期而终止。2012年6月,立法机关对该法进行了修改,进行了一些技术性改进,包括引入了"声明退出"(Opt-out)规则,并将其有效期延长至2020年11月1日,以便再行评估其效果。④ 德国的示范性诉讼制度,一方面仅在部分领域(如证券法中)进行试点,另一方面通过在法律中嵌入"日落条款",迫使有关部门不断评估该制度的实施效果并加以改进。

我国也有立法评估,也有执法检查报告,但制度化和规范化程度不如上述例子。在立法中写入执法工作报告和立法评估报告,是有利于强化立法机关的权威的。

(四)立法规定公益诉讼

以下是美国《公平债务催收法》规定的公益诉讼⑤:

第13条 民事责任

……

(f) 法院管辖权;诉讼时效;例外

依据本法可以向合适的美国地区法院起诉而无需考虑诉讼标的额,或向任何其他有合法管辖权的法院起诉。必须在违法行为发生五年内起诉,除非——

(1) 当依据本卷第1691c节负有行政执法职责的机构在违法行为发生五年内启动了执法程序,

(2) 当总检察长(Attorney General)依据本节在违法行为发生五年内提起民事诉讼,任何曾因歧视而受害的且是此种程序或民事诉讼主体的申请人,可以依据本节在此种程序或诉讼开始后的一年内提起诉讼。

(g) 负有责任的执行机构请求总检察长提起民事诉讼

依据本卷第1691c节负有行政执法职责的机构,如果其命令不能依据本卷第1691c节得到遵守,有权将该问题提交总检察长并建议提起一项合适的民事诉讼。在本卷第1691c(a)节的段落(1)、(2)和(9)中提到

---

④ Axel Halfmeier, German Parliament adopts reform of KapMuG, http://sustainableprivatelaw.net/2012/06/28/german-parliament-adopts-reform-of-kapmug/, 2013年1月5日访问。

⑤ 中文译本见《美国公平债务催收法》,曾天琪译,载《金融服务法评论》第5卷。

的每一机构都应将该问题提交总检察长,只要该机构有理由相信有一名或多名贷款人已经违反本卷第1691(a)节的规定而劝退或拒绝信贷申请或者就此形成了一种行为模式。上述每一机构都应将该问题提交总检察长,只要该机构有理由相信有一名或多名贷款人已经违反本卷第1691(a)节的规定。

(h)授权总检察长提起民事诉讼;管辖权

当一个根据本分节(g)产生的问题被提交给总检察长时,或当他有理由相信有一名或多名贷款人已经违反本法劝退或拒绝信贷申请或者就此形成了一种行为模式,总检察长可以向任何合适的美国地区法院提起民事诉讼以得到合适的救济,包括实际的和惩罚性的损害赔偿金和禁止令救济。

我国的公益诉讼正在探索之中。《民事诉讼法》(2012年修订)第55条规定:"对污染环境、侵害众多消费者合法权益等损害社会公共利益的行为,法律规定的机关和有关组织可以向人民法院提起诉讼。""法律规定的机关和有关组织"究竟为何?语焉不详。2013年10月25日修正的《消费者权益保护法》第47条规定:"对侵害众多消费者合法权益的行为,中国消费者协会以及在省、自治区、直辖市设立的消费者协会,可以向人民法院提起诉讼。"这一规定尽管详细了一点,但仅仅是允许而已,依旧缺乏可操作性。与美国法相比,我国法律缺乏的是:公益诉讼的启动(美国是执法机构有权建议总检察长起诉)、救济形式(美国的实际的损害赔偿金、惩罚性的损害赔偿金和禁止令救济)。

三、小结:不重视细节的法律不是好的法律

"魔鬼存在于细节之中。"法律不能忽略细节,否则就形同虚设。国家法治建设是通过一点一滴来完成的,不能仅仅有宏观构想而该宏观构想又缺乏细节考虑和实施机制。法律不是用来给人看的,而是给人用的。能看不能用的法律不是好的法律,它无法建立起人们对于法律的尊重和崇高情感。通过对比中外立法技术可知,国外法律非常注重细节设计,考虑十分周详,也能落到实处。我国立法机关需要虚心向人家学习,学习人家的立法理念,学习人家的立法技术。

总之,不重视细节的法律不是好的法律,就像不重视细节的建筑不是好的建筑,不重视细节的文章不是好的文章一样。

经济法类型学与经济基本法的制定次序

袁达松* 黎昭权**

一、经济法的类型学划分

"类型学是一种分组归类方法的体系,通常称为类型,类型的各成分是用假设的各个特别属性来识别的,这些属性间相互排斥而集合起来且包罗无遗,这种分组归类方法因在各种现象之间建立有限的关系而有助于论证和探究。"[①]类型学属于方法论范畴,从方法论的构成来看,包括对研究对象、领域、角度、目的等科学认识,认识和揭示研究对象应遵循的逻辑和原则以及具体方法和技术。[②] 有学者指出:"类型学研究范式的研究目标,就在于突破时间、地域、语言、文化的界限,去寻觅客观存在的各民族国家法制现代化的共通机理,去发现法制现代化的'通律'。"[③]经济法类型学可以对经济法按照特定属性进行识别和归类,以更好地把握其发展规律与特性。

经济法是调整国家介入、参与、管理和协调经济所产生的社会关系的法律规范的总称。对于经济法的分类,经济法学者多从现代经济法部门的特点进行分类划分。杨紫烜教授从国家经济协调关系的结构出发,将经济法分为企业组织管理法、市场管理法、宏观调控法、社会保障法五大类[④];刘文华教授提出了"新纵横统一说",将经济法分为经济组织法、经济管理法和经济活

---

* 袁达松,北京师范大学法学院教授、博士生导师。
** 黎昭权,北京师范大学法学院硕士研究生。
① 《简明大英百科全书》,中华书局1989年版,第333—334页。
② 《中国大百科全书·社会学》,中国大百科全书出版社1991年版,第44—94页。
③ 程乃胜:《论类型学研究范式在法制现代化研究中的运用》,载《法学评论》2006年第1期。
④ 参见杨紫烜主编:《经济法研究》(第一卷),北京大学出版社2000年版,第1—18页。

动法⑤；王保树教授指出涉外经济的重要性，将经济法分为市场管理法、宏观经济管理法、涉外经济法三部分⑥；李昌麒教授则认为经济法由市场主体规制法、市场秩序规制法、宏观经济调控和可持续发展保障法、社会分配法五部分组成⑦；漆多俊教授从市场经济的三大缺陷出发，把经济法分为市场规制法、国家投资法、宏观调控法三部分⑧；刘瑞复教授将经济法分为七类：经济组织法、经济活动法、经济竞争法、经济调控法、经济管理法、经济监督法、涉外经济法⑨；程信和教授认为经济法体系由宏观经济调控法、市场运行规制法、企业发展促进法和涉外经济法构成⑩；史际春教授认为经济法可分为公共经济管理法和经济活动法⑪；张守文教授根据部门法的具体调整对象把经济法分为宏观调控法以及市场规制法两大类。⑫学者们对经济法的分类不尽相同，主要是按照调整对象和范围进行分类的，有利于人们对经济法的构成有更为清晰的把握。若以类型学的研究范式，从经济法的层级、属性和历史形态角度出发，可将经济法分为经济宪法、经济基本法、平时经济法、战时经济法和危机应对经济法等类型。⑬

（一）经济宪法

经济宪法是经济法的母法或曰根本大法。我国学者认为："经济宪法是对一个国家基本经济关系的规定。"⑭德国学者指出，经济宪法是"所有包含经济内容并规定经济制度的宪法规范"⑮。宪法是国家的根本大法，具有最高法律效力。一方面所有法律法规都不能与宪法相违背；另一方面，宪法也是其他法律法规制定的依据。经济宪法是指宪法中关于经济体制和基本经济制度的相关条文，它们有的集中于宪法序言等处，有的分散于宪法条文之中。德国历史上第一部实现民主制度的宪法《魏玛宪法》就单列一章规定了经济生活和经济秩序，而德国1949年名为《基本法》的成文宪法却是将经济

---

⑤ 参见刘文华主编：《经济法》（第四版），中国人民大学出版社2012年版，第67—71页。
⑥ 参见王保树主编：《经济法原理》，社会科学文献出版社1999年版，第23—38页。
⑦ 参见李昌麒主编：《经济法学》，中国政法大学出版社2002年版，第52—69页。
⑧ 参见漆多俊主编：《经济法学》，复旦大学出版社2010年版，第1—8页。
⑨ 参见刘瑞复：《经济法学原理》，北京大学出版社2000年版，第33—47页。
⑩ 参见程信和：《经济法与政府经济管理》，广东高等教育出版社2000年版，第83—85页。
⑪ 参见史际春主编：《经济法》，中国人民大学出版社2010年版，第86—89页。
⑫ 参见张守文主编：《经济法学》（第二版），中国人民大学出版社2008年版，第18—34页。
⑬ 参见袁达松：《金融危机管理法论》，北京师范大学出版社2012年版，第18—22页。
⑭ 参见徐强胜：《经济法和经济秩序的建构》，北京大学出版社2008年版，第185页。
⑮ 参见〔德〕乌茨·施利斯基：《经济公法》，俞文光译，法律出版社2003年版，第7页。

规范分散于文本各处。

(二) 经济基本法

经济基本法是统摄和规范国家介入、参与、管理和协调经济的总体法,如《经济法典》或其他名称(具体见下文)。它在经济法体系中处于最高位阶,作为调整经济法制和法治的基本法,不仅是对宪法中经济体制和基本经济制度的再确认,更是宪法经济体制和基本经济制度的具体化。经济基本法相对于其他经济子部门法而言,具有"调整对象范围广""稳定性强""法律效力高"的特点⑯,处于经济法法规体系中的统率地位。李昌麒教授指出,经济基本法是"建立完备的经济法法规体系的要求",处于"实施宪法和指导其他经济法的显要地位"。⑰ 总之,经济基本法上承接经济宪法,下统摄平时经济法、战时经济法和危机应对经济法。

(三) 平时经济法

平时经济法是指在非经济危机等特殊时期内,又相对于战争时期的经济法。平时经济法的宗旨是尽可能创造自由、公正、公平的市场竞争环境,促进市场经济协调发展。平时经济法主要包括竞争法、财税法、金融法以及经济稳定与增长促进法等,在促进市场经济协调发展,维护市场公平竞争,保障社会公平等方面发挥不可替代的作用。其中,竞争法是现代经济法的典型,产生于市场经济的背景下,以保护公平、保护自由竞争为主旨,其是以市场竞争关系和市场竞争管理关系为调整对象的竞争实体性法律规范与竞争管理程序性法律规范的总和。⑱ 经济稳定与增长促进法是指综合运用各种法律化的经济政策和经济手段来进行宏观调控的法律法规的总称,在国家经济的宏观调控法中居于重要地位。⑲ 在市场经济的背景下,为了保障经济的稳步发展,加强经济稳定与增长促进法的法律调整是极为重要的。

(四) 战时经济法

两次世界大战期间,德、日两国出于战争需要,限制工商业自由,主动介

---

⑯ 杨紫烜:《建立和完善适应社会主义市场经济体制的法律体系与〈经济法纲要〉的制定》,载杨紫烜主编:《经济法研究》(第二卷),北京大学出版社2000年版,第9—24页。

⑰ 李昌麒:《关于制定〈中华人民共和国基本经济法〉的几个问题》,载《当代法学》1991年第4期。

⑱ 参见种明钊主编:《竞争法》,法律出版社2008年版,第20页。

⑲ 参见张守文:《德国的〈经济稳定与增长促进法〉》,载《环球法律评论》1993年第4期。

入经济生活,制定了一系列经济管制法律、法规。战时经济法强调政府对于市场的干预作用,具有很强的战争对策性。第一次世界大战期间,德国1915年颁布的《关于限制契约最高价格的通知》和1916年颁布的《确保战时国民粮食措施令》等法令均为战时经济法。第二次世界大战期间,德、日、意等国为发动战争,进一步强化国家对经济的控制,1936年德国制订了1936—1940年的"四年计划",这是资本主义世界第一个较为正规的全国经济计划。为实施该计划,德国设立了"德国经济总委员会"和"执行四年计划全权机关",从而转入以战争为基础的经济总体调节机制。[20] 日本作为后进的帝国主义国家,较之德国,可谓有过之而无不及。1938年,日本全面发动侵略战争,制定了以《国家总动员法》为核心的战时经济法,对资金、物资、企业、物价、劳动等实行全面控制。两次世界大战期间的经济法,因应国家战时的特殊需要,具有很强的战争对策性,是对当时社会客观需要的反映,一般被认为不具有现代经济法的性质和职能。但是,战争与和平仍然是当代世界的主题,战时经济法在某种程度上有着现代性,甚至后现代性的特点。

(五) 危机应对经济法

从广义上而言,危机应对经济法是平时经济法的一种,是为了克服市场周期性危机的法律应对。然而经济危机时期政府积极干预市场经济活动,与一般的平时经济法相当不同。危机应对经济法是各国应对经济金融危机的冲击所制定的法律和法规,如为了应对20世纪30年代的经济危机,美国国会通过法案,授权罗斯福实施新政,相继制定了《农业复兴法》《国家工业复兴法》《联邦紧急救济法》《社会保险法案》《全国劳工关系法案》《公用事业法案》等法律,通过扩大国家基础措施投资以及减少居民和企业税收来鼓励投资和消费,刺激经济复苏。如为了应对2008年的美国次贷危机,美国的《多德弗兰克法案》通过更新监管体系框架、加强对金融机构的微观监管、建立有序的破产处置和自救机制,防止危机延续。[21] 危机应对经济法为应对经济危机而生,产生于特定的危机背景下,危机过后,此类法律、法规常遭废弃,通常不会对社会经济产生持久有效的指导、控制作用。总之,危机应对经济法蕴涵着国家对已经发生的社会经济危机,或对可能发生的社会危机,即潜藏的社会经济风险因素的化解,亦可归结为风险管理法。[22] 另外,伴随经济危机的萧

---

[20] 参见漆多俊主编:《经济法学》,高等教育出版社2010年版,第21页。
[21] 参见袁达松:《金融法(双语)》,对外经贸大学出版社2012年版,第10—13页。
[22] 参见袁达松:《金融危机管理法论》,北京师范大学出版社2012年版,第56—57页。

条应对和经济复兴法,也可归入这一类别。

可见,不同时期的经济法的属性和功能不尽相同,应予以区分。如同其他法律一样,经济法是阶级社会的产物,是随着私有制、阶级和国家的出现而出现的社会现象。㉓ 通过对经济法的属性和功能考察,结合不同时期的经济法现象,可发现无论平时经济法、战时经济法,抑或是危机应对经济法,都需要或应有一部具有统摄性质的上位法,即经济基本法。

二、经济法的历史形态

按照经济法历史形态以及法域的不同,经济法可大致分为古代萌芽经济法、近现代经济法。经济法的发展历史可以上溯到古代的"诸法合体"的法律体系中㉔,现代经济法的产生相对较为晚近,是在市场经济从自由竞争阶段进入到垄断阶段以后才产生的。

(一) 萌芽时期的古代经济法

1. 古罗马经济法

有学者认为经济法萌芽于古罗马时期。古罗马历史上的第一部成文法典——《十二铜表法》包含了不少调整公民经济利益的法律规范,如第八表中关于禁止高利贷行为的规定等。㉕ 随后的《查士丁尼民法大全》反映了罗马奴隶制社会相当发达的私有制和商品交换关系,其中奥古斯都的《关于生活资料供应的优流斯法》与芝诺的反垄断敕令共同构成了罗马的经济法。㉖《关于生活资料供应的优流斯法》是罗马的反不正当竞争法,其主要目的是稳定生活资料的物价,打击一切抬高生活资料价格的人以及妨碍生活资料正常运输的行为。㉗ 芝诺的反垄断敕令是罗马的反垄断立法,侧重解决东罗马帝国首都的市场垄断问题,该敕令反对商业垄断以及建立价格卡特尔的行为。

㉓ 参见杨三正、韩楠:《试探经济法发展的三次飞跃》,载《甘肃政法学院学报》1999年第1期。

㉔ 参见陈汉生:《中国古代经济立法史浅论》,载《上海大学学报(社会科学版)》1987年第3期。

㉕ 参见杨三正、韩楠,前引文。

㉖ 参见徐国栋:《罗马经济法研究》,载《现代法学》2015年第1期。

㉗《关于生活资料供应的优流斯法》只有三条规定,第1条:违反本法缔结合伙或使用任何其他手段让生活资料更贵者;第2条:截留船舶或水手或故意做任何事情使其滞留时间延长者;第3条:对上述人等处以20金币的罚款。

除反不正当竞争和反垄断的之外,古罗马还有其他的经济立法,包括经济危机管控法,如《米努求斯法》和《小麦法》。古罗马的"经济法"与现代经济法具有一定相似之处。徐国栋教授指出:"古罗马经济法对后世的影响主要体现为其反垄断法的传播,具体来说,体现为芝诺敕令对后世的影响。"㉘罗马经济法是现代经济法的产生的历史渊源之一,其对后来西方国家经济法制度的建立和发展具有不可忽视的作用。

2. 古代中国经济法

经济法是国家介入、参与、管理和协调经济的法,从这一角度而言,中国古代也存在经济法的萌芽。中国古代的盐法是典型的"经济法"现象。盐法是中国古代经济法制中非常重要的内容,对食盐的生产、运输和销售进行垄断,以保证人们生活的需求,稳定社会经济秩序,并使国家获取巨大的财政收入。㉙ 以清朝为例,《大清律例》"课程"设有"盐法"专篇,制定了《灶丁私盐律》《灶丁售私律》等律令来惩治贩私行。《钦定大清会典事例》户部"盐法"篇,规定有盐课、考成、禁例以及盐的生产、销售、转运等内容。汉代桓宽的《盐铁论》对中国盐法的发展具有重大的作用,书中的御史大夫桑弘羊指出盐法具有"有益于国,无害于人"、"以佐助边费","离朋党,禁淫侈,绝并兼之路"的作用。㉚汉代桓宽的《盐铁论》肯定了国家介入和参与特定市场的作用,认为国家的市场介入和参与一方面能维护市场稳定,另一方面也能增加国家收入,与现代经济法具有异曲同工之妙。除盐铁法外,中国古代对于农业经济、手工业经济、市场管理、货币流通以及对外贸易(盐铁论)都有相关的立法管理。可见,在传统的农业经济体制下,中国古代也有经济法萌芽,这对我国的经济法发展具有一定的影响。

(二) 近现代经济法的发展

1. 近现代德国经济法

学界一般认为德国是现代经济法的发源地,其经济法发展经历了从萌芽到确立、发展的过程。德国的经济立法经历了三个阶段:(1)1896—1948年,早期危机应对法和战时经济法。19世纪末,俾斯麦政府通过对海关进行保护和执行单行经济监督管理法律,开始对经济进行干预,并于第一次世界大战之初对经济和企业进行全面干预。1914年,德国制定了十余项战时经济

㉘ 参见徐国栋,前引文。
㉙ 参见张洪林:《清代四川盐法综论》,载《法学评论》2012年第1期。
㉚ 参见(汉)桓宽:《盐铁论注译》,白兆麟注译,安徽大学出版社2012年版,第26—31页。

法,包括最为重要的《德国授权法案》。㉛ 该法第 3 条赋予联邦参议院广泛而不确定的立法权力,基于此联邦政府制定了大量的涉及经济领域的战时经济法。(2) 1948—1958 年,是德国的经济恢复和"社会市场经济体制"建立时期。立法侧重于保护竞争,恢复社会保障体系,发挥市场机制的作用等,较为有代表性的有 1957 年联邦议院颁布的《德意志联邦银行法》和《反对限制竞争法》。㉜ (3)1959 年至今,是实现充分就业,加强宏观调控的时期。为了解决经济发展中出现的滞胀等问题,国家对经济运行的宏观调控大大加强。1961 年联邦议院颁布了《对外贸易法》和《信贷法》,1967 年又颁布了《经济稳定与增长促进法》,同时还进行了大量的经济社会立法。㉝ 该时期的立法重点是以《经济稳定与增长促进法》为核心的宏观调控方面的立法,它全面地规定了政府对社会市场经济各领域进行宏观调控的经济政策、经济手段及实施程序,对于德国经济的稳定和发展具有重要的作用。㉞

2. 近现代美国经济法

美国经济法与德国经济法几乎同时期产生,主要表现为竞争法、危机应对或经济复兴法两大类。竞争法是美国维护市场竞争秩序的重要手段,主要包括《谢尔曼法》《联邦贸易委员会法》《克莱顿法》等市场规制的规范。1890 年《谢尔曼法》作为美国历史上第一个授权联邦政府干预经济的法案,规定禁止以托拉斯或者其他联合形式限制洲际贸易,为中小资本的发展创造更多的生存和发展空间。㉟ 该法案标志着政府对商业活动进行调控的开始,也被称为西方经济法的"大宪章"。

危机应对法和经济复兴法是美国经济法的另一个重要内容。第一次世界大战以后,资本主义世界爆发了严重的经济危机。为缓解经济危机对国民经济的毁灭性破坏,罗斯福总统一反过去放任主义的经济政策,通过危机应对法和经济复兴法的制定全面干预国家经济活动。如 1933 年通过《紧急救济法案》和《全国工业复兴法案》,通过政府引导,减少企业的盲目生产,并且

㉛ 第 3 条规定:"联邦参议院被授权在战胜时期制定法律,只要其正式对经济发展有必要或帮助。" See Kitson, Alison, Germany, *1858—1990: Hope, Terror, and Revival*, Oxford U. Press, 2001, pp. 153—154.

㉜ 参见〔德〕沃尔夫冈·费肯杰:《经济法》(第二卷),张世明译,中国民主法制出版社 2010 年版,第 43—52 页。

㉝ 参见王霄燕:《规制与调控:五国经济法历史研究》,新华出版社 2007 年版,第 5 页。

㉞ 参见余永利:《德国〈经济稳定与增长促进法〉评介》,载《法学杂志》1998 年第 4 期。

㉟ 而更为细致的考察表明,美国反托拉斯法始于 1869 年的伊利诺伊州通过的第一个反垄断法令,参见魏琼:《西方经济法发达史》,北京大学出版社 2006 年版,第 186 页。

增加工人工资促进其购买力。危机应对法和经济复兴法对美国摆脱经济危机起到重要作用。

第二次世界大战期间,美国仍然保持对国民经济的全面干预,以保证战争的需求。第二次世界大战以后,各国将中心转移到经济发展。美国颁布了以实现"充分就业"为中心的《1946年就业法》以及《1978年充分就业和平衡增长法》。㊱随后为稳定经济,国会还颁布了其他经济法令以促进国家经济发展,如《经济稳定法》《紧急石油配给法》《能源政策与节约法》。进入新时期,经济复兴法和危机应对法依旧是美国经济法的重要内容,如《1981年经济复兴税法》《格拉姆—拉德曼平衡预算法》《多德弗兰克法案》等都是以促进经济稳定和发展为内容的。总体而言,第二次世界大战以后,宏观经济法的地位得到了提高,经济性调节因素不断增加,危机应对法以及经济复兴法的作用越来越大。

3. 苏联东欧社会主义国家经济法

苏联东欧社会主义国家经济法模式有两种:一种是运用民法、经济法、劳动法等多种法律部门和多种法律手段实行综合法律调整的体制,另一种是采取独立法律部门法典立法模式。㊲苏联采取的是综合法律手段,一方面,通过政策主张以及行政命令,对国家经济进行宏观调控;另一方面,将经济法的相关规范内容掺杂在其他法律部门中,如在《民事立法纲要》中有关于国家对于调整产品供应关系的规范,在《苏联各部总条例》中有关于国家对企业、企业经济活动实行市场规制的规范。㊳

另一种模式是独立的经济法部门法典。《捷克斯洛伐克社会主义共和国经济法典》是目前世界上唯一的一部独立的经济法典,对世界的经济法学研究产生了一定的影响。该法典总则指出,规定国家计划是发展、管理国民经济的主要手段,对社会主义组织和经济管理机关经济活动的监督是经济管理的组成部分;社会主义公有财产由国家组织、合作社组织和其他社会主义组织管理;社会主义组织是经济法主体,"以自己名义参与各种经济关系,并承

㊱ 参见金俭:《美国经济法律制度的形成与发展完善》,载《南京大学学报(哲学社会科学版)》1995年第3期。

㊲ 参见梁慧星、王利:《苏联立法机关为什么不采纳部门经济法主张》,载《法学评论》1986年第6期。

㊳ 参见〔苏〕国立莫斯科大学、斯维尔德洛夫法学院合编:《经济法》,中国人民大学出版社1980年版,第36页。

担因此而产生的财产责任"。㉟ 该法典作为计划经济的产物,具有较强的行政主导性。

4. 中国近现代经济法

中华民国时期的经济法发展,除军阀割据时期,大致可分为三个阶段㊵:(1) 1912—1921 年,为国民时期经济法体系的初创时期。南京临时政府成立后短短几个月颁布了 30 多件法律法令,其中关于经济问题的立法规定有 1912 年颁布的《内务部通饬保护人民财产令》和《通令各省慎重农事文》等。(2) 1927—1935 年,是民国时期经济法体系的形成阶段,该时期修订和另行制定大批经济法规,主要有《预算法》《公司法》《银行法》等。(3) 1937—1948 年,是民国时期经济法体系的发展时期。该时期先后颁布了《决算法》《证券交易条例》等经济法律法规。另外,中国共产党在革命根据地也有相关经济立法经验,如 1931 年的《关于经济政策的决议案》、抗日时期的《陕甘宁边区施政纲领》以及 1946 年《关于公营工业的发展方针》等。㊶ 其内容涵盖了市场主体规范、调整市场秩序、规范政府对市场的监管等。可见,中国在民国时期已经有了经济法现象。

新中国经济法的发展可以分为三个阶段:(1) 1949—1978 年,为实行计划经济体制时期,当时的经济法律主要是一些政策主张、行政命令等,并非现代意义的经济法。(2) 1978—1992 年,是改革开放初期中国开始改革过去高度集中的计划经济体制,实行计划经济与市场调节相结合的体制,国家经济管理模式发生了明显变化,逐步重视发挥价值规律和市场机制对国家经济运行的作用。颁布了大量管理经济的法律法规,如《中外合资经营企业法》《个人所得税法》《价格条例》等。(3) 自 1992 年至今,随着市场经济法治化的呼声不断高涨,相关的立法工作相继得到落实,中国已形成较为合理、完善的经济法体系。这一阶段的经济法有:《反垄断法》《反不正当竞争法》《消费者权益保护法》《产品质量法》《证券法》等。至此,我国已制定大量单行经济法,这些单行法在各自的调整范围之内起到其相应的作用。

从上文可得知,无论是资本主义国家还是社会主义国家,除了《捷克斯洛伐克社会主义共和国经济法典》以外并没有其他的经济法典。然而,发达市场经济国家,均通过制定《经济稳定与增长促进法》来承接宪法和协调指导各

㉟ 参见《捷克斯洛伐克社会主义共和国经济法典》,江平译,中国社会科学出版社 1981 年版,第 5 页。

㊵ 参见刘朝辉:《民国史料丛刊总目提要》,大象出版社 2010 年版,第 123—246 页。

㊶ 参见张希坡:《革命根据地的经济立法》,吉林大学出版社 1994 年版,第 44—299 页。

种经济政策和政策工具,保障国家经济的稳定和增长,对于完善国家的经济法体系具有重要的基础性作用。

三、我国经济基本法的草拟回顾

(一)1963年《经济法(草案)》

经济基本法的草拟,最早可能见于1963年3月中国人民大学民法教研室起草的《中华人民共和国经济法(草案)》,全文共两章70条。[42] 第一章为"总纲",规定立法目的、立法原则、调整范围、时效及解释权等问题。第二章为"所有权",具体又分为通则、国家所有权、农村人民公社集体所有权、合作社集体所有权、公民个人所有权。这一部经济法草案深受苏联东欧法律体系的影响。[43] 在当时特殊的政治背景下,学术研究处于非常时期,该经济法草案的出台并没有引起广泛的注意和评论。此外,制定经济法典在当时也难以被学界和立法机关所接受。

(二)1980—1995年《计划法(草案)》

计划法是调整国家机关和社会经济组织及其他社会组织在编制、审批、执行和检查国民经济和社会发展计划过程中发生的各种社会关系的法律规范的总称。[44] 中国《计划法》的草拟开始于20世纪80年代,刘文华、程信和等经济法学者参与了起草工作。第七届全国人民代表大会第二次会议期间,上海代表团32位全国人大代表联名提出了制定《计划法》的议案。随后第七、八届全国人大常委会先后将制定《计划法》列入了五年立法规划。[45] 受全国人大常委会和国务院的委托,原国家计委开始起草工作,于1995年6月将《计划法(送审稿)》提交国务院审议[46],但当时对计划与市场的关系、计划的性质和地位等问题仍存在较大争议,该法处于搁置状态。现在不少学者指出应尽快制定并通过《计划法》,杨紫烜教授认为:"要加快计划法的制定,国家

---

[42] 参见《中华人民共和国经济法(草案)》,载何勤华主编:《20世纪外国经济法的前沿》,法律出版社2002年版,第582—591页。

[43] 参见李秀清:《试论苏联经济法理论对中国的影响》,载《政治与法律》2002年第3期。

[44] 李昌麒主编:《经济法学》,群众出版社1983年版,第12页。

[45] 参见朱象贤:《〈计划法〉立法任务的提出和需要深入研究的问题》,载《上海人大月刊》1990年第1期。

[46] 参见杨紫烜:《论当前危机的性质、根源和经济法对策》,载《法学论坛》2010年第2期。

计划是宏观调控重要手段之一,对这一法律关系的研究重点在于怎样规范计划行为,依法完善计划调控,将计划的制订和实施纳入法治轨道,为制定和实施好计划提供法律保证。"㊼就经济规划的法治化,史际春教授指出:"只有法治,才能从根本上保证规划不至于沦为官僚空忙、华丽不实的图景、政府无为或恣意作为造成重大失误及社会经济的损害。"㊽

(三) 1986 年《经济法纲要》和 1988 年《经济法大纲》

进入 20 世纪 80 年代,经济法学界创制经济基本法研究的热潮较为引人注目。最早见于 1980 年,以杨紫烜教授为代表的部分学者建议制定《经济法纲要》。㊾1986 年在中央党校的中国经济法学术研讨会上,杨紫烜、潘静成、刘文华、徐杰、李昌麒、周升涛、庄咏文等专家领头正式形成了"中华人民共和国经济纲要(起草大纲)"的征求意见稿,并对该纲要作了专题讨论,并要求各分会组织对该纲要进行讨论。在同年,经济法学界的 17 名教授提出意见要求将《经济法纲要》和《民法通则》的制定统筹安排,同步进行。中央也因此成立了国务院经济法规研究中心牵头的小组,将《经济法大纲》的起草列入日程。㊿

由国务院经济法规研究中心牵头,于 1988 年起草制定的《经济法大纲》,共 10 章,54 条。这十章分别是:总则、经济法主体、经济权利和经济义务、经济管理关系、经济协作关系、经济责任制、经济监督、涉外经济活动、奖励与惩罚和附则。《经济法纲要》似乎只差法定程序上的表决通过,然而最后的结果却很遗憾,在 1986 年出台《民法通则》后,《经济法纲要》的立法建议却被无限期搁置,二者最终没有实现同步颁布。

(四) 1997 年《经济法纲要》

制定经济基本法的构想第三次被提出是在 20 世纪 90 年代初,此时学界厘清了经济法与民法、行政法之间的关系。从 1997 年起,连续几年全国经济

㊼ 参见杨紫烜:《加强宏观调控法治研究》,http://www.people.cn/r/MV80XzMyMTUyMjlfNjQ3XzE0MzI1MTM4OTg=(人民网),2015 年 5 月 27 日访问。

㊽ 史际春:《论规划如何法治》,载史际春、袁达松主编:《经济法学评论》(第七卷),中国法制出版社 2007 年版,第 50—69 页。

㊾ 参见杨紫烜:《制定〈经济法纲要〉是四化建设的需要》,载《经济法论文选集》,北京政法学院经济法教研室 1980 年,第 259—260 页。

㊿ 《经济法规研究中心反映关于民法通则(草案)的修改意见》,载《法制工作简报》第 44 期,全国人大法律委员会、法制工作委员会办公室印,1986 年 3 月 27 日,第 2—4 页。

法理论研讨会上都有学者指出研究经济基本法创制的必要性和迫切性。1998年,一些学者对纲要框架进行了初步构想,将其分以下几部分:总则(含经济法的任务、基本原则、适用范围等)、国民经济管理主体、市场主体、国家参与、宏观调控、市场管理、涉外经济活动特别规定以及附则。学者们普遍认为,由于国家干预的多变性,不宜制定一部经济法典,但纲要的存在是可以的,也是必要的,并认为纲要中应设若干基本法律制度,将经济法基本的、固定的、稳定的问题确立下来,形成一条主线。[51] 1999年,程信和、王全兴、张守文等七人小组研究分析了制定《经济法纲要》的迫切性及法理基础。[52] 该研究小组此后又进一步推出了《经济法纲要》的学者试拟稿,全文分为总则、主体、基本经济制度、宏观调控、市场规制、产业经济、区域经济、涉外经济、法律责任和附则十章。

(五) 2001年、2002年《关于制定〈中华人民共和国宏观调控法〉的议案》

部分学者指出,在制定经济基本法之前,可先制定一部宏观调控法。宏观调控法是指调整国家宏观调控过程中发生的经济关系的法律规范的总称。杨紫烜教授指出:"《宏观调控法》是我国宏观调控的基本法。它统率各类单行的宏观调控法律法规,指导其制定和实施,具有协调和整合宏观调控法律规范的作用。目前,制定《宏观调控法》已是当务之急,势在必行。"[53] 第九届全国人民代表大会第四次、第五次会议期间,杨紫烜等全国人大代表分别提出了若干件《关于制定〈中华人民共和国宏观调控法〉的议案》。[54] 2002年的《宏观调控法(起草大纲)》(专家建议稿)对《宏观调控法》的立法宗旨、宏观调控目标、宏观调控的基本原则、宏观调控体制、宏观调控方式、宏观调控机关、宏观调控的协调、宏观调控的预警检测做了分析论述。然而大会秘书处未对《宏观调控法》法律案提出处理意见,使其处于搁置状态。学者席月民认为,《宏观调控法》是实现依法调控经济,推动法治政府和法治中国建设,推动国

---

[51] 单飞跃、袁玲、肖洪泳:《第六届全国经济法理论研讨会综述》,载《法商研究》1999年第1期。

[52] 参见程信和、王全兴、张守文、单飞跃、陈乃新、孔德周、何文龙:《〈经济法纲要〉的法理与设计》,载《法治研究》,浙江大学出版社2000年版,第7—21页。

[53] 《关于制定〈中华人民共和国宏观调控法的议案〉》,载杨紫烜主编:《经济法研究》(第二卷),北京大学出版社2001版,第2页。

[54] 杨紫烜:《关于〈宏观调控法〉法律案命运的法律思考》,载"国家协调论"与经济法学 杨紫烜教授从教五十周年暨学术思想研究文集》,北京大学出版社2010年版,第293—298页。

家治理体系和治理能力现代化所必需的,我国的宏观调控中的结构性经济问题比周期性经济问题更为突出,因此制定一部《宏观调控基本法》比制定《经济稳定和增长法》更为现实。(55)

(六) 2006 年《经济稳定与增长促进法》

一些政府研究机构和学者指出中国有尽快制定《经济稳定与增长促进法》的必要性。(56) 国家发展和改革委员会(下称"发改委")在 2004 年提出中国将尽快把国内外促进经济稳定增长的成功经验上升为法律。(57) 2005 年,国家发改委正式启动,并完成草案。2006 年中共中央政策研究室指出中国正在研究制定《稳定增长法》,促进宏观调控政策的法制化、规范化。(58) 其时制定中的《稳定增长法》,将明确规定经济平稳运行的科学合理的参数、实现均衡协调发展的重大政策以及年度调控目标与中长期发展目标的衔接。2007 年,国家发改委在北京举办国际研讨会指出,要推进促进经济稳定增长立法的工作力度,制定出一部"体现世界发展潮流","符合中国国情","有利于加强和改善宏观调控","符合社会主义市场经济要求"的促进经济稳定增长立法。(59)

顾功耘教授在 2009 年"中欧—华安锐智沙龙"指出,从长远的角度考虑,中国应尽快制定经济稳定与增长促进法。(60) 他认为该法的任务包括确立经济立法的基本原则,明确经济调控的机构设置,同时规范经济决策的法定程序。张守文教授指出制定《经济稳定与增长促进法》是十分必要的,该立法有助于提高国家的宏观调控能力,从而推动经济与社会的发展。他指出《经济稳定与增长促进法》应包含立法宗旨、宏观调控的目标和措施、危机应对对策和措施、经济储备制度、法律的执行机构及其职责以及相关主体的法律责任六个方面。(61)学者刘兴义认为《经济稳定与增长促进法》应分为预防经济波动

(55) 席月民:《依法调控经济需要立法先行》,载《经济参考报》2014 年 11 月 25 日,第 8 版。

(56) 参见《四教授谈:国民经济稳定增长法》,载《法学杂志》1990 年第 5 期。

(57) 参见《国家发改委:将建立促进经济稳定增长的法律制度》,载新华网,http://news.xinhuanet.com/newscenter/2004-09/24/content_2015659.htm,2015 年 5 月 27 日访问。

(58) 参见《中国研究制定〈稳定增长法〉促进经济健康发展》,载中国网,http://www.china.com.cn/news/txt/2006-12/08/content_7479873.htm,2015 年 5 月 27 日访问。

(59) 参见《促进经济稳定增长立法国际研讨会在北京召开》,http://www.gov.cn/gzdt/2006-12/09/content_464964.htm(中央政府门户网站),2015 年 5 月 27 日访问。

(60) 参见《顾功耘:应制定经济稳定增长促进法》,载网易财经网,http://money.163.com/09/0920/14/5JLMMT1V00253OAH.html,2015 年 5 月 27 日访问。

(61) 参见张守文:《德国的〈经济稳定增长促进法〉》,载《环球法律评论》1993 年第 4 期。

的制度、治理经济波动的制度、法律责任及附则三部分。[62]

(七) 2009年《发展规划法》

2009年,国家发改委拟启动《发展规划法》草拟工作。2014年,国家发改委在关于落实全国人大常委会《中华人民共和国国民经济和社会发展第十二个五年规划纲要》实施中期评估报告审议意见的报告中指出,应加快《发展规划法》起草工作,尽早提请全国人大常委会审议,把五年规划的编制、实施、评估纳入法制轨道,增强规划的约束力和严肃性。[63]《发展规划法》是统一调整我国发展规划关系的基本法律,对规范政府宏观经济行为以及协调各经济政策以及法律规范间的关系具有重要意义。董玉明教授认为《发展规划法》应整合现有法律资源,对规划体系、编制程序、审批和实施等作出明确规定,明确信息公开以及建立问责考核机制。[64]《发展规划法》对于完善国家规划体系,规范规划编制程序,保障规划顺利实施具有重要意义,也是此前《计划法》起草工作在新时期的新发展。

四、我国制定经济基本法的次序

经济基本法的内容应当适应经济发展的需求。长期以来,我国制定了大量单行经济法,这些单行经济法组成了一个庞大的法群,在各自的调整范围之内起到其应有的作用。单行法的大量制定虽然有利于适应经济发展的进程,但是其缺陷也是十分明显的。单行法的调整范围是有限的、狭窄的,在经济发展日益交错多元的今天,单行法部门利益化严重且常有矛盾冲突。因此,需要一部经济基本法确定一些经济法部门的基本原则和制度,对于那些现实中已经存在或者将来可能出现但还没有出台相关经济单行法的领域进行总体上和原则上的规范。经济基本法,作为涵盖面广大、包容性强的法律规范,既可以弥补法律层级上的空白,也可以提升单行法的科学性和有效性,既是经济可持续性发展的法治保障,也是促进社会公平的法治基础,更是国家经济安全的主要法律支柱。然而,从前文总结可知,现阶段制定《经济法纲

---

[62] 刘兴义:《对制定〈国民经济稳定增长法〉的几点思考》,载《法学杂志》1991年第3期。

[63] 陈丽平:《发展规划法草案正再次征求意见 国家发改委已将草案报送国务院法制办》,载《法制日报》2014年7月23日,第3版。

[64] 参见董玉明:《我国发展规划法制化基本问题研究》,载张守文主编:《经济法研究》,北京大学出版社2009年版,第100—146页。

要》尚未成熟,可考虑先制定《经济稳定与增长促进法》和《发展规划法》。

制定经济基本法应先合乎我国经济发展的法制需求、经济法研究成熟度以及借鉴国外立法例。我国经济发展进入改革深水区,面临"中等收入陷阱",产能过剩、贫富分化、金融和房地产泡沫严重,迫切需要制定一部法律来规范国家宏观经济决策和行为以及指导各种经济政策和政策工具之间的协调运用。经过三十多年的研究,经济法的许多基本问题已经达成了共识,经济法学日趋完备和科学,对于我国的《经济稳定与增长促进法》制定具有支持作用。《经济稳定与增长促进法》应包含以下内容:(1) 规定经济稳定和增长的目标和措施,规范国家的宏观调控行为以及各类经济手段的运用。(2) 建立经济危机的应对制度,规定确立应对国际经济危机及国内经济不景气的措施和程序。(3) 规定法律的执行机构及其职责等。再者,《经济稳定与增长促进法》在国外,尤其是美国和欧洲国家已经有了较为成熟的立法例可供我国借鉴。

另一方面,由于《计划法》的起草工作基础,以及近年国家发改委的力推,《发展规划法》的起草工作进展较快。国家发改委的草案中认为《发展规划法》应包含以下内容:(1) 明确程序性规定,规范政府的规划行为,对发展规划编制程序、审批和实施作统一规定。(2) 落实问责条款,规范政府的自由裁量权,对发展规划执行情况的问责考核,避免相关制度流于形式。(3) 落实发展规划的信息公开制度。[65] 但是,规划制订过程中的专家参与、公众咨询等似未涉及。

---

[65] 参见《〈中华人民共和国发展规划法〉草案出炉》,http://finance.sina.com.cn/roll/20101119/00458975872.shtml(新浪网),2015 年 5 月 27 日访问。

中国《上市公司治理准则》的软法化研究

林 益*

一、引　言

　　作为资本市场的基石,上市公司的治理问题是提高经济效率、促进经济增长以及增强投资者信心的一个关键因素。① 对投资者而言,存在着"代理风险",良好的公司治理能够通过有效的制度设计,约束治理层、管理层的行为。对上市公司而言,在资本市场上为了获得融资而进行的竞争,一定程度上也是公司治理能力的竞争。投资者更愿意投资治理完善的上市公司,因而这些公司的融资成本也会更低。对于资本市场来说,公司治理与资本市场的稳定有着多方面的联系。如果公司治理有严重缺陷,投资者的利益得不到保护,投资者很难关注公司的基本盈利能力,而只能转向短期炒作,以致市场投机成分加重,泡沫增加。② 对整个国民经济而言,上市公司是各个行业最具竞争力的一批公司,这些公司的治理模式、内控制度对其他竞争者有很好的示范作用和借鉴意义。

　　上市公司治理的核心在于规范股东会和董事会等相关组织的运作,通过股东和董事权利义务划分,使股东大会掌握董事任免和制度的最终核准权,监督董事;董事会则对股东和公司整体利益负责,通过掌握公司政策和财务、

---

　　* 林益,法学硕士,现供职于上海证券交易所上市公司监管一部。
　　① OECD, Principle of Corporate Governance(2004). Available at http://www.oecd.org/corporate/ca/corporategovernanceprinciples/31557724.pdf.
　　② 张春霖:《上市公司治理的国际趋势》,载《世界经济与政治》2002年第5期。

人事任免权等权力的行使,监督公司管理层,确保公司的永续经营。③但是随着公司治理理论的深入发展,公司与利益相关者的关系也被纳入了公司治理范畴。外部利益相关者,就是指那些与公司有利害关联关系的利益主体④,包括了以银行为代表的债权人、职工、消费者、供应商、上市公司所在的社区等。德国《公司治理法典》(2010年修订版)第4.1.1条就规定:"公司管理层为公司利益独立管理公司,并本着价值适当创造的目标,考虑股东,雇员和其他利益相关者的利益。"

二、《上市公司治理准则》简析

2001年,中国证监会和原国家经济贸易委员会联合颁布《上市公司治理准则》(以下简称《准则》)。《准则》除了导言外,有七章内容,分别是股东与股东大会、控股股东与上市公司、董事与董事会、监事与监事会、绩效评价与激励约束机制、利益相关者和信息披露与透明度。《准则》较为全面地阐明了我国上市公司治理的基本原则和目标,投资者保护的实现方式,上市公司董事、监事、管理层所应当遵守的基本行为准则和职业道德,上市公司信息披露义务以及上市公司与相关利益方的关系等中国上市公司在公司治理方面所面临的迫切问题。《准则》的颁布为上司公司治理结构的质量提供了衡量标准,为那些在公司治理上存在问题的上市公司指出了改进方向,也是我国加入WTO之后,在公司治理领域与国际标准的接轨。

(一)《上市公司治理准则》的法律性质分析

《准则》由证监会和原国家经贸委联合制定,并以通知的形式颁布,理论界对《准则》的法律性质存在着分歧,有部门规章说和有约束力的制度文件说。一部分学者认为,《准则》属于部门规章。⑤他们主张证监会是《立法法》意义上的"具有行政管理职能的直属机构"⑥,证监会与原国家经贸委联合制定的规则为部门规章。而李维安教授认为,就定位而言,《准则》是介于法律

---

③ World Bank, Corporate Governance: A Framework for Implementation [EB/0L]. http://www-wds.worldbank.org/servlet/WDSContentServer/WDSP/IB/2000/09/08/000094946_00082605593465/Rendered/PDF/multi_page.pdf,2013-08-30.
④ 张春霖:《上市公司治理的国际趋势》,载《世界经济与政治》2002年第5期.
⑤ 刘文、祝函:《上市公司治理准则的中外比较研究》载《经济论坛》2005年第5期.
⑥ 刘莘:《立法法》北京大学出版社2008年版,第158页.

法规和公司章程之间的具有一定强制性和约束性的制度文件。在国外，公司治理原则一般是指导性和非约束性的，而《准则》是由证监会和原国家经贸委联合推出的，以行政权力为基础，因而具有一定约束力，这是区别于其他国家的特殊情况。⑦ 这一定义指出了《准则》具有强制约束力的特点，但是将其排除在法律规则之外同样存在问题。如果不属于法律规范，那么它的强制约束力从何而来？而且"制度文件"的定义过于模糊，没有在现有规范语境内清晰界定《准则》的性质。

笔者认为《准则》虽然不属于部门规章，但是属于具有强制约束力的部门规范性文件。首先，《准则》具有明确的法律约束力，体现在：(1) 上市公司必须根据准则所阐述的精神改进公司治理；(2) 上市公司应该修改或是制定的公司章程及治理细则，应当体现《准则》所列明的内容；(3)《准则》是衡量上市公司治理结构好坏的主要标准；(4)《准则》在司法实践中被作为司法判决的依据。⑧ 其次，部门规范性文件通常用来指称各部委制定的，不由部门首长签署的部门规则。部门规范性文件虽然不如部门规章正式，不由部门首长签署命令颁布，但是具有与部门规章一样的效力，同时也受到《立法法》的约束，即所规定的相关事项须在本部门的权限范围之内，并且属于执行法律或者国务院的行政法规、决定、命令。

（二）《上市公司治理准则》存在的问题分析

1. 定位不清以致其地位尴尬

《准则》作为原国家经济贸易委员会和中国证券监督管理委员会共同制定的部门规范性文件，对上市公司具有强制的约束力，但是根据《准则》导言所述，准则内容主要是上市公司治理的基本原则，投资者保护的实现方式以及上市公司董事、监事、经理等高级管理人员所应当遵循的基本的行为准则和职业道德。《准则》中行为准则部分具有强制约束力可以说的通，但是其中

---

⑦ 李维安：《上市公司治理准则：奠定中国证券市场可持续发展的制度基础》，载《南开管理评论》2002 年第 1 期。

⑧ 参见"深圳市某工贸有限公司诉深圳某酒店股份有限公司侵害股东权纠纷案"。(2003) 深罗法民二初字第 1727 号。引自北大法宝。http：//www. pkulaw. cn/fulltext_form. aspx？Db =pfnl&Gid=117584954&keyword=％E6％B7％B1％E5％9C％B3％E5％B8％82％E6％9F％90％E5％B7％A5％E8％B4％B8％E6％9C％89％E9％99％90％E5％85％AC％E5％8F％B8％E8％AF％89％E6％B7％B1％E5％9C％B3％E6％9F％90％E9％85％92％E5％BA％97％E8％82％A1％E4％BB％BD％E6％9C％89％E9％99％90％E5％85％AC％E5％8F％B8％E4％BE％B5％E5％AE％B3％E8％82％A1％E4％B8％9C％E6％9D％83％E7％BA％A0％E7％BA％B7％E6％A1％88＆EncodingName=&Search_Mode=accurate，2014-03-1.

职业道德部分是否具有强制的约束力则存在疑问,而且《准则》并没有对哪些条款是行为准则,哪些条款是职业道德进行区分或者说明,这种不确定性给上市公司对《准则》的遵守带来很大的困惑。

国务院法制办自 2007 年 9 月就《上市公司监管条例(征求意见稿)》向社会公开征求意见。《上市公司监管条例(征求意见稿)》的内容包含公司治理结构、控股股东和实际控制人、证券发行、关联交易、重大担保、信息披露和监督管理等问题,可以看出《上市公司监管条例(征求意见稿)》在结构上与《准则》存在很大的相似性,内容上也多有重叠,而且根据证监会相关人员的说法,《上市公司监管条例》将是对《证券法》进一步具体化。[9] 从监管机关的思路来看,《上市公司监管条例(征求意见稿)》更多的是侧重于对上市公司的监管要求,并且定位为具有立法法位阶和强制约束力的行政规章。那么,同样是作为公司治理领域的规则,《准则》原有定位、功能和作用势必与即将颁布的《上市公司监管条例》发生冲突或是重叠。

2. 缺乏对公司治理实践的指导性

《准则》缺乏指导性主要表现在:(1) 上位法的原则性规定未能在《准则》中具体化、精细化,使之具有可操作性。例如,《公司法》第 148 条规定董事、监事、高级管理人员应当对公司负有忠实义务和勤勉义务。《准则》当中应当对忠实义务和勤勉义务的内容和标准作出具体、明确的规定,但《准则》并未对此作出应有的回应。再如,《证券法》第 68 条规定,上市公司董事、监事、高级管理人员应当保证上市公司披露的信息真实、准确、完整。《准则》理应对何为"真实""准确""完整"进行具体阐释,并对上述人员如何实现其保证作出具体的规则保障,但遗憾的是,《准则》并未完成这项任务。(2)《准则》与其他法律存在大量重复性规定。例如,《准则》第 50 条规定:"独立董事对公司及全体股东负有诚信与勤勉义务。独立董事应按照相关法律、法规、公司章程的要求,认真履行职责,维护公司整体利益,尤其要关注中小股东的合法权益不受损害。独立董事应独立履行职责,不受公司主要股东、实际控制人以及其他与上市公司存在利害关系的单位或个人的影响。"上述文字是从《关于在上市公司建立独立董事制度的指导意见》的第 1 条第 2 款几乎一字不变地照搬过来的,虽无原则性问题,但这种不必要的重复浪费了立法资源,更为重要的是,使《准则》无法起到公司治理实践指南的作用。

---

[9] 吴黎华:《上市公司监管条例年内推出》,http://finance.sina.com.cn/roll/20130314/014414822648.shtml, 2013 年 12 月 19 日。

3. 与现有法律的不匹配问题突出以致损害其合法性及正当性

经过十年的发展,中国资本市场发生了深刻变化。2004年国务院发布《关于推进资本市场改革开放和稳定发展的若干意见》,资本市场开始了一系列的改革,包括实施股权分置改革、中小板、创业板的设立运行、改革发行制度改革等。[⑩] 同时,公司治理的宏观法律环境也发生了巨大变化。其中包括,2005年《证券法》的修订和颁布,2005年《关于提高上市公司质量的意见》的发布,2006年《公司法》的修订,2007年2月《上市公司信息披露管理办法》的颁布,2006年1月《上市公司股权激励管理办法(试行)》的颁布,2006年《上市公司章程指引》(2006年修订)等。资本市场的深刻变化促成法律制度的演变,进而使得《准则》与我国国内法律制度不匹配问题突出,主要体现在:

第一,《准则》的有些规定与其他法律的规定相矛盾。例如《公司法》第16条第2款规定,公司为公司股东或者实际控制人提供担保的,必须经股东会或者股东大会决议。也就是说,《公司法》在一定条件下允许公司为公司股东或者实际控制人提供担保。但《准则》第14条规定上市公司不得为股东及其关联方提供担保,显然与《公司法》的规定相冲突。再如,《准则》第31条规定:股东大会在董事选举中应积极推行累积投票制度。控股股东控股比例在30%以上的上市公司,应当采用累积投票制。而《公司法》第106条规定股东大会选举董事、监事,可以依照公司章程的规定或者股东大会的决议,实行累积投票制。可见,《公司法》规定采用累积投票制是"可以",而没有"应当"的情形。正所谓"法无明文禁止即自由",上位法将一定条件下为公司股东或者实际控制人提供担保的权利保留给公司,那么下位法是不应该予以限制的。

第二,《准则》中的有些制度性规定在上位法当中找不到法律依据。例如,《准则》对"利益相关者"在第六章专章设置了6个条文,但在《公司法》《证券法》等法律中都没有提供相关的法律依据。此外,《准则》第67条规定,监事会可要求公司董事、经理及其他高级管理人员、内部及外部审计人员出席监事会会议,回答所关注的问题。这条规定在上位法中也没有提供法律依据。

为了适应后金融危机时代上市公司治理的新需要,使得《准则》能够真正反映公司治理领域的国际趋势和普遍做法,做到匹配国内经济法律制度,保护投资者合法权益,推动上市公司治理水平的提高,我们需要对准则进行重

---

⑩ 中国证券监督管理委员会:《中国资本市场发展报告》,中国金融出版社2008年版,第25页。

新的定位和审视。

三、软法的主要功能及其在公司治理领域的运用

(一) 软法的概念与效力分析

1. 软法的概念分析

软法(Soft Law)本是个国际法学概念,兴起于 20 世纪 70 年代,多以决议、宣言、声明、指南等形式出现在环保、国际金融、人权等领域,特别是在欧盟法研究中,软法已经成为一个不可或缺的概念。[11] 依法国学者、《欧洲法律杂志》主编弗朗西斯·施耐德的定义,软法是指"不具有法律约束力但可产生实际效果的行为规则"。这一定义点出了软法最本质的特征:不具有法律约束力,但是被普遍遵从。软法虽然不具有法律上的约束力,但是表达了各国在某些方面所达成的共识、普遍受到承认的最佳做法,以及根据软法行事的意愿。

巴塞尔协议是软法的典型代表。巴塞尔协议是由巴塞尔委员会成员国达成的若干重要协议的统称。[12] 巴塞尔委员会通过制定广泛的监管标准和指导原则,提倡最佳监管做法,以期各国采取措施,根据其自身情况运用具体的立法或其他安排予以实施。所以,尽管巴塞尔协议不具有强制的约束力,但是这些规则越来越成为全球范围银行稳健经营的保障,也受到其成员国和大量非成员国在内的众多国家的重视和遵守。2004 年 6 月,巴塞尔委员会通过了《资本计量和资本标准的国际协议:修订框架》(《巴塞尔协议 II》),这一文件首先由巴塞尔委员会成员国在 2006 年底前开始实施,而后,25 个欧盟成员国、澳大利亚、新加坡和中国香港特别行政区等发达国家和地区也表示将利用新协议对商业银行进行监管,部分发展中国家如南非、印度等也表示将采取积极措施在 2006 年实施新协议。[13]

后来,软法这一概念受到国内法学者的重视,学者开始将国内社会规则划分为硬法和软法来进行研究。硬法就是指传统的法律规则,即正式的法律规范体系内的规则,在中国,即是指法律、行政法规、地方性法规以及自治条例和单行条例、规章。而软法是指不能运用国家强制力保障实施的法律规范

---

[11] 参见罗豪才等:《软法与公共治理》,北京大学出版社 2006 年版,第 41 页。
[12] 李冬来:《巴塞尔委员会及巴塞尔协议》,载《国际资料信息》2007 年第 5 期。
[13] 李冬来:《巴塞尔委员会及巴塞尔协议》,载《国际资料信息》2007 年第 5 期。

体系,同时又是不同于道德、习惯、潜规则、法理和行政命令的"非典型意义的法"。

然而,正如宋功德教授所说的那样,尽管软法概念首先见之于国际法学,但这既不意味着软法现象最早发生于国际法领域,更不意味着唯有国际法领域才有软法现象。相反,作为一个影响公共资源配置与社会财富分配的规范形态,软法规范从来就是国内公法体系不可或缺的组成部分。例如中共中央办公厅于 2000 年公布的《深化干部人事制度改革纲要》、中国注册会计师协会颁布的《2005 年度注册会计师行业英语及综合能力测试纲要》,这些文件不属于国家的法律规范体系,但是在实际生活中影响着相关领域的活动,并被参与相关领域的人们所遵守。在一个主权国家之内,由于硬法规则存在制定周期长、修改程序相对僵化、过于强调抽象性的问题,使得彰显具体性、针对性和灵活性的软法有了一席之地。

2. 软法的效力分析

软法作为一种没有强制约束力的行为规则,其法律属性和效力受到了质疑。Richard Bilder 就认为"用软法一词来描述显然不具有法律形式而且并不意图发生法律上的约束力的文件显然是不合适的,而且也没有多大帮助,这样的文件根本不是我们通常意义上所说的法律"。必须承认,在国家主义的法律观支配下,是否由国家制定,是否体现国家意志,是法律区别于其他规范的基本标志。但是正如通常意义上,法律包括国家权力机关制定的法律、行政机关制定的行政规则和司法机关的判例,立法、行政和司法都体现国家意志一样,国家权力和国家意志也具有分散性和被代表性,国家制定和国家意志概念本身具有相当大的模糊性。而且传统上国家—公民这样的单向统治结构在逐渐地被解构,取而代之的是,政治国家—公民社会—个人这样的多元化的结构,国家权力从国家机关向公民社会中的一些共同团体让渡。这意味着我们不应该再用传统的国家主义的法律观来看待法律和这个社会上存在的行之有效的社会规则。软法作为一种体现公众意志的规范,也是权力的一种产物,从这一意义上说,软法也有法的属性。

软法不具有法律约束力,主要是指就软法本身来说一般不具有司法适用性,但这并不意味着软法不具有任何实际效果,相反软法在实践中往往得到相关主体的普遍遵从。一是,这些软法规范在一定程度上代表了相关行业、组织范围内的普遍做法或是最佳做法,出于自我利益、相互模仿和伙伴压力等考虑,相关主体也愿意参照实行。随着软法被一个行业越来越多的参与者采纳,这个行业中原本不愿意采用的那些参与者和新进入的参与者也会采纳，形成所谓的"马太效应"。二是，这些软法虽然不具有司法适用性，但是对于法律规范中措辞或是概念的解释往往会借助于一些软法规范，因为毕竟这些软法规范代表着相关领域的普遍认同的事项。例如，在公司治理领域，相关的公司治理准则中关于董事勤勉义务的规定和指南性做法可以作为法院判断董事是否尽到勤勉义务的参考。在相关法律规定模糊不甚确定，而又有相关软法作为某种行为指引的情况下，遵守软法的相关主体就有一种很正当的预期，认为遵守了软法就"履行了义务"。因此，如果说硬法因其国家意志的血统而自然拥有一种似乎不言自明的正当性，那么软法制度安排则通过普遍认同的方式来谋取正当性，而这正当性也就意味着效力的存在。

软法规则与硬法规则相比，存在着强制力的不足，但是也具有许多不可比拟的优势。这些优势包括相对硬法规则更具有灵活性、具体性和指导性，而这些优点概括来说就是，软法规则与内容相同的硬法规则相比，与法律体系的匹配性更强，更具有兼容性。软法在性质上更接近于"合同"，它只要不与现有的法律规范相冲突、相矛盾，就可以规定法律规则所没有规定，或是比法律规则更为具体、更为严格的事项。当然，这种优势的发挥需要兼顾相关主体的普遍认同和规则本身正当性的强弱。在软法这一优势的发挥上，域外众多公司治理规则为我们树立了很好的榜样。

（二）域外公司治理规则分析与评价

1. 域外公司治理专门规则以软法为主

在重视公司治理问题和改善公司治理体系方面，国际组织起了非常重要的作用[14]，包括世界银行、经济合作和发展组织（下文简称 OECD）和欧盟都在公司治理方面提出了自己的观点，世界银行甚至是实施了一系列的包含推动公司治理结构完善的贷款项目。OECD 在 1999 年参照金融稳定论坛（Financial Stability Forum）颁布的关于国际金融稳定的核心标准制定了《公司治理原则》（OECD Principles of Corporate Governance）（并在 2004 年作了修订）。[15]《公司治理原则》承认"公司治理框架受法律、监管规制和制度环境的影响"和"良好的公司治理没有单一模式"下，试图包容不同模式之间的差异，识别出"作为良好公司治理基础的一些共同要素"，因此《公司治理原则》更多的是原则性的规定，更多的是指出所要达成的公司治理目标和值得参考的实现目标

---

[14]　张春霖：《上市公司治理的国际趋势》，载《世界经济与政治》2002 年第 5 期。

[15]　Silvia Fazio, Corporate governance, accountability and emerging economies, Comp. Law, 2008, 29(4), 105—113.

的手段。例如,《公司治理原则》中并没有对德、日的双层委员会模式和英、美的单层董事会模式进行评判,原则中的"board"包含双层模式下的监事会,"主要执行人员(key executives)则是指其管理董事会"[16],将更多的具体的公司治理的行动倡议交由各国政府、半政府组织和私营机构制定。所以可以说,《公司治理原则》以其措辞的灵活性和规则的原则性来实现对各国国内经济法律制度的匹配性和对公司治理问题的指引性的兼顾。

在各法域中,公司治理的专门规范也多为软法性质。如,伦敦证券交易所颁布的《公司治理联合准则》(The Combined Code on Corporate Governance)、德国公司治理小组发布的《德国上市公司治理规则》(Corporate Governance Rule for Quoted German Companies)。在美国,公司治理规则包括州、联邦的法规,证券交易委员会制定的规则,各交易所制定的上市标准,各种最佳实践是公司治理也是上市公司责任重要来源。[17] 软法性质的公司治理规则在美国非常发达,交易所、研究机构、机构投资者和一些大型的上市公司都会发布相关的公司治理规则。例如,通用汽车公司在1991年发布的《关于公司治理重大问题指南》、加利福尼亚州公共雇员退休体系(California Public Employees Retirement System)制定的《公司治理市场准则》,这些由具有广泛影响力的公司、组织制定的公司治理规范,虽然不具有强制约束力,但是如加利福尼亚州公共雇员退休体系、全美教师保险及年金协会这样的机构投资者或者投资者组织制定的公司治理规范,其实质反映了他们对良好公司治理的衡量标准,也间接反映了它们的投资倾向,如果一个上市公司能够依照这些治理规则组织公司结构和活动,会更能受到这些机构投资者的青睐。这在一定程度上促使上市公司遵循这些治理规则的要求改进自身治理。

2. 域外公司治理软法规则的特点分析——以英国《上市公司治理准则2012》为例

英国是公司治理运动的主要发源地。[18] 英国的公司治理开端于20世纪90年代,当时英国爆发了一连串的公司丑闻,使得全英国上下认识到有必要对公司治理状况作出细致的审查和改进,这就催生了1992年的《凯德伯里报告》(Cadbury Report)及附录"最佳实践准则"。后来,为应对公司治理实践中

---

[16] OECD, Principle of Corporate Governance (2004).

[17] Zabihollah, Rezaee, Corporate Governance Post-Sarbanes-Oxley: Regulations, Requirements, and Integrated Processes. John Wiley & Sons, Inc. p. Xi.

[18] 胡汝银、司徒大年、谢联胜:《全球公司治理运动的兴起》,载《南开管理评论》2000年第4期。

出现的新问题,不断有新的报告出台。从 2003 年开始,英国政府决定设立金融报告委员会(Financial Reporting Council,简称 FRC),负责定期对公司治理准则进行审查和报告。[19] 金融危机后,面对上市公司治理,特别是金融机构公司治理方面暴露出的新问题,FRC 重新审查了公司治理方面的规范,并在 2009 年发布 Walker Review。报告有两个主要结论:一是需要对英国公司治理准则的精神更加关注,二是股东和董事会的互动关系需要得到加强。FRC 在报告的基础上颁布了《上市公司治理准则 2012》(以下简称《准则 2012》)。《准则 2012》覆盖五部分内容:领导权、效率、责任、薪酬和与利益相关者的关系。遵循原有体例,分为两个个层次:原则(主要原则、支持性原则)和具体规则。

一是采取"不遵守既解释"的实施原则。"不遵守既解释"原则被凯德伯里报告附录"最佳实践准则"所采用,要求所有在英国注册的上市公司的董事会遵守最佳实践准则的规定,并在次年(1993 年)对遵守最佳实践准则的情况作出陈述,并对没有遵守的相关情况作出解释说明。[20] 在后来出台的报告也遵循这一实施原则。英国伦敦交易所要求在该所上市的公司遵守《准则 2012》,并且将遵守的情况向股东报告。而规则条款遵循着"遵守或解释"规则。[21] 这些具体规则相当于通往"公司良治"的一条并不唯一的途径,只要上市公司将不遵守的理由充分告知投资者,则不需要遵守具体规则。

二是与硬法规则的关系更为灵活。首先,作为硬法规则之外的倡导性建议,《准则 2012》可以不受立法位阶的限制,在法律规定的最低要求基础之上,提出更高的要求,或者是新的要求,为公司治理树立一种"最佳实践"。例如,在《准则 2012》第五部分"与股东的关系——与股东对话"中,要求:主席应该保证股东的意见及时汇总传达到董事会,主席应当与主要股东探讨公司治理和管理策略非执行董事应该有机会参加与主要股东的见面会,并且如果主要股东有要求,则须参加。高级独立董事应该参加足够的有主要股东参与的会议,听取主要股东的意见,以对主要股东关注的问题有个平衡的理

---

[19] FRC, The UK Approach to Corporate Governance (2010) [EB/01]. http://www.frc.org.uk/getattachment/1db9539d-9176-4546-91ee-828b7fd087a8/The-UK-Approach-to-Corporate-Governance.aspx,2013 年 8 月 30 日访问。

[20] Cadbury Report, http://www.ecgi.org/codes/documents/cadbury.pdf[EB/01]. 2013 年 8 月 30 日访问。

[21] FRC, The UK Corporate Governance Code(2012)[EB/01]. http://www.frc.org.uk/Our-Work/Publications/Corporate-Governance/UK-Corporate-Governance-Code-September-2012.aspx,2013 年 8 月 30 日访问。

解……而在2006年英国《公司法》中,却没有任何涉及董事与股东沟通方面的内容,可以看出《准则2012》在这一方面是对董事提出法律规定之外的要求,目的在于保证股东对公司运作的知情权和参与权。这一种规定可以说是对法律规定的"董事对公司的信义义务"的一种具体化和深化,这种深化以法律的立法精神、抽象规定为依据,以能够指导公司治理具体实践为目标,对公司提出的新要求。其次,作为相关硬法规则的补充规定,《准则2012》与硬法规则的关系还体现在二者的相互补充,共同规制上。在英国2006年《公司法》中对董事薪酬问题的规定,只限于要求董事会制作董事薪酬报告,对薪酬报告的制作时间、制作主体、违反制作报告义务的制裁措施以及股东对董事薪酬报告的批准程序,但是对于具体的董事薪酬的制定标准却毫不涉及。这体现了一种立法上的谦抑,将更多的决定权留给上市公司和投资者。在《准则2012》中的第四部分"报酬"中,通过主要原则、支持性原则和具体的规则,对董事的薪酬问题进行规定,要求公司支付给董事的薪酬需要足够有吸引力,能够激发董事尽责运营公司,同时必须避免支付不必要的额外报酬。通过《公司法》和《准则2012》分别在董事薪酬的相关制定、报告程序和具体的确定标准方面的分别规定,相互补充,共同为董事薪酬的确定提供了完备的依据。

四、《上市公司治理准则》软法化的主要意义

(一)响应十八届三中全会有关全面深化改革决定的必然要求

2013年11月,在北京召开的中共中央第十八届三中全会制定了《中共中央关于全面深化改革若干重大问题的决定》。这一重要文件为中国未来几年,乃至十几年的改革、发展作出了规划部署。其中经济体制改革是全面深化改革的重点,核心在于处理好政府和市场的关系,《中共中央关于全面深化改革若干重大问题的决定》首次提出"使市场在资源配置中起决定性作用"。而软法化将是我国资本市场迈向市场化的有益尝试,也有利于市场作用的发挥。

我国的资本市场处在新兴加转轨的特殊时期,为了将我国资本市场建成"公正、透明、高效的市场",需要我们正确处理政府和市场的关系,合理界定政府的职能边界,推动政府多余职能向市场转移,促进监管机构监管模式转型,将监管重点从审批为主向以信息披露为主转变。这就意味着政府的角色

不再是教练——决定哪些选手该上场及选手如何打球,而更多的是发挥执法者、裁判员的作用——保证比赛规则的执行。这就意味着监管者应侧重保障资本市场的透明度和市场信息的真实性,将上市公司的前景、效益及可投资性交给投资者去判断、选择。也就是说如果我们承认"良好的公司治理并不一定是一个模子里刻出来的",那么在保证公司法、证券法的有效实施、公司运作遵循基本法律规定的前提下,对于何为公司治理的"最佳实践"也应该给予上市公司自主的选择权,让上市公司自主选择适合本公司的最佳运作模式,也让投资者自主判断公司治理的最佳方式。

(二)软法化是解决前述问题的有效途径

1. 清晰《上市公司治理准则》的定位

软法化后的《上市公司治理准则》作为一种倡议性文件,它所规定的行为准则和职业道德将不具有法律约束力,仅是作为一种自律规范或是倡议性规范,上市公司也能更清晰地看待《上市公司治理准则》,并自主决定是否依其行事。此外,《上市公司监管条例》颁布在即,《上市公司监管条例》很可能作为上市公司治理领域的专门行政规章。《上市公司监管条例》与新修订的《公司法》《证券法》相配套,《上市公司监管条例》制定的规则是对两法的具体化和细化,为上市公司提供的公司治理方面具体的硬法规则。而软法化后的《上市公司治理准则》将作为《上市公司监管条例》的补充。

2. 发挥《上市公司治理准则》最佳实践指南的作用

在国际上,这些公司治理方面的规则也被称为"最佳实践",这意味着这些规则是在法律的规定之外、之上的要求,这些规则不是在给上市公司的脚上带上镣铐,而是教上市公司如何走路,乃至跑步的指南。美国商业圆桌会议在其制定的《公司治理原则(2012)》的序言中就对上市公司治理原则的定位、作用作了很好的诠释:正如在《公司治理原则(2005)》中说到的那样,我们依然认为美国拥有世界上最好的公司治理、财务报告和证券市场制度。这些制度之所以行之有效,是因为在法律规章建立的对公司治理最低要求框架之上,允许不同的公众公司发展最适合他们自身的最佳做法。即使是在经济环境艰难的当下,公司仍然随着条件的变化而继续探寻、发展他们自身的公司治理方式。㉒ 这也是各个治理准则的通常定位:在为上市公司的公司治理实

㉒ Business Roundtable, Principles of Corporate Governance 2012[R]. Available at http://businessroundtable.org/resources/business-roundtable-principles-of-corporate-governance-2012.

践提供法律之外、之上的指导的同时,也承认,这种指导也是多种可能的最佳实践之一。我国《准则》的序言指出,本准则的内容包括"上市公司治理的基本原则,投资者权利的保护方式,及董、监、高应当遵循的行为准则和职业道德",这也说明《准则》的定位应当是法律之上、之外的规则。

(三) 实现软法与硬法互补

2011年3月,时任全国人大常委会委员长的吴邦国在十一届全国人大四次会议第二次全体会议上宣布,中国特色社会主义法律体系已经形成。[23]中国特色社会主义法律体系的形成保证了国家和社会生活各方面有法可依。具体到经济法律制度,作为公司治理领域奠基性的法律《公司法》和《证券法》在2005年分别得到了修订、完善。可以说对公司治理最低要求的框架已经建立,防止公司治理"脱缰"的防范措施也已到位。而且如前所述,《上市公司监管条例》出台在即,"规范上市公司的组织和行为,保护投资者利益,促进上市公司质量不断提高,维护社会公共利益"的重任也将落在《上市公司监管条例》上,《准则》已经具备了软法化的前提条件。

当下我们处在一个法律大爆炸的时代,社会对软法有着巨大的需求空间。一方面由于我国正处于经济体制建立、发展和改革的时代,同时也是社会转型的重要时期,对各项规则有着迫切的需求,国家制定的硬法存在供给不足的情况,软法的出现可以填补硬法在调整社会生活方面的空白;另一方面,由于硬法本身立法过程的严谨性,论证、制定、颁布需要一个相当长的过程,加上法律稳定性的属性要求,硬法面临着如何适应不断变革的时代的内在难题,常常面临着"即颁即落后于实践"的困境。而软法具有内容灵活、制定修改过程简便,例如美国商业圆桌会议组织每年对上年的公司治理规则进行审查,并发布新的公司治理规则,德国的《上市公司治理准则》每年都需要经过"公司治理规则政府委员会"的审查,对《上市公司治理准则》中落后于实践、与法律相冲突的规则进行修订。通过软法的运用可以克服硬法在适应社会生活上存在迟缓、僵硬的弊端,提高法对社会发展变化的适应性。[24]

---

[23] 国务院新闻办公室:《中国特色社会主义法律体系》白皮书发布(全文)[EB/01],http://www.gov.cn/jrzg/2011-10/27/content_1979498.htm,2013年12月19日访问。

[24] 姜明安:《软法的兴起与软法之治》,载《中国法学》2006年第2期。

五、《上市公司治理准则》软法化的具体建议

(一) 制定主体

软法与硬法一个重要区别在于制定主体的不同,硬法的制定主体为立法机关或者经过立法机关授权的有权机关,而软法的制定主体为"非国家人类共同体"。"非国家人类共同体"在国内层面表现为国家的律师协会、注册会计师协会等自律组织、高等院校等社会团体。这些"非国家人类共同体"由于不享有国家权力,所制定的规则不由国家强制力保障实施,不具有强制约束力,但是不具有国家强制力保障实施并不意味着其失去了约束力。软法可以通过自律与他律相结合的方式而实施,对软法的违反,会遭到共同体的制裁、开除,以及舆论的谴责。

《准则》的制定主体可以由上海证券交易所和深圳证券交易所牵头,由证券业协会、上市公司高管、公司治理领域专家组成专门的公司治理准则委员会负责《准则》的制定工作,并且每年度对《准则》进行审查,以保证《准则》的法律重述符合相关的现有法律规则,其规则体现了上市公司治理的最佳实践。首先,《准则》制定主体是由多方参与的公司治理委员会,保证了制定过程的开放性。这种广泛听取公司治理实践工作者、相关专家学者意见基础上制定出来的规则,能够符合公司治理的最新实践,并且在一定程度上体现了上市公司的诉求和利益,能够促使《准则》得到更好的遵守。其次,公司治理委员会依托上海证券交易所和深证证券交易所,这两大平台有着丰富的监管实践经验、有力的资金保障,并且依托上海证券交易所的发展研究中心和深圳证券交易所的综合研究所的强大研究能力,公司治理委员会能够胜任这一职责。

(二) 内容结构

正如前面论述的,《准则》的软法化是将《准则》定位为对相关经济法律规范的补充,其目的是作为上市公司公司治理方面的指导规则,帮助上市公司及其相关当事人建立良好的公司治理规范,实现良好公司治理。因此,在《准则》的内容结构上,需要做到:

1. 恢复最佳指南的功能

上文指出《准则》的规定与其他法律规则存在大量重复,并且上位法的原

则性规定未能在《准则》中得到具体化和精细化,这使得《准则》的针对性和指导性大打折扣。因此,《准则》的修改方向之一就是增强规则的指导性和针对性,使得上市公司能够在实际中直接运用《准则》进行公司治理,此外指导性也意味着对法律规则的诠释,例如,《公司法》第 148 条规定董事、监事、高级管理人员应当对公司负有忠实义务和勤勉义务。《准则》当中应当对忠实义务和勤勉义务的内容和标准作出具体、明确的规定。此外,《准则》第 51 条规定"独立董事的选任应符合有关规定",这样的空泛语言没有提供有效信息,只能让相关当事人手足无措。这方面可以借鉴美国法律协会制定的《公司治理原则:分析与建议》,在推荐的相关公司实践之后附上相关评注,以帮助上市公司更好、更具体地理解条文的要求。所以,将来对《准则》进行修改时,应当增加具体内容,增强规则的针对性和指导性。

2. 借鉴德国公司治理准则的三层模式

目前,《准则》除了导言外,有七章内容,分别是股东与股东大会、控股股东与上市公司、董事与董事会、监事与监事会、绩效评价与激励约束机制、利益相关者和信息披露与透明度,但是只有一个层次,即具体规则。在结构上显得简单。美国法律协会颁布的《公司治理原则:分析与建议》的结构最为多样,包括以"考虑法院在履行其审判职能时认为应当考虑的所有因素"为标准进行的法律规范重述。同时,包含对立法提出建议的模范法(Model Law)、程序性规则,以及针对公司提出的,建议公司自愿遵守的规则(Best Practice)。英国《公司治理准则(2012)》分为两个层次:原则(主要原则、支持性原则)和具体规则。德国《公司治理准则(2013)》将具体条文设置为:现行法律规范重述、应遵守的建议和可遵守的建议三种。《准则》软法化定位是作为指导性规则,为上市公司建立起良好公司治理,那么可以将现行的法律整合成与公司治理相关的法律规范,形成一套"公司治理大全"。

因此,笔者建议将《准则》的结构按照原有的部分分为三个层次:法律规则重述、最佳实践指南和相关说明。第一层次就是对现有法律规则的重述,例如第一部分为股东与股东大会,那么就将与股东、股东大会相关的法律规范、行政法规、部门规章、交易所制定的规则按照一定的逻辑顺序予以重新论述,以帮助上市公司及其董事、监事等高级管理人员理解相关方面的法律要求,促进这些规则更好地指导他们的行为。第二层次就是具体的规则条文,这些规则条文就是我们所谓的"软法",也就是法律之外、之上的要求。第三层次就是对相关部分法律重述,及软法规范的说明,主要解释相关软法规则的由来,及其与法律规范的关系,甚至可以进一步论述作为"最佳实践"的替代实践规则。这样的层次,免去了上市公司及其高级管理人员"找法"的麻烦,而将精力集中于相关规则的遵守与实施。

(三) 实施方式

在欧洲公司治理研究所网站上收录的全球各个国家和国际组织颁行的300多个公司治理准则,大部分公司治理准则都确立了"自愿披露+市场压力"机制和"要么遵守,要么说明不遵守理由"的披露机制。㉕ "自愿披露+市场压力"的实施方式,充分尊重了上市公司的自主选择权。但是这种任意性的实施方式的弊端也是显而易见的,正如凯德伯里报告的主持人和起草人Cadbury指出的那样,如果一项公司治理准则完全是自发的而没有任何强制力,就会面临着只有被正直善良的人遵守而被心怀不轨的人所忽视的危险,而后一种人恰恰是准则所要施加影响的对象。㉖ 因此,《准则》的实施方式应该是能够确保后者也能够主动遵守的机制。而采取"遵守或者解释"的实施方式避免了任意性实施方式的弊端,也可以发挥《准则》在公司治理方面探索的灵活性,敦促上市公司遵守相关规则的同时,也赋予了上市公司灵活性。

"遵守或者解释"的实施方式最早出现在 1992 年的凯德伯里报告,后来被英国的《上市公司治理准则 2012》,德国《公司治理准则》,比利时的《卡等报告》和荷兰的《塔巴克斯布拉特委员会建议》等上市公司治理规则所沿用,在实践中,已经得到了广泛认同。对《准则》的软法话也建议采用"遵守或者解释"的实施方式,并且可以参照英国金融稳定委员会的做法,将《准则》作为上市规则的附录,并且在上市规则中对《准则》的实施方式作出规定,即加入"遵守或者解释"的规则,要求上市公司在每年的年报、半年报中对该年度本公司遵守《准则》的情况进行报告,对于没有遵守的地方,要求上市公司解释没有采纳《准则》所规定规则的理由,并且对上市公司采取的替代做法进行详细说明。

㉕ 邓小梅:《经济领域中的软法规律性初探》,载《武汉大学学报(哲学社会科学版)》2011 年第 6 期。

㉖ 王几高:《公司治理准则"遵守或解释"模式之探析》,华东政法大学 2008 年硕士论文。

宏观调控法

论增值税法上的对价

杨小强　胡蕙雅[*]

一、导论与文献综述

（一）问题的提出与意义

本文研究的问题是增值税法上的对价的定义与确定方式。在中国营业税改增值税逐步推进成型的背景下，增值税在我国税收体制中将占据十分重要的位置。增值税在征收过程中面临的实际执行问题不容忽视。综观各国的增值税立法，增值税都是对应税给付的课征。如何界定应税给付成为增值税征收过程中的重要环节。尽管不同国家用不同的方法定义应税给付，但都离不开对"有给付、有对价、由登记的人实施、在营业中、和一定的管辖权相联结"这几大要素的编排。在一般形态下，必须存在一个有对价的给付，应税给付才会存在。如果不能明确对价的定义和确定方式，就无法对是否构成应税给付作出正确判断，在增值税征收中将难免出现多征、少征、错征、漏征等纰漏。因此，为了避免国家的税收流失以及纳税人合法权利被侵犯，在增值税立法中明确对价的含义以及确定方式是十分必要的。本文将对增值税法尚不完善的对价问题进行研究，力求得出对价的合理定义及确定方式。这一问题的解决，有助于落实税收法定原则，为税务机关确定应税给付、查明应纳税额提供明确依据，保障国家的税收利益，限制税务机关的自由裁量权，维护纳税人的合法利益。

（二）文献综述

"对价"（consideration）一词原为英美合同法中的重要概念，它与中文语

---

[*] 杨小强，中山大学法学院教授，研究方向为税法与资产评估法。
胡蕙雅，中山大学法学院2015级经济法研究生。

境中的"有偿"一词意思相近。目前在我国税法体系中,仅有《中华人民共和国增值税暂行条例实施细则》《营业税改征增值税试点实施办法》(财税[2016]36 号文《关于全面推开营业税改征增值税试点的通知》附件一)及《中华人民共和国消费税暂行条例实施细则》对"有偿"这一概念进行规定。① 学术方面,法学类文章中仅有一篇在对我国增值税法涉及第三人时的税务处理进行探讨的过程中略有提及增值税法上的对价问题。② 增值税的对价相关内容散见于财政与税收领域的文章中,但并没有专门对增值税法的对价问题进行分析的论著。可见,在立法上和学术上,在增值税法的对价研究方面我国都存在空白。

欧盟、加拿大、新西兰、澳大利亚等国家和地区的增值税(或货物与劳务税)立法以及税务实践均较为成熟,且英国皇家税务局(HMRC)以对纳税人友好(taxpayer-friendly)的方式在其官方网站上公布了一系列详尽的立法资料,其中对对价有较为深入的研究。鉴于此,本文探讨对价问题时将较多参考上述国家和地区的立法规定。

(三) 概念界定

本文研究的是增值税法上的对价,较之于合同法和票据法上的对价,增值税法上的对价有其自身的特点。各国增值税(或货物与劳务税)立法对对价的定义虽各有特点,但又有共同之处,这是本文讨论的重点之一,故笔者将在下文一一阐明。

二、现行立法检讨与存在问题评估

(一) 与对价有关的现行立法整理与评析

1. 合同法上的对价

合同法上的对价,按照 1875 年财政法院(Exchequer Chamber)作出的迄今为止经常被引用的经典描述,可定义为:包括一方所增加(accruing)的某种

---

① 《中华人民共和国增值税暂行条例实施细则》第 3 条第 3 款:本细则所称有偿,是指从购买方取得货币、货物或者其他经济利益。
《营业税改征增值税试点实施办法》第 11 条:有偿,是指取得货币、货物或者其他经济利益。
《中华人民共和国消费税暂行条例实施细则》第 5 条第 2 款:前款所称有偿,是指从购买方取得货币、货物或者其他经济利益。
② 杨小强、吴玉梅:《增值税法上的第三人考量》,载《法学家》杂志 2007 年第 4 期。

权利(right)、利益(interest)、获利(profit)或好处(benefit),或者是他方所给予、由他方引起使自己遭受或承担(given, suffered or undertaken)的某种容忍(forbearance)、损害(detriment)、损失(loss)或责任(responsibility)。③ 对价是合同成立的基本要素,有了对价,要约的承诺才有强制性,合同才能成立。

2. 票据法上的对价

根据我国票据法相关规定,对价的给付是取得票据的前提,票据行为须以真实的交易关系和债权债务关系为依托。④

票据法上的对价具有自愿性和推定性两个特征。自愿性即票据对价的给付与取得具有自愿性,且双方可以对给付与对价的关系进行协商,对价与取得的票据的价值不一定要相等,二者基本相当即可,但支付明显不对等的对价而取得票据的持票人,法律上将其推定为恶意持票人;推定性是指,若持票人持有票据,法律上即推定其已经支付了对价,除非有证据证明推定错误。此项推定将导致举证责任倒置,目的在于充分保护持票人的利益,促进票据的流通。

(1) 票据对价与票据的善意取得

票据的善意取得,是指持票人依照票据法规定的转让方式从票据的无权处分人手中无恶意或无重大过失地受让票据而取得票据权利的法律事实。各国有关票据立法均有此项制度。⑤ 大多数国家均在票据法中,区别了持票人与正当持票人,是否支付对价决定了善意受让人是否是正当持票人。正当持票人才对票据享有完整的权利,不受前手权利瑕疵和对人抗辩的影响,而可以向所有票据债务人行使追索权。

(2) 票据对价与票据抗辩

"不得优于其前手之权利"的其中一个情形是票据债务人可以基于受让

---

③ 参见 Currie v. Misa(1875) LR 10 Ex 153,转引自刘承韪:《英美合同法对价理论的形成与流变》,载《北大法律评论》2007年第8卷第1辑,第106—134页。

④ 《中华人民共和国票据法》第10条:票据的签发、取得和转让,应当遵循诚实信用的原则,具有真实的交易关系和债权债务关系。票据的取得,必须给付对价,即应当给付票据双方当事人认可的相对应的代价。

《中华人民共和国票据法》第21条第1款:汇票的出票人必须与付款人具有真实的委托付款关系,并且具有支付汇票金额的可靠资金来源。不得签发无对价的汇票用以骗取银行或者其他票据当事人的资金。

⑤ 如日本《票据法》第16条第2款规定:"无论其事由如何,有人丧失汇票之占有时,持票人如依前项规定(即关于背书连续的规定)证明其权利,即免负返还义务。但持票人因恶意或重大过失取得票据时除外。"再如《美国统一商法典》第3-302条规定,以善意取得票据者是正当持票人。

人未支付对价这一理由,凭借其对前手行使的抗辩来对抗持票人。但是,持票人仍可行使票据权利,只是其票据权利在量上已受到了限制。故无对价或不以相当对价取得票据的抗辩是票据抗辩限制原则的一个例外。

(3) 票据对价支付之例外

我国《票据法》第 11 条规定了票据对价支付的例外情形。⑥ 由于缺乏对价的支持,依法无偿取得票据的持票人所行使的权利要受到两重限制:第一,持票人所享有的权利不得优于其前手;第二,持票人只能对除直接前手之外的人主张权利。以赠与为例,如果持票人持票向付款人主张付款遭到拒绝,受赠人在其前手权利完整时,可以向赠与人的前手追索,但不得向赠与人追索。但这一限制不适用于因税收取得的票据。即,如果税务机关持票要求付款遭到拒绝,有权向直接其前手即纳税人或扣缴义务人进行追索。

(4) 票据对价的意义

票据对价在票据无因性与诚实信用原则之间起到平衡作用。票据关系须支付对价,符合作为民商法"帝王条款"的诚实信用原则的要求。就票据关系来说,在取得票据权利之载体票据时,其主体必须出于诚实和善意,且不得以此损害社会利益。虽然票据具有无因性,当其具备票据法上的条件,票据权利就成立而可以不问其发生的原因,但此时票据的这一特性仍要受诚信原则的制约,债务人有权对违反诚信原则取得票据的直接当事人举证抗辩。可见,支付对价就是诚实信用原则的重要表现形式之一,体现了等价有偿、公平交易,是票据无因性和诚实信用原则的联系纽带,其目的在于维持经济生活中法律与道德的平衡与互动。

3. 增值税法上的对价

我国的法律法规与税务局发文以"有偿"一词代替"对价"。在目前我国税法体系中,《中华人民共和国增值税暂行条例实施细则》《营业税改征增值税试点实施办法》以及《中华人民共和国消费税暂行条例实施细则》均将"有偿"定义为"取得货币、货物或者其他经济利益"。除此之外,并无其他针对"有偿"或"对价"的进一步规定。由于上述法规中对"其他经济利益"的定义过于模糊,除天津市国税局在其津国税一[1994]10 号发文⑦中提到"'其他经济利益'是指从购买方取得的非增值税应税劳务、无形资产和不动产"外,没

---

⑥ 《中华人民共和国票据法》第 11 条第 1 款:因税收、继承、赠与可以依法无偿取得票据的,不受给付对价的限制。但是,所享有的票据权利不得优于其前手的权利。

⑦ 详见津国税一[1994]10 号发文《天津市税务局关于检发增值税若干具体问题的补充规定的通知》,发文日期为 1994 年 1 月 22 日。

有其他有法律效力的文件对其涵盖的范围作出进一步阐释,导致这一概念在实践中的可操作性不大。因此,应当明确对价的定义。

此外,《中华人民共和国增值税暂行条例》以及《中华人民共和国增值税暂行条例实施细则》中并没有规定对价与应税给付必须有联系。在《中华人民共和国增值税暂行条例实施细则释义(三)》中对对价与应税行为的关系进行了一些说明,但此份文件的法律效力不明。⑧ 虽然我国在立法上通过"有偿转让货物的所有权"⑨、"为收讫销售款项或者取得索取销售款项凭据的当天"⑩等

---

⑧ 该份文件查询自国家税务总局网站提供的中国税法查询系统中的政策解读一栏。该项原文为:

1. 我国增值税税法将销售货物定义为有偿转让货物的所有权。在执行中,应掌握的原则是:

(1)确定销售行为是否成立,必须认定其是否属于有偿转让货物。有偿的标准是以是否从货物的购买方取得了包括货币、货物或其他经济利益在内的各种利益(视同销售征税的货物除外)。

(2)确定销售行为是否成立,必须认定其是否转让了货物的所有权。如果货物的所有权没有转移,只是转让货物的使用权,如货物的出租、出借等,则这些行为都不属于税法所说的转让所有权。

2. 确定提供应税劳务是否成立,其确定原则中的有偿性同销售货物是一致的。其主要区别在于劳务是无形的,它不以实物形式存在,因此,对提供和接受劳务的双方来说不存在所有权的转移,劳务的施行就是劳务提供的发生。

从抽象的概念讲,凡是有偿提供的,无论其是有形的,还是无形的,从税收的角度来看,不是销售货物,就是销售劳务。但是,由于目前我国增值税的应税劳务只局限在提供加工、修理修配劳务,因此,我国增值税销售劳务的范围是有限的,不是所有的劳务都征收增值税。

从上面可以看出,确定增值税应税行为的关键因素包括两个。一是有偿性。包括从购买方取得的货币、货物或其他的经济利益。二是独立性。也就是说按照合同或其他法律规定,纳税人可以独立地从事一项销售活动。如果被雇佣人员或其他受雇佣关系约束的人员所从事的与货物销售、劳务提供有关的行为是为本单位或雇主提供的,那么这些行为属于企业自身的内部行为,不是对外提供的经营行为,就不属于增值税税法所规定的销售货物、提供应税劳务的范围。因此,隶属于单位和个体经营者的销售人员的销售行为,单位和个体经营者聘用员工为单位或雇主提供的加工、修理修配劳务,就不属于增值税税法所规定的征税范围。

⑨ 参见《中华人民共和国增值税暂行条例实施细则》第3条第1款、第2款,原文为:条例第1条所称销售货物,是指有偿转让货物的所有权。条例第1条所称提供加工、修理修配劳务(以下称应税劳务),是指有偿提供加工、修理修配劳务。单位或者个体工商户聘用的员工为本单位或者雇主提供加工、修理修配劳务,不包括在内。

⑩ 参见《中华人民共和国增值税暂行条例》第19条,原文为:增值税纳税义务发生时间:(一)销售货物或者应税劳务,为收讫销售款项或者取得索取销售款项凭据的当天;先开具发票的,为开具发票的当天。(二)进口货物,为报关进口的当天。增值税扣缴义务发生时间为纳税人增值税纳税义务发生的当天。

参见《营业税改征增值税试点实施办法》第45条第1款,原文为:增值税纳税义务、扣缴义务发生时间为:(一)纳税人发生应税行为并收讫销售款项或者取得索取销售款项凭据的当天;先开具发票的,为开具发票的当天。收讫销售款项,是指纳税人销售服务、无形资产、不动产过程中或者完成后收到款项。取得索取销售款项凭据的当天,是指书面合同确定的付款日期;未签订书面合同或者书面合同未确定付款日期的,为服务、无形资产转让完成的当天或者不动产权属变更的当天。

表述试图在理论上将对价与应税给付一起提出,但并没有将对价与应税给付完全连接起来。并且,在研读相关法规后,笔者发现立法中存在着很多不合理的现象:比如,将向购买方收取的滞纳金、违约金、延期付款利息、赔偿金等涵盖于价外费用之中而不加区分地计入应税销售额⑪等规定在实践中造成不合理征税现象的出现。

(二) 实践中与对价有关的问题的整理与评析

对价的定义及确定方式不明确,将引起涉税纠纷。目前我国涉税行政处罚与行政案件主要集中于虚开增值税专用发票以及偷税这两大问题。根据《中华人民共和国税收征收管理法》及其实施细则、《国家税务总局关于发布〈纳税信用管理办法(试行)〉的公告》(国家税务总局公告2014年第40号)、《国家税务总局关于发布〈重大税收违法案件信息公布办法〉(试行)的公告》(国家税务总局公告2014年第41号)的相关规定,各级税务机关定期向社会公布重大税收违法案件信息。在2015年3月由国家税务总局公布的65起重大税收违法案件中,涉及虚开增值税专用发票的案件占21起,比例约为32.3%,涉及偷税的案件占25起,比例约为38.5%。

通过阅读行政判决书发现,实践中,纳税人与税务机关之间往往因为是否存在真实交易这一问题而产生法律纠纷。例如,本溪市诚信筛片有限公司与本溪市国家税务局稽查局就纳税人是否虚开增值税发票一事产生争议⑫;再如,淮安市中铁物资有限公司与淮安市国家税务局稽查局就纳税人是否存在偷税这一问题发生纠纷。⑬

《中华人民共和国票据法》规定,只有给付了票据双方当事人认可的对价,才能够取得票据。⑭ 虚开增值税专用发票违法行为,一般是指没有真实的交易活动而开具专用发票,或货票不一、发票金额与实际交易不符以及收

---

⑪ 参见《中华人民共和国增值税暂行条例》第6条第1款:销售额为纳税人销售货物或者应税劳务向购买方收取的全部价款和价外费用,但是不包括收取的销项税额。
《中华人民共和国增值税暂行条例实施细则》第12条:条例第6条第1款所称价外费用,包括价外向购买方收取的手续费、补贴、基金、集资费、返还利润、奖励费、违约金、滞纳金、延期付款利息、赔偿金、代收款项、代垫款项、包装费、包装物租金、储备费、优质费、运输装卸费以及其他各种性质的价外收费。
⑫ 详见(2015)本行终字第00011号判决书。
⑬ 详见(2015)淮中行终字第0040号判决书。
⑭ 《中华人民共和国票据法》第10条第2款:票据的取得,必须给付对价,即应当给付票据双方当事人认可的相应的代价。

用第三方发票等虽有实际交易,但发票所记载内容与实际交易不符的情形。⑮《中华人民共和国税收征收管理法》规定,偷税是指通过伪造、变造账簿或记账凭证,在账簿上虚构交易等方式,不缴或者少缴应纳税款。⑯ 判断是否确实存在虚开增值税发票的现象,纳税人或扣缴义务人是否确实作出了偷税客观方面所要求的行为,都需要确认是否存在真实交易。一次真实的且应当缴纳增值税的交易活动中一定包含由交易一方向另一方作出的给付和因该给付而获得的对价。导致违法行为发生的不真实的交易活动的出现往往就是因为缺少了对价这一要素。因而对对价的认定是确定是否有真实交易活动,继而确定是否存在应税行为的重要环节,也是解决涉税行政纠纷的关键。

另外,现行立法中对违约金和赔偿金是否要缴纳增值税的规定略显含糊,违约金和赔偿金是否构成对价,是否所有的违约金和赔偿金都要缴纳增值税? 这个问题单从法条字面上看很难回答。从各税务机关的案例来看,对违约金是否应作为价外费用而征收增值税,有的税务机关的处理方式较为笼统,没有区分具体情况而直接将违约金、赔偿金作为征税对象⑰,另一些税务机关在实践中的做法则较为统一,即需要辨清违约金与"价"的关系,违约金是否依"价"而生。比如,若合同根本没有被履行,就不存在基础价格,也就不存在"价外费用"。如果违约金并不是依附于增值税应税业务而存在,并不存在购销行为,那么违约金不属于价外费用,不需对其缴纳增值税;若违约金是伴随着购销行为的发生而产生,则需要缴纳增值税。⑱ 笔者又阅读了与是否

---

⑮ 毛杰:《虚开和取得虚开增值税专用发票行为定性论处的若干法律问题探析》,载《税务研究》2008 年第 10 期。

⑯ 《中华人民共和国税收征收管理法》第 63 条:偷税是指,"纳税人伪造、变造、隐匿、擅自销毁账簿、记账凭证或者在账簿上多列支出或者不列、少列收入,或者经税务机关通知申报而拒不申报或者进行虚假的纳税申报,不缴或者少缴应纳税款。"

⑰ 参考北京市国家税务局第四直属税务分局于 2011 年 7 月 20 日在其官方网站网上 12366 热点问题《货物和劳务税类热点问题(2011 年七月)》一文中对第 55 号问题的解答。网址为 http://www.bjsat.gov.cn/bjsat/qxfj/zs4fj/zsfjws12366/rdwt/201403/t20140326_132413.html。

⑱ 参考彭国强、胡颖群:《违约金收入是否需要缴纳增值税》,载《中国税务报》2014 年 9 月 15 日。此文被湖北省国家税务局收录于其官方网站的税收知识一栏中。网址为 http://www.hb-n-tax.gov.cn/art/2014/9/15/art_15419_418734.html。
参考厦门市国家税务局对其官方网站中在线咨询一栏的"违约金是否缴纳增值税"这一问题的解答。网址为 http://www.xm-n-tax.gov.cn/gswz/jsp/znhd/zx_xl.jsp?id=43686。
参考北京市国家税务局第四直属税务分局于 2011 年 7 月 20 日在其官方网站网上 12366 热点问题《货物和劳务税类热点问题(2011 年七月)》一文中对第 2 号问题的解答。网址为 http://www.bjsat.gov.cn/bjsat/qxfj/zs4fj/zsfjws12366/rdwt/201403/t20140326_132413.html。

对因一方违反合同义务而产生的违约赔偿金征收增值税相关的两起案件事实一致的仲裁案件之裁决,笔者发现,两个仲裁庭对这一问题的看法并不相同,一个仲裁庭认为需要征收,另一个认为不需要。由此可见,立法中的规定模糊,给实务造成了困扰,故立法应当对此问题加以明晰。

总的来说,由于我国增值税立法在对价问题上的疏漏,为执法和司法带来负担。我国立法在确认增值税纳税义务时,甚少考虑对价因素,即使在考虑了对价因素的场合,由于立法要么本身的规定就不合理,要么采取"一刀切"的形式,作出的规定过于笼统,使得税务机关依照法律执法的过程中容易忽视对具体案情的详细分析,没有考虑对价与应税给付之间是否存在"直接联系"而径直作出行政行为,立法中不合理的规定和税务机关的行为都不能使纳税人信服,双方最终只能将案件提交法院解决,这样又加重了法院的工作量,加重了整个社会的司法成本。我国立法中对对价问题的明确规定的缺失导致实践中涉税纠纷不断,故有必要学习、参考税法发展较为成熟的国家的经验,并对我国现行税法体系进行修改、完善。

三、国外立法例及对我国的启示

目前所有欧盟成员国都需要征收增值税(value added tax),中国的增值税立法也主要借鉴欧洲的相关增值税立法,而欧洲的增值税立法又主要基于欧盟委员会的法令和欧盟法院的判例。对欧盟的法令和判例进行研究,将有助于指引中国增值税法的发展。此外,增值税在澳大利亚、新西兰、加拿大等国又被称为货物与劳务税(goods and services tax)。货物与劳务税在加拿大、新西兰、澳大利亚等国已经开征多年,其增值税立法不断地通过修正案、判例等方式得到不同程度的发展。因此,参考这些国家的增值税法中有关对价的规定,对于我国的增值税法亦有重要的指引作用。

下文将对这些国际立法例一一分析。

(一)欧盟增值税指令中的相关规定

欧盟委员会于1977年出台了关于增值税的六号指令[19](Sixth Council Directive of 17 May 1977)。该指令要求欧盟国家都以其为准进行增值税立

---

[19] See source:http://eur-lex.europa.eu/legal-content/EN/TXT/? qid=1398529198625&uri=CELEX:01977L0388-20060101.

法。因此，该指令被视为欧盟增值税的源头。2006 年,为了适应新的发展需要,欧盟又推出新的增值税指令[20]（Council Directive 2006/112/EC of 28 November 2006 on the common system of value added tax）。但上述两份文件都没有给出对价的明确定义。2006 年的增值税指令关于对价的间接规定仅出现在第四编应税交易的第一章第 18 条[21]，其规定了各成员国可以将交易视为存在对价的货物给付的三种情况，以及第三章第 26 条第 1 款[22]，其规定了应

---

[20] See source: http://eur-lex.europa.eu/legal-content/EN/TXT/?qid=1398529006690&uri=CELEX:02006L0112-20130815.

[21] 第 18 条 各成员国可以将下列每一项交易视为存在对价的货物给付：

(a) 应纳税人为了自身商业目的而使用该商业经营中从另一应纳税人处获得的生产、设计、萃取、加工、购买或进口的货物，并且该货物应缴纳的增值税不可以全部扣除；

(b) 应纳税人在免税的业务范围内使用货物，该货物的采购或使用符合本款第 a 项的规定，并且采购或使用过程中应缴纳的增值税可以全部或部分扣除；

(c) 除了第 19 条所规定的情形，应纳税人或他的继承人停止应税经济活动而保留货物，该货物的采购或使用符合本款第 a 项的规定，并且采购或使用过程中应缴纳的增值税可以全部或部分扣除。

原文为：

Article 18 Member States may treat each of the following transactions as a supply of goods for consideration:

(a) the application by a taxable person for the purposes of his business of goods produced, constructed, extracted, processed, purchased or imported in the course of such business, where the VAT on such goods, had they been acquired from another taxable person, would not be wholly deductible;

(b) the application of goods by a taxable person for the purposes of a non-taxable area of activity, where the VAT on such goods became wholly or partly deductible upon their acquisition or upon their application in accordance with point (a);

(c) with the exception of the cases referred to in Article 19, the retention of goods by a taxable person, or by his successors, when he ceases to carry out a taxable economic activity, where the VAT on such goods became wholly or partly deductible upon their acquisition or upon their application in accordance with point (a).

[22] 第 26 条 1.下列交易应被视为有偿的服务给付：

(a) 应纳税人出于私人目的或者为其职员，更一般地说，基于其他交易之外的原因使用构成其资产的货物，并且这些货物应缴的增值税可以全部或者部分抵扣；

(b) 应纳税人出于私人目的或者为其职员，更一般地说，基于其他交易之外的原因，免费进行的服务给付。

原文为：

Article 26 1. Each of the following transactions shall be treated as a supply of services for consideration:

(a) the use of goods forming part of the assets of a business for the private use of a taxable person or of his staff or, more generally, for purposes other than those of his business, where the VAT on such goods was wholly or partly deductible;

(b) the supply of services carried out free of charge by a taxable person for his private use or for that of his staff or, more generally, for purposes other than those of his business.

被视为有偿的服务给付的两种情况。第七编对应税销售额的规定中也间接地体现了在不同情况下对价的不同表现形式。在《欧盟主要增值税指令》(EC Principal VAT Directive)或《英国1994年增值税法典》㉓中同样没有对价的定义。

欧盟法院已经确认,由欧盟给出统一的对价定义,不允许各成员国各自进行解释。欧盟对对价的定义来自已经失效的欧盟增值税第二号指令附件A13(EC 2nd VAT Directive Annex A13)以及欧盟法院的判例,其要点为:(1)对价是对货物或服务给付的一种"报酬",包括包装、运输、保险等额外开支,也就是说,对价不仅包括现金支付,还包括交换中的货物的价值,以及在根据公权机关的指令提供货物或服务时得到的补偿。㉔(2)对价是纳税义务人获得的所有用以交换其提供的商品和劳务的东西。它可以是货币形式或非货币形式或二者的结合。(3)对价必须能以金钱表示。(4)对价是对给付的"报酬",这意味着在给付与对价间必须存在"直接联系"。要成立一个有对价的给付,必须有至少两方当事人,且当事人之间要有对价据以存在的口头或书面的协议。(5)若交易中存在三方当事人,其中一个当事人为一个由第三方向另一当事人作出的给付而支付对价,只要在给付提供者与接受者之间存在协议,那么就认为给付与对价之间存在直接联系,尽管这项给付是向协议中的接收方,而非对价的支付者作出。

基于欧盟成员国需要遵循欧盟法院作出的先例,欧盟法院在其判例中对"直接联系"进行的解释,进而对对价的定义的明确,均有参考价值。在荷兰土豆案中㉕,欧盟法院认为,合作社提供的储存服务和各社员持有份额的价值下降之间不存在直接联系,份额价值的下降不能直接等价于提供的服务的

㉓ See source:http://www.legislation.gov.uk/ukpga/1994/23/contents.

㉔ 原文为:"the expression 'consideration' means everything received in return for the supply of goods or the provision of services, including incidental expenses (packing, transport, insurance etc), that is to say not only the cash amounts charged but also, for example, the value of the goods received in exchange or, in the case of goods or services supplied by order of a public authority, the amount of the compensation received."

㉕ Staatssecretaries van Financien v Cooperatieve Aardapplenbewarr-plaats((1981) ECR 445;(1981) 2 cmlr 337)案情为,由于每个社员持有份额,合作社为其成员提供冷冻设备以储存土豆。一般情况下成员是要付费的,但有连续的两年没有付费。这导致社员持有份额的价值的下降(这是对由于没有交存储费而导致的合作社利润下降的反映)。荷兰税务部门认为每个成员的份额价值的下降是储存的对价。由此引发争议。

价值,故下降的份额价值不是对价;在苹果和梨协会案中[26],欧盟法院认为,个人栽培者是否获益以及获益多少都与其向协会缴纳的金额没有关系,二者不存在直接联系,个人栽培者缴纳的金额不是对价;在 Tolsma 案中[27],欧盟法院认为,Tolsma 先生提供的音乐服务与听众对他的捐助之间没有必然联系,因此不征增值税。

　　欧盟法院通过判例,对抵消费用、提前终止合同违约金、侵权损害赔偿金、预订酒店定金等具体情形中进行分析,以阐明是否存在应税的给付与对价,进而确定是否应当征收增值税。比如,在侵权损害赔偿的情形中,当一方因为另一方诽谤、未经授权使用商标等侵权行为提起诉讼时,侵权一方作出的赔偿并不构成对受损害一方的任何给付的对价,因为侵权一方作出的赔偿仅仅是对被侵权一方所受损害的填补,没有出现价值的增加。但若被侵权方给予侵权方这样一项权利,当侵权方支付费用后允许其在将来使用被侵权方的商标,即由被侵权方向侵权方作出了内容为授予其使用商标权利的给付,在这种情况下,被侵权方得到的由侵权方支付的款项就构成增值税上的对价。又如,赞助看似存在应税给付,从表面看似乎应当缴纳增值税,但有这样的情况,即赞助商通过提供基金与官方部门一起赞助一个研究项目。赞助商的出资取决于项目所需的费用,而不是赞助商所能获得的商业利益。赞助商通常可以得到包括获得技术报告、限制产品使用或从项目产品的销售额中收取费用等利益。但需要注意的是,这些利益通常是对赞助基金被用在正确的地方,以及最终产品被恰当的使用的保证。它们对于项目的主要目的来说是附带事件,与赞助基金的多少只有最小的联系。因为利益是附带的,因此基金不能被视为任何给付的对价,因此不需缴纳增值税。[28]

　　通过研读相关规定与判例,笔者发现,尽管实践中的情况多种多样,但背

---

[26] Apple & Pear Development Council (APDC),(ECJ (1988) STC 221;(1988)2 CMLR 394)这是一个为了促进苹果和梨销量而成立的协会,商业栽培者被要求在协会注册并且每年交税,这个行业作为一个整体收取促销活动的利益。问题是,征收的金额是否构成对促销活动的对价。

[27] Mr. Tolsma ECJ case C-16/93 (1994 STC 509)。Mr. Tolsma 在公共高速路上弹奏手风琴并且邀请路人给他捐助。荷兰官方对这些路人支付的款项评估了销项税额,因为他们认为 Tolsma 先生向这些路人提供了给付。ECJ 接受了 Tolsma 先生的上诉并且判决称,在公共高速路弹奏乐曲并且并未规定任何收费,这并不构成一个生效的需要对价的服务给付,因此不征增值税。因为在双方之间不存在协议,而且在音乐服务与由此产生的支付之间没有必然联系。不管路人给不给钱 Tolsma 先生都会弹奏,他并没有因为提供这项服务而与路人订有一个正式合同。

[28] See source:http://www.hmrc.gov.uk/manuals/vatscmanual/VATSC50400.htm.

后的法理却是相同的。在一般情况下,除了前述对价的定义中提到的要点,欧盟法院的法官在作出裁判时还始终坚持着以下两个原则:(1) 对价与给付之间必须有直接联系;(2) 只有存在价值增加的情况下才可能存在应税给付与对价。

(二) 加拿大货物与劳务税条款中的相关规定

加拿大货物与劳务税的规定主要集中于《加拿大消费税法案》㉙第 9 部分,全文共 10 章,第 1 章对货物与劳务税涉及的基本概念作出解释,其中第 123 条第 1 款规定了对价的概念,对价是指"依照法律的规定,针对某一给付而支付的所有价款数额"㉚;第 152 条至 164 条详尽地规定了对价的到期日、对价的支付、对价的价值以及对价在不同情况下的运用。

从这些法条中可以总结出,加拿大货物与劳务税中的对价包含有货币形式与非货币形式,对货币形式的对价,以货币的数额确定其价值,对非货币形式的对价,以该对价在给付完成时的公允市场价值确定其价值。第 155 条第 1 款规定了非公平交易中对价的处理方式,当双方当事人并非按照公平交易原则进行交易,以不收取对价或者以低于财产或给付提供时的公允市场价值的方式提供了一项财产或服务给付,并且该项给付的接受方不是基于专门地在其商业活动过程中消费、使用或给付之目的而取得该财产或服务,同时该接受方不具备税务登记人身份时,如果该项给付不收取对价,那么当事人应当被视为已经在给付提供时就该项给付支付了与财产或服务当时的公允市场价值相等的对价;如果该项给付收取了对价,那么对价的价值应当被视为与财产或服务给付时的公允市场价值相等。㉛

㉙ Excise Tax Act, see source: http://laws.justice.gc.ca/en/E-15/text.html.

㉚ 原文为:"consideration" includes any amount that is payable for a supply by operation of law.

㉛ 原文为:For the purposes of this Part, where a supply of property or a service is made between persons not dealing with each other at arm's length for no consideration or for consideration less than the fair market value of the property or service at the time the supply is made, and the recipient of the supply is not a registrant who is acquiring the property or service for consumption, use or supply exclusively in the course of commercial activities of the recipient, (a) if no consideration is paid for the supply, the supply shall be deemed to be made for consideration, paid at that time, of a value equal to the fair market value of the property or service at that time; and (b) if consideration is paid for the supply, the value of the consideration shall be deemed to be equal to the fair market value of the property or service at that time.

（三）新西兰《货物与劳务税法》中的相关规定

新西兰的货物与劳务税立法至今已有三十年的历史。在 1985 年制定的《货物与劳务税》㉜第 2 条中，赋予了对价极为宽泛的定义。对价包含对货物与劳务给付作出的所有金钱支付或者行为上的容忍，不论自愿还是非自愿作出的。这一概念包括所有政府收费、价格，以及所有合同款项，这比合同法上的对价概念更加广泛。对价也包含了许多为货物与劳务给付提供的政府补贴，以及实物支付，以货换货等类似的安排。㉝ 在新西兰高等法院对 New Zealand Refining Co. Ltd v. C of IR（1995）17 NZTC 12,307，at 12,314（'New Zealand Refining（HC）'）一案的判决中，Henry 法官评论说，对价的概念是宽泛的，"与……相对应"和"为引起……"拓宽了"与……有关"的内涵。㉞

1986 年的《货物与劳务税修法正案》㉟第 2 条第 4 款对对价的定义进行了修正，将对非营利组织作出的无条件的赠与排除出对价的范围，以防止对非营利组织的募捐能力造成负面影响。㊱ 1988 年的《第 3 号货物与劳务税法修正案》㊲在第 2 条中进一步说明，当税务登记人在其应税活动中向非营利组织作出捐赠，非营利组织对捐赠款项不需缴纳货物与服务税。但是，如果作出款项支付的人或者其关联人获得了以给付货物和劳务形式出现的直接的

㉜ See source: http://www.ird.govt.nz/technical-tax/pib-review/pib-archived/archived-goods-and-services/goods-services-1983-vol-143.html.

㉝ 原文为: This has been defined widely to include all amounts paid, or any act or forbearance, in respect of supplies of goods and services, whether made voluntarily or not. The term includes all Government charges, rates, and all contractual payments. The term is intentionally wider than its strict contractual meaning.

"Consideration" also covers many Government grants and subsidies which are provided for the supply of goods and services, or where the supply is induced by the grant or subsidy. It also covers "payment in kind", barter, "trade-off" of debts and similar arrangements.

㉞ 原文为: In the New Zealand High Court decision of New Zealand Refining Co. Ltd v. C of IR(1995)17 NZTC 12,307, at 12,314 ("New Zealand Refining(HC)"), Henry J commented that the definition was wide, and that "in response to" and "for the inducement of" added little to "in respect of", given the breadth of the latter term.

㉟ See source: http://www.ird.govt.nz/technical-tax/pib-review/pib-archived/archived-goods-and-services/gsaa-1986-vol-150.html.

㊱ 原文为: This specifically excludes from the definition of "consideration" unconditional gifts made to non-profit bodies.

㊲ See source: http://www.ird.govt.nz/technical-tax/pib-review/pib-archived/archived-goods-and-services/vol-177-gstaa-3-1988.html.

有价值的利益,那么支付的这笔款项就要缴纳货物与劳务税。㊳

在 Rotorual Regional Airport Limited v Commissioner of Inland Revenue㊴一案中,法院通过判决明确,对劳务给付作出的任何对价(包括收费或者征收)都应当缴纳货物与劳务税,而该对价的用途与是否应当缴税没有关系。

(四)澳大利亚《货物与劳务税法》中的相关规定

澳大利亚的对价概念与新西兰的对价概念相似。在澳大利亚,对价的概念也很宽泛。"与……相关联"的涵盖范围比"与……有关"略窄,但"与……相对应"和"为引起……"起到拓宽范围的作用。㊵

澳大利亚《货物与劳务税法》以概括与列举排除相结合的方式明确对价的定义㊶:对价是对给付作出的任何支付或者任何行为的容忍,以及对引起给付的诱因作出的任何支付或者任何行为的容忍,而不论该支付或对行为的容忍是否自愿作出,或者是否由给付的接受方作出;无论该项支付或行为的容忍是否根据法院、法庭或其他有权机构的命令作出,或是否根据在法院、法庭或其他有权机构前作出的与诉讼相关的解决方法而作出。如果给付人是一个实体,接受人是该实体中的一个成员,或者给付人是一个只向其成员作

㊳ 原文为:This amendment removes this distinction. This means that where a registered person makes a donation to a non-profit body in the course of its taxable activity, the payment is not subject to GST in the hands of the non-profit body. However, if the person making the payment, or an associated person, receives any identifiable direct valuable benefit in the form of a supply of goods and services then the payment is subject to GST.

㊴ See source: http://www.ird.govt.nz/technical-tax/case-notes/2009/cn-2009-gst-airport-levy.html.

㊵ 原文为:In Australia, the definition of consideration is similarly wide. To the extent that "in connection with" may be narrower in scope than "in respect of", the phrases "in response to" and "for the inducement of" may assume added stature.

㊶ See source: http://law.ato.gov.au/atolaw/view.htm?rank=find&criteria=AND~GST~basic~exact:::AND~consideration~basic~exact&target=AF&style=java&sdocid=PAC/19990055/9-15&recStart=1&PiT=99991231235958&Archived=false&recnum=17&tot=177&pn=ALL:::LEG.

出给付的实体，并不会改变支付或对行为的容忍作为对价这一事实。㊷

对价可以分为货币形式对价和非货币形式对价。根据该法案第 195-1 条的规定，货币形式的对价包括货币（包括澳币或其他国家货币）、本票和汇票、可流通票据、邮汇单和邮政汇单以及任何通过信用卡或借记卡、信用账户或借项账户、创造或转让债务的形式进行的支付。此外，支付金钱的承诺也应认定为货币形式的对价。但货币形式的对价不包括收藏品、投资品、有钱币利益的物品以及市场价值超过其作为法定货币时的设定价值的货币。关于非货币形式对价，笔者将在下文对其单独进行论述。

交易双方可以约定改变对价的形式，即将货币形式对价改为非货币形式对价，或者由非货币形式对价改为货币形式对价。但仅仅对一个非货币形式对价的金钱价值进行约定，并不会使其转变为货币形式对价。

若不确定对价的最终数额，纳税义务人可以根据知悉对价数额的时间将纳税义务分摊到不同的纳税期间。

不属于对价的情况包括：(1) 如果被赋予取得一个物品的权利或者选择，那么利用该权利或选择作出的给付物品的对价，被限定于仅包括对给付作出的额外对价或者与行使权利或作出选择相关的额外对价，如果不存在上述额外对价，那么对给付就不存在对价。(2) 向非营利组织作出赠与不是对价。(3) 若一项支付是由一个政府相关实体为一项给付而向另一政府相关实体作出，该支付包含在根据澳大利亚法律作出的拨款内，或根据澳大利亚国会于 2011.8.2 通过的国家健康改革协议作出，或根据为实施国家健康改革协议而参与的其他协议作出，并且该支付是的计算基础为与给付相关的支付款项以及另一个政府相关实体从第三方实体收取的与给付或其他相关给

㊷ 原文为：

(1) Consideration includes：(a) any payment, or any act or forbearance, in connection with a supply of anything; and

(b) any payment, or any act or forbearance, in response to or for the inducement of a supply of anything.

(2) It does not matter whether the payment, act or forbearance was voluntary, or whether it was by the ＊recipient of the supply. (2A) It does not matter：(a) whether the payment, act or forbearance was in compliance with an order of a court, or of a tribunal or other body that has the power to make orders; or (b) whether the payment, act or forbearance was in compliance with a settlement relating to proceedings before a court, or before a tribunal or other body that has the power to make orders. (2B) For the avoidance of doubt, the fact that the supplier is an entity of which the ＊recipient of the supply is a member, or that the supplier is an entity that only makes supplies to its members, does not prevent the payment, act or forbearance from being consideration.

付相关的任何事物(包括任何款项支付或行为容忍),在这种情况下,若该支付没有超过给付人作出给付所预期的或实际的花费,则该支付不是对价。(4) 如果支付是由一个政府相关实体向另一政府相关实体作出,并且属于相关规则中指明的种类,该支付不是对价。㊸

(五) 违约赔偿金的增值税处理

违约金,指由当事人通过协商预先确定的,在违约发生后作出的独立于履行行为以外的给付。㊹ 赔偿金,损害赔偿的形式之一,指违约方因不履行或不完全履行合同义务而给对方造成损失,依照法律和合同应承担的赔偿损失的责任。㊺ 违约金主要用于违约救济,赔偿金除用于违约责任领域外,还适用于侵权责任领域。

关于赔偿金的性质,《中华人民共和国民法通则》和《中华人民共和国合同法》对损害赔偿的补偿性进行了明确。㊻ 而《中华人民共和国合同法》和《中华人民共和国消费者权益保护法》又对我国目前唯一一种法定的惩罚性损害赔偿金进行了明确。㊼ 由此可见,我国合同法律上的损害赔偿按性质可以大体分为两类,即补偿性损害赔偿和惩罚性损害赔偿(法定的损害赔偿)。

㊸ See source: http://law.ato.gov.au/atolaw/view.htm? rank=find&criteria=AND~GST~basic~exact:::AND~consideration~basic~exact&target=AF&style=java&sdocid=PAC/19990055/9-17&recStart=1&PiT=99991231235958&Archived=false&recnum=18&tot=177&pn=ALL:::LEG.

㊹ 王利明等:《合同法》,中国人民大学出版社2002年版,第287页。

㊺ 同上书,第282页。

㊻ 《中华人民共和国民法通则》第112条第2款:当事人可以在合同中约定,一方违反合同时,向另一方支付一定数额的违约金;也可以在合同中约定对于违反合同而产生的损失赔偿额的计算方法。

《中华人民共和国合同法》第114条:当事人可以约定一方违约时应当根据违约情况向对方支付一定数额的违约金,也可以约定因违约产生的损失赔偿额的计算方法。

㊼ 《中华人民共和国合同法》第113条:经营者对消费者提供商品或者服务有欺诈行为的,依照《中华人民共和国消费者权益保护法》的规定承担赔偿责任。

《中华人民共和国消费者权益保护法》第55条:经营者提供商品或者服务有欺诈行为的,应当按照消费者的要求增加赔偿其受到的损失,增加赔偿的金额为消费者购买商品的价款或者接受服务的费用的3倍;增加赔偿的金额不足500元的,为500元。法律另有规定的,依照其规定。

经营者明知商品或者服务存在缺陷,仍然向消费者提供,造成消费者或者其他受害人死亡或者健康严重损害的,受害人有权要求经营者依照本法第49条、第51条等法律规定赔偿损失,并有权要求所受损失2倍以下的惩罚性赔偿。

关于违约金的性质，《中华人民共和国合同法》之规定[48]确立了违约金的补偿性，但又并非不承认惩罚性违约金，因为如果违约金数额只是一般高于实际损失，并不必然导致调整或无效，而超过的部分显然不再是补偿性的。由此可见，我国合同法律上的违约金包括补偿性违约金和惩罚性违约金。

由此可知，违约金和赔偿金根据其性质可以分成两大类，一类是补偿性的违约金或赔偿金，其总额不超过当事人遭受的损失，即不超过当事人实际损失和可得利益之和，对于当事人而言，其所得并未增加；另一类是惩罚性的违约金或补偿金，当事人的所得将有所增加。通常，由于合同责任而产生违约金、赔偿金时，违反先合同义务、合同履行中的附随义务和后合同义务会产生赔偿金，违反合同义务会产生违约金或赔偿金。

美国的法院及国家税务局对违约金、赔偿金是否可以在税前抵扣这一问题的观点可以作为参考。Commissioner v. Tellier, 383 U. S 687, 693—94 (1966)一案的判决书中，法官认为，"税法不能与国家的公共政策相悖，与国家公共政策相悖的费用支出不得作为成本抵扣。"因而，罚款、罚金、贿赂、回扣及其他不道德支付不允许抵扣，补偿性支出允许抵扣，但禁止刑罚性支出的抵扣。而后，美国国家税务局发布的 Revenue Ruling 80-211 称，"允许惩罚性赔偿作为通常且必需的商业支出抵扣"。因此，在美国，补偿性赔偿可以抵扣，惩罚性赔偿中不违反公共政策且不属于不道德支付的部分可以抵扣，而刑罚性赔偿则均不能抵扣，即补偿性赔偿金和惩罚性赔偿金中不违反公共政策且不属于不道德支付的部分不需要缴税，而惩罚性赔偿中违反公共政策或属于不道德支付的部分及惩罚性赔偿金则需要缴税。

英国税务局认为，乍一看，补偿或损害赔偿金不属于增值税法上的对价，因为它们相当于对违反合同或侵犯权利造成的损失的解决方式，而不是针对货物或服务的提供。但是在以下情况中它们也可能构成对价。[49]

1. 合同提前终止

两个对同一事实的不同判决反映了在合同提前终止这一事实上的增值税征收问题的难度。

首先要提到的是 Holiday Inns (UK) Ltd [1993] VATTR 321 一案的判决。Holiday inns(HI)代表 Croydon Hotel & Leisure Company Ltd (CHL)管

---

[48]《中华人民共和国合同法》第114条第2款：约定的违约金低于造成的损失的，当事人可以请求人民法院或者仲裁机构予以增加；约定违约金过高于造成的损失的，当事人可以请求人民法院或者仲裁机构予以适当减少。

[49] See source：http://www.hmrc.gov.uk/manuals/vatscmanual/VATSC34000.htm.

理一个酒店。CHL希望提前终止管理协议,但是原合同中并未对提前终止合同作出约定。于是双方重新订立了另外一个合同来终止前一合同。经过一段时间的谈判,协议生效,CHL支付给HI200万英镑。CHL希望通过将支付价款的一部分作为增值税的方式来减少这个解决方式的费用(这可以作为进项税额抵扣),这是基于HI作出了一项给付,即给予CHL终止合同的权利。有关部门同意了这一做法,HI就此提出上诉。法院认为,虽然两份合同间隔多年,终止合同的协议仍然构成原合同的一部分,这意味着CHL已经有权利终止,那么它就不能从HI那里购得这一权利从而就不存在增值税上的给付。根据这一决定,HMCE(海关与货物税务署)要CHL返还已经抵扣的进项税额。CHL上诉,这就带来了Croydon Hotel & Leisure Ltd(LON/93/2061A)。上诉审的法院认为终止合同的协议以及支付的200万英镑确实是增值税上的给付,即把酒店由HI返还给其所有者。

增值税法庭对Lloyds Bank plc(LON/95/2525)一案的判决则提供了另一种思路。Lloyds想提前终止对一个房产的租赁合同,这一租赁合同中没有关于提前解除合同的约定。Lloyds与房东达成变更租赁合同的协议,加入提前解约的条款以及交付给房东的赔偿金。由于双方在达成变更合同协议的同一天达到了提前终止的目的,法院认为不能适用Holiday Inns案,法院认为房东给予终止合同的选择是一项给付,Lloyds支付的赔偿金并搬出房屋的行为是对价。

因而可以作如下总结:当合同包含了允许当事人提前终止以换取对可预期的损失的赔偿的条款时,不存在可以构成增值税法上的给付的"终止的权利"或其他服务,此时的违约金或赔偿金不需要缴纳增值税;当原合同中不存在这样的权利规定,而用另外的协议来规定这项终止合同的权利时则存在增值税上的给付。在这些协议中常用金钱赔偿来表示这样的给付。

尽管在合同中有终止合同这样的权利约定,但要求有一段终止通知的时间存在,这样也会出现给付,在这种情况下一方可能会寻求搁置通知期限的权利,这就会出现与Croydon Hotel案以及Lloyds案相似的结果。

2. 违约赔偿金、租赁合同的终止和违约

对于违约赔偿金,允许提前终止的合同中都会包括赔偿金的约定,这部分数额一般用来补偿收入上的损失,它们不构成给付的对价,不征收增值税。

动产租赁合同通常允许承租人提前终止合同并支付违约赔偿金。例如汽车融资租赁合同,客户可以在最初的一段租期后解约,但需要支付相当于未来租金损失的解约金。这笔钱不需要缴纳增值税。如果出租人愿意,租赁业中允许出租人将租赁合同的终止视为应税给付。

当如客户违反合同条款或承租人或合同商召回等特定情况发生时,租赁合同或其他协议可以提前终止,此时对赔偿金不征收增值税。

增值税法庭对 Financial & General Print Ltd(LON/95/1281A)一案的判决支持了上述说法。Financial 公司认为其在一个租赁合同中得到的赔偿金应当作为进项税额抵扣,该笔赔偿金是由在进入破产管理程序后一个涉及印刷机器的租赁合同的终止而取得的。法院认为关于合同终止,出租人并没有给付,合同中有特别说明,如果承租人进入破产管理程序,出租人可以将此认定为对租赁合同的违反和解除。在更进一步的"合同终止后果"一项中,承租人失去保留货物的权利,而且承租人需要向出租人支付相当于损失的租金及其他支出的费用。因此这里的赔偿金不构成增值税上的给付。

(六)非货币形式对价[50]

1. 概述

非货币形式对价通常出现在易货贸易、部分抵价交易和以货代款的交易中。

对价应与给付或与取得货物或劳务有关联。澳大利亚《1999 年货物与劳务税法案》第 9—15(1)和(2)款给出了对价的定义,其中的"支付"不仅指货币支付,还包括非货币形式的支付,例如提供货物、赋予权利或提供服务、履行义务等。当对价以非货币形式出现时,以其含税市场价值来计算应纳增值税额。当纳税义务人提供非货币形式对价时,也是在作出一项给付,如果这是一项应税给付,纳税义务人应当根据收到的对价的含税市场价值来确定应缴纳增值税额,同时也可以为接受的给付申报进项税额抵扣。

当双方进行的是公平交易时,被交换的货物或劳务等具有相同的市场价值。这一价值可以通过交易双方都同意的合理的估值方法进行估计。

对价有两个要素,其一是一方向另一方进行"支付";其二是"支付"与给付之间必须存在联系。在新西兰上诉法院 C of IR v. New Zealand Refining Co. Ltd(1997) 18 NZTC 13,187, at 13,193('New Zealand Refining(Court of Appeal)')一案中,Blanchard 法官评论到,给付和对价之间的联系是征税的必备条件。

---

[50] See source:http://law.ato.gov.au/atolaw/view.htm?docid=GST/GSTR20016/NAT/ATO/00001&PiT=20140404000001.

欧盟法院案件 Naturally Yours Cosmetics Ltd v. Customs and Excise Commissioners(1988) 3 BVC 428. 是关于非货币形式对价的。[51] 该案法官认为，提供面霜和美容顾问向化妆品公司提供安排派对这一服务之间存在直接联系，因此这一服务是针对面霜这一给付的非货币形式对价。美容顾问的服务的价值是面霜的一般零售价与美容顾问支付给化妆品公司的价格之间的差价。与之相似，在英国案件 Rosgill Group Ltd v. Customs and Excise Commissioners[1997] BVC 388[52] 中，上诉法院认为，根据增值税第六号指令第 11(A)(1)(a)项，应税数额由供应商从女主持人那里获得的所有东西构成。女主持人并不仅仅支付了金钱，她还在自己家里举办了派对。通过举办派对，她将一项有价值的服务提供给 Rosgil，因此在女主持人提供的服务和罩衣的给付之间存在直接联系，并且，本案中存在一个诱发连接，即如果女主持人没有提供服务，她也就不会购买罩衣，还存在一个合同连接，即用低价购买罩衣是在根据合同规定举办派对后行使合同权利。因此，女主持人为罩衣支付的对价由货币形式对价和非货币形式对价（即在家中提供举办派对这一服务）共同构成。澳大利亚税务局认为，以上两案的判决所依据的原则在澳大利亚同样适用。

除了与给付间存在联系，构成"支付"的事物还必须具有经济价值和独立性。也就是说，该事物必须能被估价，并且获得者通常会为之支付金钱。这一条件的符合，通常由交易双方通过一项协议为该事物赋予特定的或单独的价值而实现。但是，交易双方为一个事物赋予价值不必然使其具有经济价值。一项"支付"是否构成给付的对价取决于交易的真实属性。尽管非货币形式的支付（以及作为或对行为的忍让）可以构成对价，但交易的属性决定它是否能构成给付的对价。[53] 一些交易涉及在交易双方间交换权利和义务。

---

[51] 案件事实为：一家化妆品公司通过美容顾问销售产品。美容顾问安排女主持人组织派对来销售产品。美容顾问以低于常价的价格从化妆品公司购买面霜，她只能将该面霜赠送给女主持人作为组织派对的报酬。否则，美容顾问需要支付常价来购买面霜。

[52] 案件事实为：一家公司在"派对计划"系统上销售货物。它根据在派对上销售的商品的价值，向那些为了促销其商品而举办派对的女主持人支付佣金。佣金的数额取决于它是以金钱形式支付还是以对商品价格的折扣形式支付。一个女主持人选择以在购买罩衣时获得折扣的方式领取她的佣金。

[53] 原文为：Whether a payment is consideration for a supply depends on the true character of the transaction. Consideration for a supply is something the supplier receives for making the supply. Although a non-monetary payment (and acts or forbearances) can form consideration, the character of the transaction will determine whether it forms part of the consideration received by the supplier for making the supply.

在特定情况下,交易的真实属性将"支付"刻画为合同的条件而不是非货币形式对价。另外,根据协议的条款,交易通常只包括涉及货币形式对价的给付。在这些情况下,提供货币对价这一义务不构成给付的对价。相似的,当交易实际上包括涉及非货币形式对价的给付,提供该对价这一义务也不是对价的独立部分,即不构成非货币形式对价。非货币形式对价要有明确的独立性。那些本质上是对价的另一种表达方式的义务并不具有独立性。例如,支付金钱的义务并不独立于金钱支付这一对价。并且,在大多数情况下,用特定方式进行支付也不构成对价。例如,如果顾客使用信用卡就可以以较低价格获得货物或服务,对信用卡的使用不构成非货币形式对价。要判断一项支付是否构成给付的对价,需要调查的是当下发生的交易的属性,而不是如果进行不同的安排而可能会发生的那些事情。比如,根据交易获得给付且负有一项特定义务的一方,如果没有承担该项义务可能需要支付更多的金钱,但是这一事实并不决定该项义务是一项对价。

2. 不同情况下支付是否构成非货币对价的具体分析

(1) 用于辅助作出给付的事物

给付的接受人可能会向给付人提供一个事物以帮助其作出给付,但这一事物并不构成对价。

(2) 以旧换新的货物

在大多数情况下,为换取新货物而被折价交易的货物构成对新货物的部分对价。另外,当提供旧货物是合同的条件,这些货物就具有独立性及经济价值。

在英国案件 Customs and Excise Commissioners v. Sai Jewellers[1996] BVC 140 中,一个顾客向珠宝店提供旧黄金,珠宝店用这些旧黄金和新黄金一起做成新珠宝,在交易双方间不存在明示约定。法官要判断该交易涉及的是一项服务(即重制顾客的珠宝服务)还是一项部分交换。如果涉及的是一项部分交换,那么给付的价值就是新珠宝的总价值。法官判定,交易涉及的是重制顾客的珠宝服务。此时顾客提供的黄金不构成非货币形式对价。

(3) 用于作为对赠与的酬谢的事物

一项给付要构成赠与,必须由给付人将该项给付自愿地而不是出于任何合同义务转让给接受人,并且给付人不会因作出赠与而获得实质利益。当有理由认为以货代款支付只是为了对给付人作出赠与表示酬谢,这一支付不构成对价。

（4）无条件的激励物和促销性的免费样品

交易的一方（例如制造商）为了鼓励另一方购买或继续购买自己的商品或服务，有时会作出一项非货币支付。当这项支付确实是无条件的（即赠与），它不构成对价。在这种情况下，非货币支付也不构成为对价而作出的给付。

3. 非货币形式对价的合理估价

因为对价的含税市场价值要作为价格而体现在给付人开具的税务发票上，故给付人要承担判定对价的含税市场价值的义务。

在 Spencer v. Commonwealth of Australia(1907) 5 CLR 418 一案中，澳大利亚高等法院审视了估值方法，并且确认了"自愿的购买者和自愿的销售者"这对概念。Griffith 法官称："土地的价值是需要判定的，其价值的获得方式不是通过问一个自愿销售该土地的人在给定日期实际能获得的价格，而是通过询问一个自愿购买者要向一个用公平价格销售的销售者支付的价款。"

市场价值是指，有相关知识且自愿进行交易而并不急迫的购买者和销售者在恰当市场进行公平交易时所达成的交易价格。它是一个客观的标准，而不是任何一方的主观看法。

根据交易环境的不同，对对价进行估值时需要参考一般市场或特定市场的情况。例如，一个收到非货币形式对价的批发商，应当参考他从一般市场购买该产品的价格来为对价估值。如果该批发商通常从制造商处购买该产品或服务，那么就应该在该交易市场中为对价估值。如果批发商通常从零售商店购买该产品或服务，则零售市场是相关市场。

当不存在交易市场，或者给销售者的价值与给购买者的价值不同时，问题就会产生。即使只有一个购买者或销售者或他们中的一方或双方都是假设的也没有关系，法院已经给出在这些情况下对价的市场价值的判定方法。能够提供合理市场价值的估值方法包括：使用相同货物、劳务或事物的市场价值；相似货物、劳务或事物的市场价值；给付的市场价值；专业评估。

（1）使用相同货物、劳务或事物的市场价值

如果市场中存在相同货物、劳务或事物，那么该相同货物、劳务或事物的实际价格可以作为对价的市场价值。被用于比较的货物、劳务或事物的实际价格应当能够代表交易市场中的市场价值。

（2）使用相似货物、劳务或事物的市场价值

相似的货物、劳务或事物应当与需要估值的非货币形式对价有较大的相

似性,它应当能够代替该非货币形式对价或者能够被以相似的方式使用。在判断二者相似度时需要考虑货物、劳务或事物的本质、用途、成本、所在位置、大小、质量和构成。

(3) 使用给付的市场价值

当对价很难被估值(例如,当对价是无形的)并且已知给付的市场价值时,可以通过参考给付的市场价值来判定对价的市场价值。但是,如果该给付同时涉及货币形式和非货币形式对价,则需要进行适当的调整。

(4) 专业评估

当有一个在特定领域被公认为具有必备的估值技能及知识的专家,并且运用与专业指导方针相一致的估值方法时,可以使用专家估值。

(5) 其他合理估值办法

当交易一方作出应税给付并且与另一方进行公平交易时,可以使用双方都认同的合理的估值方法。并且当给付和对价都难以进行估值时,给付人可以运用合理的方法计算非货币形式对价的合理市场价值(比如,运用"成本加利润"法)。但是,不能使用"历史成本"或"剩余价值"来判定对价的市场价值。因为"历史成本"和"剩余价值"通常是会计上的价值,并不能代表资产被销售时的实际市场价格。

4. 计算非货币形式对价的市场价值的时间

事物的市场价值将随着时间变化而波动,故计算出非货币形式对价的市场价值的时间将影响其价值。

若增值税法或货物与劳务税法案没有规定为了计算给付的价值而应当明确非货币形式对价的市场价值的时间,这一时间应当是合理的,根据实际交易环境,它可以是交易双方签订有约束性合同时,或风险转移时,或接受人采取有效控制时。

给付人应当能够说明其对非货币形式对价进行估值的时间点在特定交易环境下是合理的,即在该时间进行估值可以反映所需时点的非货币形式对价含税市场价值。若在所需时点之后,非货币形式对价的市场价值发生变化,也不需要对其进行调整。

(七) 分析与启示

通过对欧盟、加拿大、新西兰以及澳大利亚的增值税或货物与劳务税中对价的定义及确定方式的比较,笔者发现,各国都在各自的立法中明确给出对价的定义,虽然欧盟的现行立法中没有对价的定义,但欧盟法院亦通过判例的形式明确了对价的要点。各国几乎都将对价划分为三类,即货币形式(如现金支付)、非货币形式(如货物交换)以及服务形式(如对行为的容忍),既吸收了合同法中对价定义的合理内涵,又对其有所扩充。各国立法都对实践中不同情况下的对价确定方式作出详尽规定,这使得上述国家的税务机关与纳税人在增值税的征收与缴纳中有法可依。

在对价的确定方式上,各国立法立法都要求对价与应税给付之间存在联系。加拿大和欧盟的关联性检验方法为,加拿大在立法使用了"给付的对价"这一措辞,欧盟使用的是"导致对价的给付",英国的法院采用"直接联系"法来检验对价是否是针对给付而作出的。欧盟和加拿大通过官方另行阐明给付和对价间联系的必要性,而新西兰的对价概念本身就阐明了这一联系,对价被定义为与货物和劳务的给付有关的事项。澳大利亚的检验方法之辐射范围则宽于欧盟和加拿大使用的检验方法。在 Berry v. FC of T(1953) 89 CLR 653F36('Berry'scase')一案中,Kitto 法官认为,如果从商业实践的角度看,"支付"的接受人与该给付有实际联系,那么对价就与该给付有联系。要判断对价与给付之间是否有充分联系,应当考察交易的实质。交易双方间做出的一项安排的实质,不仅由双方对该安排的描述决定,还应当考察双方参与的所有交易及交易被作出时的环境。是否存在充分联系是一个客观的检验,如果存在一个对支持给付人和接受人的动机的证据的合理评估方式,那么双方的动机也影响给付是否为了对价而作出这一问题的判断。

上述各国的增值税(或货物与劳务税)立法对对价这一基本概念的重视程度远超中国。根据税收法定主义,税收征收与缴纳全过程的每个环节都应当有法律依据。而中国的税法体系在对价问题上,仅仅对"有偿"给出一个模糊概念,无法满足实际操作中的要求。而增值税(或货物与劳务税)发展更成熟的上述各国,均较为详细地界定了对价的概念,并广泛用于实践。因此,中国的增值税立法应当吸收各国立法中的合理部分,审慎考虑对价的定义与确定方式问题。

具言之,在对价的定义上,中国可以参照上述国家在对价定义上的共同要件,以进一步明确本国法律法规中的对价定义。各国坚持的"直接联系"原则,既能使税收征收更具有合理性,同时也控制了征税范围,值得中国借鉴。此外,虽然中国不是判例法国家,没有遵循先例的原则,但是除了在法律法规中界定对价的定义,还可以参照英国皇家税务局的做法,由税务机关为实践中纷繁复杂的交易涉及的对价问题制定专门的指引,使规定更具有操作性。

另外,在违约赔偿金的增值税处理的问题上,参考英、美两国的做法并结合我国的实践,笔者认为,可以在增值税立法中明确,当合同尚未开始履行即出现违约情况时,由于违约赔偿金并不依附于增值税应税行为,不存在基础价格,故该方所支付的违约赔偿金不属于价外费用,不构成对价,也就不需要对其征收增值税;当合同已经开始履行而出现违约情况时,则要审查双方在合同中的具体约定,并区分该违约赔偿金的性质,如果当合同已经对补偿性违约赔偿金有所约定,由于守约方的所得并未增加,故不用缴纳增值税,当原合同中不存在这样的权利规定,而用另外的协议来规定这项终止合同的权利时则存在增值税上的给付,需要缴纳增值税。另外,笔者认为,对由于效率违约产生的违约金也不应当征收增值税,因为效率违约本身在法律上并不受责备。

四、我国立法的完善

我国现有的增值税法律法规主要是《中华人民共和国增值税暂行条例》和《中华人民共和国增值税暂行条例实施细则》。随着增值税征收的逐渐成熟和对税收法定原则的落实,增值税法将逐渐走进更高位阶的法律立法程序。鉴于目前增值税征收实践中存在的增值税对价不明确的问题,有必要在今后的增值税立法中解决这一问题。

十二届全国人大三次会议表决通过了《中华人民共和国立法法》修正案草案,该草案中将税收专属立法权单列,这意味着国家对税收立法的重视程度的提升,我国将在2020年以前全面落实税收法定原则。

增值税法作为税法的一大分支,在实践中应用广泛,与国家财政收入的稳定及纳税人的利益的保护紧密相关,更应当落实税收法定原则。因此,明确增值税法上的对价问题,应当做到形式法定与实质法定的统一。

(一)形式法定:参照各国立法,明确对价定义

落实税收法定原则,最基本的一步是落实形式法定,也即做到课税要件法定、课税要素明确。对价是增值税的法律构成要件之一,要征收增值税,必须要明确对价的定义。如前所述,我国目前对对价(或"有偿")的定义模糊,可操作性不强,因此应当参照各国立法对对价的定义进行明确与细化。

笔者采纳多数国家的做法,认为对价应当是可以用金钱衡量的,这样可以通过对对价价值进行换算,认定对价的价值,判断对价的价值与给付是否相当,进而便于判断是否存在偷税、漏税等违法行为。笔者建议,参照各国立

法，在增值税法中明确将对价划分为货币形式、非货币形式以及劳务形式三大类，并且以非穷尽式列举的立法方式对每一个种类举例说明，以明确概念，增强这一概念的可操作性。

综上所述，笔者建议将"对价"的定义修改如下：对价是纳税人获得的所有可以用金钱衡量计算的、用以交换其提供的商品和劳务的一切事物，它包括以下三类：(1) 货币形式的对价，例如现金、票据支付、信用卡、银行转账支付扣除等；(2) 非货币形式的对价，例如物物交换协议中作为支付而提供的货物或服务等；(3) 劳务形式的对价，包括自愿或非自愿地对一项权利的放弃、避免做某事、同意承受损失等。此外，对价还可以是以上各种形式的结合。

（二）实质法定：采用直接联系原则，限制税务机关自由裁量权

如前所述，在对价与应税给付的连接问题上，由于我国的立法与执法并未采用"直接联系"原则，导致征税实践中出现大量不合理的情况，引发了许多涉税争议。

为了在国家利益与纳税人利益之间取得平衡，在动态的税收全过程也体现税收法定原则，笔者建议，在对价的判断问题上引入前述各国立法与司法中坚持的"直接联系"原则。要求：(1) 只有存在价值增加的情况下才可能存在应税给付与对价；(2) 对价与给付之间存在直接联系；(3) 对价是由给付直接引起的。这一做法能够为税务机关的征税提供行为依据，同时增加了税收的合理性。

例如，在处理是否应当将滞纳金、违约金、赔偿金、代垫款项等作为价外费用计入应税销售额而对其征税这一问题上，现行的不分情况一刀切的处理方式显然不合理，为此，笔者认为应当坚持"直接联系"原则。在违约金、赔偿金的问题上，当原合同包含了允许当事人提前终止以换取对可预期的损失的赔偿的条款时，不存在可以构成增值税法上的给付的"终止的权利"或其他服务，违约金不构成对价；当原合同中不存在这样的权利规定，而用另外的协议来规定这项终止合同的权利时，则存在增值税上的给付，此时就应当为违约金缴纳增值税。在代垫款项的问题上，因为这是由第三方代表接受人向给付人支付的款项，当第三方向接受人收回这笔款项时，他们只是在使自己的花费恢复原状，并没有因此产生增值，所以接受人作出的这笔支付不是对第三方作出的给付的对价，因而不应当对代垫款项缴纳增值税。

同时,为了落实税收实质法定原则提出的细化税收法律制度,使法律规定具有可操作性的要求,笔者建议,学习英国皇家税务局的做法,由税务机关制作指南,以对纳税人友好的方式,对具体交易活动中涉及的对对价的判断问题进行专门指引,并且通过网站、宣传手册等便于纳税人了解的方式公示。具体而言,在指南中用"直接联系"作为确定对价的一大基本原则总领全局,同时对法律中未有规定或规定得过于笼统,容易使纳税人或执法人员产生困惑,且在实践中常见而重要的交易的对价确定方式单独列明,使"直接联系"原则融入到每一项具体操作中,即使遇到指引中未具体说明的情况,税务机关也可以通过"直接联系"原则的理论进行处理。这一指南的颁布不仅能便利税务机关的工作,节约司法资源,也有利于纳税人对税务机关的监督,限制税务机关的自由裁量权。

五、结　　论

本文开始提出了两个问题:(1) 对价的合理定义是什么;(2) 在实践中怎样确定对价。笔者运用了比较研究法和文献分析法等研究方法,以增值税法上的对价问题进行研究。

笔者研究并分析了欧盟、加拿大、新西兰、澳大利亚等多个国家和地区的增值税法或货物与劳务税法。在对价的定义上,这些国家的立法虽然在措辞上各有不同,但通过对比研究,笔者从中分析出,上述各国几乎都明确将对价划分为货币形式、非货币形式以及劳务形式三大类。在对价的确定问题上,欧盟通过判例的形式明确表明采用了具有理论与实践合理性的"直接联系原则"。

同时,笔者研究了国内的相关立法,就国内在税收立法中所用的对价(或"有偿")概念进行了分析,并结合实践中对这一概念的运用情况进行反思。经过对比国际上的对价制度,指出了国内增值税相关规定中的对价问题的不足和可以修改完善的地方。

通过对中外法条和案例的研究及国内外增值税立法中对对价的相关规定的对比分析,笔者认为,在未来的立法中,应当在位阶较高的增值税法中引入完整、易懂且具有可操作性的对价概念,在司法和执法中在对价的确定问题上应当坚持"直接联系原则"。同时,亦可在增值税法配套的实施条例或实施细则中,或者在由税务机关制定的专门指引中对实践中的对价处理问题进一步明确。

城市化与居住权:不动产税制的作用

许 炎[*]

在国际化进程中,许多新兴经济体正经历着发达经济体早期发展的进程,推进城市化即是其中之一。一般而言,城市化是一个人口向城市地域集中和农村地域转化为城市地域的过程。在某种程度上,城市化可视为是西方文明深化的表现。虽然城市化能为经济、社会和个人带来诸多益处,比如更快、更生机勃勃的经济发展,更有效率的公共品供给等,但城市化也带来许多负面影响,比如交通拥堵、环境污染、贫困失业、住房紧张、城市灾害等等。其中,住房紧张是当前许多大城市面临的严峻问题之一,这不仅仅出现在中国内地日益发展的大城市,而且还出现在诸如香港、新加坡等类成熟城市。面对城市化带来的诸多弊端,西方发达国家正在反思,并采取各种措施改善因城市化而产生的环境、居住、公平等问题。除了考虑城市化是否是发展中经济体的必经之路外,或许当前更值得我们注意和思考的是,如何在城市化进程中以及之后有效应对和解决其产生的弊端。

有鉴于居住问题是当前两岸四地最受关注的议题之一,本文主要讨论居住权保护问题,研究不动产税制的引入能否为保护居住权,促进财富再分配和打击投机行为等起到应有的作用。文章将以香港作为研究对象,在简要考察其他地区相关税收制度的基础上,思考可供借鉴的经验或教训。文章共分四部分:第一部分讨论城市化与财富分配、居住正义等涉及的理论问题;第二部分简要分析有关国家的不动产税收制度及经验;第三部分论述香港当前面临的居住权问题,检讨香港现有税收制度在保护居住权、促进居住正义等方面的作用。文章在第四部分作结。

---

[*] 许炎,香港中文大学法律学院。

一、居住权与不动产税制

毋庸置疑,城市在国家或地区发展中起着重要作用。然而,各种各样的研究表明,城市的快速扩张和规模的不断扩大伴随着许多弊病的产生,如财富分配不均。有研究指出,美国自 20 世纪 80 年代后,城市规模与薪酬所得不均之间的正向联系日趋明显。[1] 城市规模在很大程度上说明了高收入群体相较于其他收入群体在薪酬所得方面的不平等增长。城市规模愈大,所得(或财富)不均的增长愈大。造成这种现象的原因很多,如具有技术的人群以及侧重技术的行业不成比例地聚集在大城市,因技术变革推动的所得不均问题进一步受到资本技能相辅相成发展的强化等。然而,无论具体原因为何,所得或财富分配不平等的问题在城市地区,尤其是较大规模城市十分显著,由此而引发的社会问题,如不合理的高昂居住成本、城市中的贫民窟和新贫民,以及不同收入群体之间及其与政府之间的冲突等,会影响到城市的发展以及城市中人的发展。

近年来,在中国香港、台湾和内地许多大城市,房地产投机行为盛行,房地产价格持续攀升,产业因生产成本过高而逐渐外移,财富分配不均不断扩大,不利于国家和地区的持续发展。中国香港、台湾和内地都属于地狭人稠、城市人口密集之地。相较于地广人稀之地,这些地区的政府面临城市化带来的困难和挑战更大、更复杂。尽管如此,这些政府有责任通过各种直接和间接的方式保护公民的居住权,促进居住正义。居住权是联合国人权宣言中确认的人权之一种[2],该权利也同样被确认在联合国经济、社会和文化权利国际公约以及其他国际公约中。[3] 正如联合国经济、社会和文化权利委员会

---

[1] Nathaniel Baum-Snow and Ronni Pavan,"Inequality and City Size"(2013)95 *Review of Economics and Statistics* 5,1535—1548.

[2] Universal Declaration of Human Rights (United Nations,1948),art 25. 该条款确认了人人享有为自己和家庭的健康和福利获得相当生活水准的权利,包括住房权。

[3] International Covenant on Economic,Social and Cultural Rights (1966),art 11. 其他联合国条约和法律文件中涉及居住权的还有 Charter of the United Nations (1945),and its Optional Protocol (2008),International Covenant on Civil and Political Rights (1966) and its two Optional Protocols (1966 and 1989),Convention on the Rights of Child (1989) and its two Optional Protocols (2000),and International Convention on the Protection of the Rights of All Migrant Workers and Members of Their Families (1990). 居住权也确认在一些地区性条约中,比如 African Charter on Human and Peoples' Rights (1981),European Convention for the Protection of Human Rights and Fundamental Freedoms (1950),and American Convention on Human Rights (1969).

所强调的那样,居住权不应被狭隘定义,而应被理解为一个意味着体面、安全及和平居住环境的权利。[④] 适当的居所不仅仅包含对居住权或使用权一定程度的保证,而且也意味着居住者能享有基本的服务和设施、合理的居所成本、适当充足的空间和可连接工作及其他公共服务的适宜地段以及其他必要保护。[⑤] 一个相对良好、公平的居住环境不仅是人权的基本要求,而且是维护城市稳定、促进城市可持续发展的重要条件。

居住权的保障与城市土地的开发和利用直接相关。政府可以采取各种直接和间接的措施保护居住权。在这些措施中,不动产税作为一种间接方法,可以通过经济上的激励机制,影响不动产市场参与者的行为,促进不动产市场的健全及健康发展。不动产在许多国家和地区的法律上,属于财产的范畴。不动产或土地财产在具体的法律制度下有其特定含义,如在香港,土地财产除了土地以外,还包括土壤及其中的矿物、附着于土地的建筑物、树木植物及土地或其上的任何产业权、权利、权益等。[⑥] 一般而言,土地财产或不动产(或中国内地所使用的术语"房地产"),包括土地和建筑物。土地有别于其他类型的财产自成一类乃因其独特的性质,如土地面积在地球上基本已固定、每片土地有其独一无二的位置,土地特质各不相同,即使面积相同也彼此不可替代等。作为财产的重要范畴,不动产对于个人和政府而言都甚为重要。

在税法理论上,房地产税属于财产税的范畴。财产税以财产作为课税的基础,针对财产的"持有、使用或转移"等事实课征。尽管在自由市场经济下,个人有权利安排自己的经济活动,通过合法渠道取得和保有财产,所得和财富非因法律规定不得被剥夺,但财产税的课征有其合理性,具有理论基础。许多研究认为,税在经济上具有若干重要的功能,如提高资源配置、稳定经济以及促进财富或所得再分配。其中,税的财富再分配作用能有效解决因市场经济而引起的财富分配不均问题。政府通过税收(以及转移支付)可以纠正由市场导致的财富及其背后的经济权能分配不公的问题,缩小贫富差距,促进赋税正义。

---

④ Office of the United Nations High Commissioner for Human Rights, *The Right to Adequate Housing* (UN Fact Sheet No. 21 (Rev. 1)).

⑤ 居住权的定义在联合国经济、社会和文化权利委员会的下述文件中得到阐明:United Nations Committee on Economic, Social and Cultural Rights, General Comments No. 4 (1991) on the rights to adequate housing and No. 7 (1997) on forced evictions. 转引自上注。

⑥ 《物业转易及财产条例》,《香港法例》第 219 章。

就财产税而言,它是对当前所持有的财产按其价值定期课征的税。课征的对象包括土地、建筑物等不动产,以及如机器设备、企业存货、有价证券类等动产。实践中,财产税主要针对不动产课税,从价征收。财产税是税收体制中能对财富再分配起重要作用的一个赋税类别。它可与所得税互补,对尚未实现资本增值收益的财产课税,减低持有自有住宅者与无住宅者之间的税负不公。土地或其上建筑物的增值反映了土地所处环境包括经济、社会、政治等诸多方面相较于其他地方价值的提升。这种升值通常非归因于土地或建筑物所有人的投入,而是政府对周围环境的投入和改善,换言之是公共财政支出效益的体现。对资产所有者或持有者不劳而获的这部分资本增值予以课税,符合社会公平。并且,市场经济下,个人经济能力的高低不仅取决于所得,尤其是劳动所得,而且也取决于财产,包括无形资产和不动产的多寡。在许多情形下,财产的增长较普通劳动所得的增长更快。有研究发现,在亚太地区,持有不动产是个人累积财富最快速的方式之一。⑦ 根据量能课税原则,财产持有多或经济能力强的人负担能力强,因而需缴纳较多赋税,以达到与经济能力弱的人税负比例相当。⑧ 如若没有财产税的调节,社会上的财富将会过度集中于少数人手中,造成或扩大社会财富分配的不均。⑨ 由于对不动产课征的财产税不易转嫁,且不会产生超额负担,财产税的征收不会对资源配置造成太大扭曲。

与上述角度不同的是,经济学家 Tibeout 认为,财产税是取得公共服务的对价,每个居民可通过缴纳财产税取得所需要的服务水准。因此,在可自由选择居住地的情形下,公共设施(如教育、环境、安全等)愈好的地区,居民需缴纳的财产税(使用费)就愈高,但财产税的征收不会产生超额负担。⑩ 尽

---

⑦ 陈雅琴:《由胡润财富报告探讨两岸富豪财富分配与拓销商机》,台湾外贸协会市场研究处,第 100-031 期(两岸);何晓斌、夏凡,《中国体制转型与城镇居民家庭财富分配差距》,载《经济研究》2012 年第 2 期,第 28—40 页;梁运文、霍震、刘凯:《中国城乡居民财产分布的实证研究》,载《2010》年第 10 期,第 33—47 页。

⑧ 有关量能课税原则的讨论在经济学和法学领域很多,但详叙有关文献超出了本文研究重点。关于该原则的一个相关分析,可参见 Richard A. Musgrave, "Horizontal Equality, Once More" (1990) 43 *National Tax Journal* 2, 113—122.

⑨ 有经济学家研究发现美国所得不均的现象在近数十年来变得比欧洲严重,但财富不均一直高于所得不均,虽然这一现象已经没有上一世纪极端。Thomas Piketty, *Capital in the Twenty-First Century* (The Belknap Press of Harvard University Press, 2014). 作者认为可以采用累进税制解决这一问题。

⑩ Charles M. Tiebout, "A Pure Theory of Local Expenditure" (1956) 64 *The Journal of Political Economy* 5, 416—424.

管Tibeout的观点并无强调财产税的财富再分配功能,但阐明了为何要对财产持有者课征财产税。他的观点也表明,财产税是一种地方税。在联邦制政体或存在中央与地方分权的政体下,财产税是地方政府的主要税源。地方,尤其是城市,公共设施愈多、经济愈繁荣、愈可促进财产价值的提高。这表明,财产价值与地方公共支出利益密切相关。政府通过财产税所得支付地方建设,如兴建公共设施、改善居民住宅等,符合受益原则。

鉴于传统观点,即对建筑物——主要指居民住宅课征财产税会对低所得家庭产生累退效果(所得越少税负越高),许多国家或地区的税收法律中都通过利息扣除或税收抵免等形式对置业者提供帮助。从税收公平角度而言,如果政府希望通过税收法律制度对低所得者提供帮助,税收抵免而非扣除或豁免的方式将更有助益。这主要是基于利息扣除等方式具有"颠倒"效应,即扣除或豁免相对于纳税人的价值取决于纳税人的边际税率,本质上取决于纳税人所得。纳税人所得愈高,获得豁免或利息扣除的价值对纳税人就愈高。[11]可惜的是,当前许多国家税收法律中允许住宅的所有者抵扣部分支付给银行的贷款利息,并且销售自有住宅的资本利得免征所得税或资本利得税。这种税收政策给自有住宅的所有者带来相较于租赁者更大的利益,因为后者无法享受到这些税务利益,而且不公平地为高所得者带来更大的收益。高所得者因能负担更大的住宅,需支付更多的利息,因而能得到更大价值的利息扣除,更不论其在转让住宅时有可能获得更大的资本增值。这些措施还会刺激家庭购买越来越大的住宅,以便获得更多的税务利益。然而,这种通过减低购买住宅的税后成本、推升住宅购买需求的措施,不过使得住宅价格进一步上扬,给未持有者购买住宅带来更大的困难。从长远看,这些政策会扭曲资源配置,因为个人储蓄将会被用来为高所得者兴建住宅,而非用于支付更具生产力的投资活动。长此以往,必将会损害生产力,破坏经济繁荣,更严重者还会导致经济危机。[12] 因而,不动产税制的设计十分重要,应以更为合理的赋税支出(tax expenditure)的形式以有效保护低收入者,不损害经济发展和社会公平正义。

---

[11] Neil Brooks and Kevin Holmes, "Individual Income Tax" in *China Tax Reform and WTO Accession Report* (Amsterdam: IBFD, 2004) 39—245.

[12] 最晚近的一个典型例子是美国2007年的次贷危机。银行提供各种贷款计划刺激消费者购买房屋,而不考虑消费者的实际负担能力。次贷危机最终恶化为全球金融危机,导致世界范围内的经济低迷和消退。

二、域外不动产税收简析

在实践中,不动产税制一般涉及不动产的持有与转让。持有阶段的税针对一定期间或特定时间段,个人或法人所拥有的不动产课征,主要目的在于调节不动产的收益分配,达到不动产所有人和无不动产人之间的税负平等。持有税一般采取三种形式,即不动产税、财产税或不动产增值税。[13] 不动产税对土地或房屋的所有者或持有者课税,评税基础为不动产的评估价值。它既可对土地、房屋及其他固定资产合并综合课征,也可对土地或房屋区分课征。财产税是在不课征不动产税的情况下,将不动产与其他财产合并,对某一时段内所有财产课征的税;评税基础主要是不动产的评估价值。不动产增值税是对不动产占有超过一定时限之财产,重新评估不动产价值并就其增值部分课税。[14]

相较于上述三类针对不动产持有征收的税,针对不动产转让征收的税在大多数国家和地区更为常见。针对不动产交易买卖等有偿转让而取得的收益课征的税是交易所得税。交易所得税可以是对土地增值单独课征的土地增值税,如台湾的土地增值税;也可以是对不动产转让所得直接课征的资本利得税,或将不动产转让所得纳入个人或法人综合所得税税基而课征的所得税,如中国内地和美国的所得税税基中均包含不动产转让所得。

此外,针对转让过程中权益的变更许可,许多国家和地区还按照财产价值对转让凭证课征税或费,无论转让是有偿还是无偿。在征收登记许可税或费时,征收基础通常是登记时的财产价格。在征收印花税时,通常依据不动产契约载明的交易价格适用相应的税率征收。

当然,不动产的原始取得或继承取得在某些国家和地区也会引起纳税问题。取得不动产的人须向政府缴纳不动产取得税,评税基础是取得不动产时不动产的评估价格。

实践中,不同的国家或地区会依据自身经济和社会发展的政策与目的,征收相关种类的税。一般而言,不动产税制健全的地方,财富分配更为平等,居住权的保护相对更好。以下简单地介绍若干国家的不动产税制。

---

[13] 参见利秀兰:《不动产相关税制之研究》,载《经济研究》第12期,第73—99页。
[14] 同上注。

1. 美国

美国的不动产税制包括在财产持有、转移和所得阶段征收的税。[15] 对于土地和房屋——包括住宅和商业物业——持有课征的税是不动产税(Property Taxes),征税权属于地方政府,税收所得构成地方政府的一项主要所得来源。[16] 由于该税属于地方税,因此具体税率和评税基础由地方政府决定,在各州和地方之间区别很大。[17] 评税基础是确定税收负担的一项重要因素,通常其又取决于房地产的评估价值(assessed value)和应税评估率(assessment ratio)。[18] 评估价值由相关地方政府确定,会随房地产的市价不同而不同或依据房地产取得时的价格确定。[19] 许多州或地方政府在确定评估价值时,会将该价值限定在市价的一定比率内。[20]

---

[15] 同上注。

[16] Benjamin H. Harris and Brian David Moore, "Residential Property Taxes in the United States" (Urban-Brookings Tax Policy Centre, 18 November 2013). 有关不动产税在美国征收的历史和发展,参见 Isaac William Martin, *The Permanent Tax Revolt: How the Property Tax Transformed American Politics* (Stanford University Press, 2008)。有关该税性质的讨论,参见 Peter Mieszkowski, "The Property Tax: An Excise Tax or A Profits Tax" (1972) 1 *Journal of Public Economics* 1, 73—96。有关不动产税对地方政府财政的影响,参见 Wallace E. Oates, "The Effects of Property Taxes and Local Public Spending on Property Values: An Empirical Study of Tax Capitalization and the Tiebout Hypothesis" (1969) 77 *Journal of Political Economy* 6, 957—971; Jan K. Brueckner and Luz A. Saavedra, "Do Local Governments Engage in Strategic Property-Tax Competition" (2001) 54 *National Tax Journal* 2, 203—229。有关该税对纳税人的影响,参见 Morton Paglin and Michael Fogarty, "Equity and the Property Tax: A New Conceptual Focus" (1972) 25 *National Tax Journal* 4, 557—565。

[17] 美国联邦宪法和州宪法都含有对政府征税权的限制。依据联邦宪法,联邦政府没有对于不动产课税的权利。尽管不动产税在州和地方政府课征,但征税权受到相关宪法的限制。几乎所有的州宪法都要求不动产税需统一、平等地课征。虽然许多州允许有不同的税率,但绝大多数州不允许在同一地区,对不同的纳税人适用不同的税率,亦即对不动产的估值和课征方法应在不同地区之间保持一致。

[18] Benjamin H. Harris and Brian David Moore, "Residential Property Taxes in the United States" (Urban-Brookings Tax Policy Centre, 18 November 2013). 评估率指占房地产评估价值一定比例的评估值属于应纳税所得额。

[19] 比如在加利福尼亚州,州宪法修正案(California Proposition 13)限定政府征收不动产税的税率为取得不动产时价格的1%,就课征该税而言不动产评估价值固定在1976年的评估值,并规定纳税人只要不转让不动产,对不动产的评估值按年增长不得超过年度通货膨胀率的2%。有关该宪法修正案全文可参看 California Constitution Article 13A (Tax Limitation), available at http://www.leginfo.ca.gov/.const/.article_13A。

[20] 比如在纽约市,房地产被区分为4类,包括住宅物业、公用事业公司设备或特殊的特许经营物业以及其他商业或工业物业。住宅物业的评估价值被限定在市场价值的6%。并且,住宅物业评估价值的确定还受制于纽约州法律的规定,即物业每年所能增长的评估价值不能超过前一年的6%或者5年内不能超过20%,以其中较低者为准。参见 NYC Department of Finance, "NYC Residential Property Taxes", available at http://www1.nyc.gov/assets/finance/downloads/pdf/brochures/class_1_guide.pdf。

对于财产权属转移课征的转让税（transfer taxes）依据转让财产的性质在联邦、州和地方政府一级分别征收。联邦政府通过遗产和赠予税对财产价值本身课税[21]，而州和地方政府对转让财产所有权的行为征税，税率在各州之间不同，转让的定义可以很广泛。[22]

针对房地产转让所产生的资本利得课征的税主要是所得税。美国的所得税法规定，出售房地产的价差所得属于资本利得，应合并计入纳税人的应纳税所得额，但对资本利得课征的税率较一般所得为低。[23] 这一较低的资本利得税率同样适用于其他类型的资本利得，如股权转让所得。暂且不论较低的资本利得税率是否能促进投资和经济发展，但至少其在一定程度上解释了为何在美国，高收入者的财富增长迅速，但其所承受的税负却较普通工薪阶层轻。另外，纳税人出售或转让其自用住宅时，在缴纳相关资本利得税时可以从所得中扣除相当一部分，再按可适用的税率缴纳所得税。[24] 最后，在房地产是继承取得或受赠取得的情形下，若房地产超过一定价值，继承人或受赠人需要缴纳房地产遗产赠与税。[25]

2. 新加坡

新加坡的住宅分为政府（Housing & Development Board（HDB））[26]规划兴建的组屋、执行共管的公寓和私人住宅。公有住宅只限新加坡公民或永久

---

[21] 26 U.S. Code, sub B—Estate and Gift Taxes.

[22] National Conference of State Legislatures, "Real Estate Transfer Taxes", available at http://www.ncsl.org/research/fiscal-policy/real-estate-transfer-taxes.aspx. 如在美国纽约州下的纽约市，纳税人需就不动产的销售、赠予、转让或对不动产所有权的放弃缴纳转让税。如果纳税人出售或转让一个持有或出租不动产的公司、合伙、信托或其他实体50%以上的所有权，或转让合作公寓股份，纳税人同样需就相关转让行为缴纳纽约市不动产转让税。税率依据出售或转让不动产的类型而定，纳税人必须在交易行为发生后30日内提交报税表和缴纳转让税。详情参见 NYC Department of Finance, "Real Property Transfer Tax (RPTT)", available at http://www1.nyc.gov/site/finance/taxes/property-real-property-transfer-tax-rptt.page.

[23] 26 U.S. Code § 1. 依据美国《联邦所得税法》规定，若纳税人资本利得属于长期资本所得，则可适用较普通所得税率优惠的税率，具体税率依纳税人普通所得适用的税率确定，最低为0%，最高则为20%，但大多数纳税人一般适用15%的税率。在短期资本利得的情形下，纳税人需就该所得适用与普通所得相同的税率，最高可以达到39.6%。长期资本利得是超过1年的资本利得，短期资本利得则是1年或不及1年的资本利得。

[24] 26 U.S. Code § 121. 纳税人需要在该住宅中连续居住满2年。若纳税人时单身，可扣除额是$250,000，若是已婚夫妇则扣除额是$500,000。

[25] 26 U.S. Code, sub B—Estate and Gift Taxes.

[26] 新加坡建屋发展委员会是新加坡国家发展部的一个法定机构，成立于1960年2月1日，负责公共房屋的建筑与发展。详细介绍参见官方网站: http://www.hdb.gov.sg/cs/infoweb/about-us/our-role/public-housing—a-singapore-icon.

居民购买和拥有。新加坡的房屋所有率很高：80%以上的新加坡居民居住在公有住宅，其中约80%的居住者拥有房屋所有权。较高的房屋所有率对维护社会稳定起到了一定作用。

新加坡的不动产税制包括不动产持有和转移阶段的税。在持有阶段课征的税是物业税，课征对象是新加坡境内所有不动产，包括公寓、房屋、办公室、商铺、工厂与土地等，对不动产所有人按年征收。㉗ 物业税的评税基础依据政府房地产税务部门核定的不动产当年价值总额确定，税率因不动产类别不同而不同。从2015年1月1日起，自用住宅适用八级累进税率（0%—16%）。㉘ 最高边际税率适用于房屋评估价值超过A＄130,000（约RMB600,000）的住宅。㉙ 非自用住宅适用六极累进税率（10%—20%）；房屋评估价值在A＄30,000（约RMB138,000）以内的住宅适用最低税率10%。㉚ 商业和工业住宅或土地适用10%的单一税率，依据不动产当年评估价值课税。㉛ 依据2015年的税率表，自用住宅评估价值较低的房产，纳税人实际缴纳的税负将会减少，而评估价值较高的房产，纳税人将会缴纳更多的税。对于所有非自用住宅的物业，若住宅的评估价值低于一定数额（A＄30,000），纳税人的税负不会发生改变，而评估价值高的房产，纳税人税负会进一步提高。这些税率的调整变化反映了政府希望通过赋税机制激励纳税人改变消费行为，并通过税收达到调节税负分配以进而调节财富分配的目的。

在不动产产权转移时，相关纳税人需要就相关交易凭证缴纳印花税，评税基础是所涉不动产的买价或市价（以较高者为准）。㉜ 一方面，买方在购买不动产时需按买价或市价依据三级累计税率（1%，2%，3%）缴纳印花税。㉝ 所购买的不动产价格愈便宜，税负愈轻。为了打击房地产炒卖行为，新加坡政府于2011年初引入额外买家印花税，针对不同类型的买方适用不同的税率。若买家是新加坡公民，且所涉物业是该公民购买的第一套自用住宅，则该公民无须缴纳额外买家印花税，但若是第二套住宅，则需从2013年1月12

㉗ Property Tax Act (Chapter 254) (Singapore), sec. 6, sec. 10.

㉘ Inland Revenue Authority of Singapore, "Property Tax Rates and Simple Calculations", available at https://www.iras.gov.sg/IRASHome/Property/Property-owners/Working-out-your-taxes/Property-Tax-Rates-and-Sample-Calculations/.

㉙ 同上。

㉚ 同上。

㉛ 同上。

㉜ Stamp Duties Act (Chapter 312) (Singapore), sec. 4 and First Schedule.

㉝ Stamp Duties Act (Chapter 312) (Singapore), First Schedule.

日起缴纳7%的额外买家印花税,若是第三套或以上的住宅则缴纳10%的额外买家印花说。㉞ 在买家是新加坡永久居民的情形下,若所涉物业是第一套自用住宅,则该买家也无须缴纳额外买家印花税,但从第二套住宅开始起则需缴纳10%的额外买家印花税。对于外国人或实体,不论购买何种类型的住宅,都需按买价或市价交纳额外买家印花税,税率自2013年1月12日起从以前的10%调高到15%。㉟ 另一方面,同样是为了遏制房地产投机行为,新加坡政府于2010年2月20日起对住宅转让所适用的交易凭证加征卖方印花税,评税基础是转移凭证所载明的交易价格或市价(以较高者为准),按照转移时间和卖家持有物业年限的长短征收卖家印花税。持有时间达到一定时期的不动产售卖者免征印花税。而若卖家是自2011年1月14日起售卖或转让物业,在持有该物业不及1年的情况下,需缴纳高达交易价格16%的印花税。㊱ 对于工业类物业,自2013年1月12日起,卖家在出售或转让相关物业时若持有时间不及1年则需缴纳15%的卖家印花税,若持有时间超过3年则无须纳税。㊲总体而言,持有时间愈长,相应的税率愈低。

尽管如此,新加坡对不动产转让而产生的资本利得不征收任何税。换言之,新加坡既无专门针对资本利得征收的资本利得税,也不将资本利得涵盖于所得中征收所得税。

3. 瑞典

瑞典可谓世界上住房最宽敞的国家之一,其国民的住房质量居于世界前列。瑞典有法律规定,住房若没有窗户、供暖系统和单独的卫生间就不允许居住。由于住房被列入政府的社会保障制度,因此即使最底层的低收入者也可住上设备齐全的房屋。政府政策规定,良好的居住环境和宽敞的住房条件

㉞ Inland Revenue Authority of Singapore, "Additional Buyer's Stamp Duty (ABSD)", available at https://www.iras.gov.sg/irashome/Other-Taxes/Stamp-Duty-for-Property/Working-out-your-Stamp-Duty/Buying-or-Acquiring-Property/What-is-the-Duty-that-I-Need-to-Pay-as-a-Buyer-or-Transferee-of-Residential-Property/Additional-Buyer-s-Stamp-Duty—ABSD-/.

㉟ 同上。

㊱ Inland Revenue Authority of Singapore, "Seller's Stamp Duty (SSD) for Residential Property", available at https://www.iras.gov.sg/irashome/Other-Taxes/Stamp-Duty-for-Property/Working-out-your-Stamp-Duty/Selling-or-Disposing-Property/Seller-s-Stamp-Duty—SSD—for-Residential-Property/.

㊲ Inland Revenue Authority of Singapore, "Seller's Stamp Duty (SSD) for Industrial Property", available at https://www.iras.gov.sg/irashome/Other-Taxes/Stamp-Duty-for-Property/Working-out-your-Stamp-Duty/Selling-or-Disposing-Property/Seller-s-Stamp-Duty—SSD—for-Industrial-Property/.

是国民的社会权利。㊳ 与此同时,瑞典实行高税收,但高税收的财富再分配效果显著。根据有关统计数据,作为衡量所得或财富分配公平与否的基尼系数在瑞典通过税收(和转移支付)从约 0.43% 降低到约 0.27%。㊴

为了保障国民的居住权,瑞典政府实施了各种有效的管治措施,如不动产登记制(购房者必须公开有关信息)、控制地价和对弱势群体提供住房补贴。此外,不动产税制对遏制不动产炒卖投机的行为也起到了重要作用。

首先,房地产税或费是对房地产所有者每年课征的税,即它是一种持有税。㊵ 税率为房地产"税收价值"的 0.2%—2.8%,具体税率依据房地产的类型和使用而定。房产的税收价值相当于房产市场价值的 75%,房产的税收价值每年由政府更新。㊶ 如果房地产是住宅,则纳税人只需向相关地方政府缴纳房地产费。㊷ 若房产是独立屋宇,则评税基础是该房产税收价值的 75%;若是公寓内的一个单元,则为税收价值的 40%。无论何住宅,纳税人缴纳的地方房地产费都不会超过一定固定数额。㊸ 新建成的房屋自建成之日开始的 5 年内,免征房地产费,之后 5 年内减半征收。从 2013 年开始,减半征收的期限延长到 15 年。这是为鼓励民众兴建住宅。㊹

其次,印花税是对取得房地产和登记房屋贷款的凭证征收的税,依据不同的交易对象适用不同的税率。若交易者是个人、非营利组织或房屋合作社,则税率为交易价格的 1.5%;若交易者是法人或其他实体,则税率自 2011年起从 3% 提高到 4.25%。㊺ 在相关交易凭证涉及房屋贷款的情形下,交易者需就有关交易凭证缴纳交易价格 2% 的印花税。㊻ 个人房屋产权转移的净所得,即资本利得,按其 50% 征收资本利得税,税率为 30%,因此实际税率是

㊳ 参见姚玲珍,《中国公共住房政策模式研究》,上海财经大学出版社 2003 年版,第 231—235 页。高峰:《瑞典住房政策变革对中国的启示》,载中道网,2012 年 9 月 4 日。

㊴ OECD, "Income Distribution and Poverty—Sweden", available at http://stats.oecd.org/Index.aspx? DataSetCode=IDD.

㊵ 自 2008 年起,瑞典政府取消了房地产税,转而用房地产费取代,有相关市政当局征收。

㊶ Swedish Tax Agency, "Taxes in Sweden 2014: An English Summary of Tax Statistical Yearbook of Sweden", available at https://www.skatteverket.se/download/18.d5e04db14b6fef2c86102/1423556873574/taxes-in-sweden-skv104-utgava15.pdf, p 23.

㊷ Deloitte, "Taxation and Investment in Sweden 2015", available at http://www2.deloitte.com/content/dam/Deloitte/global/Documents/Tax/dttl-tax-swedenguide-2015.pdf.

㊸ 同上注㊶,页 36。

㊹ 同上注㊶,页 23。

㊺ 同上注㊶,页 25。

㊻ 同上注㊷。

纳税人转让房产名义所得的15%。[47] 从2001年起,资本利得的税率提高到实际上是转让房产的名义所得的20%。[48] 同时,由于自2008年起房地产税由地方房地产费所取代,资本利得的税率进一步提高到实际是纳税人转让房产的名义所得的22%。[49]

2004年12月17日以前,因继承而导致的房地产产权转移会被征收遗产和赠与税。但该税已被取消。自2007年起,财产税(wealth tax)也被取消。尽管如此,不动产转让的资本利得涵盖在所得税税基内,且不动产的持有和转让行为均会产生纳税负担,这会促使不动产税在不同类型的纳税人之间分配相对公平。

4. 简要比较

以上对三个国家不动产税收制度的简要介绍,并不能完全反映实践中的不同情形。一个在某一国家或地区行之有效的制度,并不意味着在其他国家或地区同样有效,但是,上述三个国家的实践至少能为我们思考相关问题提供借鉴的基础。相比较而言,瑞典对居住权保护的制度最为健全,既包含直接的行政规管也有利用税收这一经济手段作出的间接调节。在不动产税制设计上,瑞典实施了从不动产取得、持有、转让到所得全部各方面的税收。尽管居民纳税负担高,但高税收带来的是看得见的高福利以及更为公平的财富再分配。美国也对不动产从取得到转让课征一系列的税,相关税制设计复杂,以避免对经济发展造成不利影响并同时达到赋税公平。在美国和瑞典,对于不动产持有阶段的税,征税权属于地方政府,课征所得成为地方政府的主要收入来源,而对不动产转移的资本利得则主要由联邦政府或中央政府征收,构成联邦或中央所得税收入的一部分。相较于新加坡,房地产投机行为在瑞典和美国通常并不常见或频繁出现。但在新加坡,尽管政府对不动产持有课税,并通过印花税扼制房地产投机,但并无对不动产转移产生的资本利得课征的资本利得税。这意味着投机房地产的成本较轻,在一定程度上刺激了投机行为。

---

[47] 同上注㉟,页24。
[48] 同上。
[49] 同上。

三、香港的不动产税收制度及其问题

1. 香港的居住问题

香港是一个高度城市化的地区。政府统计人口约有700万,城市面积约有1,100平方公里,人口密集度为每平方公里6,650人。[50] 在一个人口高度密集的地方,居民对房屋具有一种刚性需求,但近年来很多低收入居民的居住权得不到有效保障。根据一项评估低收入人士居住状况的研究报告,至少有17万人居住在分割式"房间",即将一间由一家人居住的房屋改造成由石膏板或笼子式金属丝网隔成的多个"房间"。[51] 只要这种"房间"符合安全和卫生要求,那么分隔私有公寓的举动就属合法行为。

近年来,由于香港房价上升迅速,越来越多的低收入者被迫离开普通住宅市场,寻找更便宜的地方居住。这些被迫离开普通住宅市场的人士,进一步推高对便宜住宅市场的需求,因而分割式房屋的数量在近些年随之上升。然而,若按每平方英尺的租金计算,这种"房屋"的租金上涨速度超过普通房屋租金。[52] 租金支出占去租住者1/3的收入。

从经济发展水平看,香港是一个发达的经济体。根据世界银行的数据,香港的人均国民收入仅略低于英国和法国,高过许多经济合作组织成员国。[53] 但与此同时,香港的生活成本,尤其是居住成本,居于世界最高之列,这对低收入者而言是一个巨大且日益加重的负担。分割式"房间"的居住环境远远不符合联合国人权宣言对居住权保护的要求。这种"居住"损害了一

---

[50] 数据参见香港政府网站 GOVHK,"Hong Kong—the Facts", available at http://www.gov.hk/en/about/abouthk/facts.htm.

[51] Oxfam Hong Kong, "Research on the Living Conditions of Tenant Households Who Have Been on the Waiting List for Public Housing for Over 3 Years", available at http://www.oxfam.org.hk/filemgr/2040/OHKstandpointsonhousing_editedeng_final.pdf. 另外,《纽约时报》2013年的一份报道详细叙述了在旺角一间450平方英尺(约合41.8平方米)的公寓中,22人生存和生活的情形。该报道描述居住者只能租住一个宛如橱柜的隔间,隔间勉强能放下一张单人床。两条狭窄的通道旁边排满了这样的隔间,通道的尽头是一个潮湿的厕所和浴室。全文参见 Bettina Wassener, "Have-Nots Squeezed and Stacked in Hong Kong", *The New York Times*, September 27, 2013, available at http://www.nytimes.com/2013/09/28/business/international/have-nots-squeezed-and-stacked-in-hong-kong.html?_r=0.

[52] 参见上述报道。依据此报道,分割式房屋的租金高过普通房屋租金约1/3。后者均价为每平方英尺22.7港币,约2.93美元。

[53] The World Bank, "GNI per capita, Atlas method (current US)", available at http://data.worldbank.org/indicator/NY.GNP.PCAP.CD. 香港2014年人均国民GNI是40,320美元。

个现代文明社会所应具有的居住正义。毋庸置疑,居住在如此环境中的居住者很难充分享有其他的基本权利。

为缓解居住问题,保障普通居民的居住权,香港政府近年来已经采取各种行政和经济措施,比如为低收入者兴建更多的公共屋宇等。尽管这些政策可能会在短期内缓解问题,但并不能有效解决居住公平问题,不能在住宅所有者和无住宅者之间公平分担居住成本,尤其不能使拥有多套住宅者在从房价上涨中受益的同时支付应付出的成本。这种状况部分归因于香港的不动产税收制度。

2. 香港与不动产相关的税收

严格而言,香港并不存在一个完整的不动产税制。涉及不动产的税制极其简单。首先,香港并不对不动产的持有课征任何税。香港的物业税(Property Tax)是其分类所得税制下的一类,是对纳税人在香港持有物业并出租所赚取的利润课征的税。通常,只持有物业不须缴纳物业税。[54] 这意味着,无论拥有多少物业,只要所有者或持有者不出租,就无须对此部分财产承担任何税负。这会造成有能力负担者持有更多的不动产,而在市场供应不变或有限的情形下,会使得不动产价格进一步上升。

对于不动产的出售或转让,依据香港法律,相关人士需按规定缴纳印花税。印花税是香港政府向所有涉及不动产转让、不动产租约和证券转让文书课征的税。[55] 它对物业转让文书按从价税率征收。税率会因交易的不动产价格不同而不同。香港政府于2013年2月22日宣布调高税率,最高税率将从以前的4.25%增加至8.5%。同时,为了更有效地遏制对住宅物业的投机行为,政府对于赠与文书或以低于市值的价格购买住宅的物业买卖协议,会视为以市值作价的买卖协议,从而课征印花税。此外,同样出于控制房地产投机行为的目的,政府自2010年11月20日起,在现有印花税之外,开征额外印花税,针对取得后24个月内转售或转让任何价值的住宅物业的投机行为。评税基础是物业交易的款额或市值(以较高者为准),税率依据卖方转售或转让前持有该物业的时期而定,持有时间愈短,税率愈高,最高可达15%。若物业是在2012年10月27日或之后取得的,则该最高税率为20%。[56] 为进

---

[54] 但持有者仍需缴纳差饷、地税或地租。差饷是香港政府对香港境内地产物业征收的税项。此外,土地使用者按土地契约的不同向政府缴纳地税,或按照中英联合声明的规定缴纳地租。

[55] 《物业税条例》,《香港法例》,第117章。

[56] 香港特别行政区税务局:《额外印花税》,http://www.ird.gov.hk/chi/faq/ssd.htm。

一步遏制过热的房地产市场,政府又于 2012 年 10 月 27 日起在印花税和额外印花税的基础上,课征买家印花税,主要目的是保护香港本地人(即持有香港永久居民身份证的人)购买物业的需要。除此类人以外的任何人(包括公司)从上述时间起取得住宅物业的交易,需要在买卖协议或售卖转易契据上加盖"买家印花税"并按交易价款或物业市值(以较高者为准)和 15% 的税率缴纳税款。[57]

对于不动产交易的净所得,即资本利得,纳税人不须缴纳任何所得税或资本利得税,因香港现有分类所得制下的所得不包含资本利得,而香港也没有专门针对资本所得课征的资本利得税。虽然《遗产税条例》仍然存在,但该条例已于 2006 年 2 月 11 日之后不再适用。[58] 因此,住宅物业在继承或赠与时,受让人不须承担任何税负。

从以上论述可见,香港的不动产税制结构十分简单,有利于有经济能力者依靠不动产交易获取并积累财富。尽管印花税,包括额外印花税和买家印花税,能从一定程度上遏制过热的房地产投机行为,但其作用甚为有限,并不能使不动产价格尤其是住宅物业价格回归到一个合理的普通人可承受的程度,并对财富再分配起到作用。从税的财富再分配功能上看,能有效达到调节由不动产持有或转让而产生的所得或财富的税,如针对持有按年课征的房地产税和针对转让取得的资本增值而课征的资本利得税,香港并不存在。并且,以前课征的遗产税,香港也不再适用。这些税的缺失能从很大程度上解释为何香港贫富差距大[59],生活成本高,以及普通人居住环境差的问题。

香港的实践告诉我们,若政府希望提高对居民的居住保障,调节贫富差距和改善因居住问题而引起的社会问题,应更多地关注税收制度。一个依据公平原则、涵盖不动产的持有、使用和转让的设计良好的不动产税制,可使得不动产这一社会共同拥有的财富能更公平地惠及更多人。

---

[57] 香港特别行政区税务局:《买家印花税》,http://www.ird.gov.hk/chi/faq/bsd.htm。
[58] 《2005 年收入(取消遗产税)条例》取消对遗产的征税。
[59] 香港的贫富差距高居发达经济体前列。根据香港政府统计,反映贫富差距的基尼系数在 2011 年仅从 0.537 下降到税后和转移支付后的 0.475,远高于许多发达经济体税后和转移支付后的基尼系数。Census and Statistics Department of the Hong Kong Special Administrative Region, Hong Kong 2011 *Population Census*: *Thematic Report Household Income Distribution in Hong Kong*, http://www.statistics.gov.hk/pub/B11200572012XXXXB0100.pdf. OECD, "Income Distribution and Poverty", available at http://stats.oecd.org/Index.aspx?DataSetCode=IDD。

四、结　　论

　　城市化或许是现代化发展过程中一个不可阻挡的趋势。但它绝不仅仅意味着土地的城市化，或是土地的水泥化，而是人口的城市化。城市化应意味着城市里的人能公平地享有城市化带来的居住、通信、医疗、教育、工作、商业等各方面的便利。高度城市化的地方不可避免的一个重要问题是，政府如何保护居民的居住权。亚洲国家和地区多是地少人稠之处，居住权的保障会给政府带来更大的困难和压力。如前所述，房屋、土地等不动产属于财富的重要一部分。市场经济的运行会导致财富或所得的不公平分配，而市场本身无法解决这个问题，为此需要政府干预。政府通过税收这种经济手段可弥补市场的不足，调节因市场而产生的财富分配不均。一个健全的不动产税制，可与所得税制共同作用，起到财富再分配的作用。

　　香港以及本文涉及的其他国家和地区有关不动产税制的经验和教训值得其他地方借鉴，尤其是中国内地。中国政府在第十二个五年计划中明确表明，在"十二五"规划期间促进城镇化发展。实际上，城市化在中国内地改革开放之初即已经开始，规模和速度在21世纪不断加快，但城市化带来的种种弊端亦已显现。近年来，房地产的投机和调控成为普通居民最为关心的问题之一。大城市里高昂的居住成本不仅带来诸多经济问题，而且引发许多法治和社会问题。如何改变这种状态，避免因过度土地城市化而对自然及人文生态造成的巨大破坏，真正实现人口的城市化、实现"居者有其屋"将是政府必须面对和接受的挑战。

住宅用地续期问题与房产税改革

陈越鹏[*]

引　言

通常认为,房产税是指"以房屋为征税对象,并由对房屋拥有所有权或使用权的主体缴纳的一种财产税"[①]。在世界范围内,房产税是一种较为普遍的地方税种,为地方财政提供重要的收入保障。[②] 在我国,根据《房产税暂行条例》(1986年)第5条的规定,免征房产税的房产包括"个人所有非营业用的房产"等五类。伴随着房地产宏观调控的深化,房产税改革的呼声也日益高涨。2011年1月,沪、渝两地作为试点城市,率先展开以对个人住房保有阶段征收房产税为主要内容的房产税改革。

改革伊始,学界的各种建设性意见纷至沓来。有学者立足于房产税立法这一视角,就其立法目的、立法依据、立法模式三大问题进行讨论,以求形成基本共识为立法夯实基础[③];也有学者提到房产税改革与现有制度的衔接与统筹问题,如是否与土地产权制度相矛盾,如何与城镇土地使用税、土地出让金等相协调,如何完善房产价值评估、不动产登记之类的配套制度等。[④] 2015年8月,经过调整的十二届全国人大常委会立法规划再次公布,房地产税法被列入第一类项目,即"条件比较成熟、任期内拟提请审议的法律草案",标志着房地产税法正式进入了立法规划当中。本次立法规划的调整,既表明

---

[*] 陈越鹏,法学博士,清华大学深圳研究生院博士后。
[①] 张守文:《税法原理》(第五版),北京大学出版社2009年,第309页。
[②] 参见傅樵:《房产税的国际经验借鉴与税基取向》,载《改革》2010年第12期。
[③] 参见张守文:《关于房产税立法的三大基本问题》,载《税务研究》2012年第11期。
[④] 参见刘剑文、陈立诚:《论房产税改革路径的法治化建构》,载《法学杂志》2014年第2期。

了立法机关落实税收法定原则的决心,也将公众的注意力重新聚焦至房地产税的改革进程中。⑤

本文以住宅用地续期问题为切入点,首先,论证续期问题在现行法规下尚未得到解决;其次,探讨续期问题的不确定对房产税改革可能产生的影响;最后,对如何平衡、协调两者间的关系提出建议。

一、悬而未决的续期问题

在土地改革之后,作为全面实行土地公有制的国家,我国土地使用制度进入以无偿、无期限为特点的阶段。几经探索,改革开放的号角被吹响,地方政府为了筹集资金发展经济,土地使用权出让制度应运而生。建设用地使用权作为一种定限物权,有其续存期限,因而续期问题不可避免。

对住宅用地续期问题作出调整的法律法规主要包括:《城镇国有土地使用权出让和转让暂行条例》(1990年)、《城市房地产管理法》(1994年)、《物权法》(2007年)等。这种叠床架屋式立法在一定程度上反映出立法机关摇摆不定的立场,正因续期问题的重要性与复杂性,使得立法机关不得不慎之又慎,既不能操之过急,又不能坐视不理。

(一)《物权法》出台前的规定

表 1

法规名称	条文
《城镇国有土地使用权出让和转让暂行条例》(1990年)	第40条　土地使用权期满,土地使用权及其地上建筑物、其他附着物所有权由国家无偿取得。土地使用者应当交还土地使用证,并依照规定办理注销登记。 第41条　土地使用权期满,土地使用者可以申请续期。需要续期的,应当依照本条例第二章的规定重新签订合同,支付土地使用权出让金,并办理登记。

---

⑤ 参见韩洁、任峰、侯雪静:《全面开征房地产税还有多远》,载《法制日报》2015年8月8日第001版。

(续表)

法规名称	条文
《城市房地产管理法》(2009年)	第22条　土地使用权出让合同约定的使用年限届满,土地使用者需要继续使用土地的,应当至迟于届满前一年申请续期,除根据社会公共利益需要收回该幅土地的,应当予以批准。经批准予以续期的,应当重新签订土地使用权出让合同,依照规定支付土地使用权出让金。 土地使用权出让合同约定的使用年限届满,土地使用者未申请续期或者虽申请续期但依照前款规定未获批准的,土地使用权由国家无偿收回。
《土地管理法》(2004年)	第58条　有下列情形之一的,由有关人民政府土地主管部门报经原批准用地的人民政府或者有批准权的人民政府批准,可以收回国有土地使用权:……(三)土地出让等有偿使用合同约定的使用期限届满,土地使用者未申请续期或者申请续期未获批准的……
《土地管理法实施条例》(2011年)	第7条　……土地使用权有偿使用合同约定的使用期限届满,土地使用者未申请续期或者虽申请续期未获批准的,由原土地登记机关注销土地登记。

1. 立法概况

自改革开放后,1979年《中外合资经营企业法》的颁行宣告了无偿使用国有土地时代的终结。⑥ 随后,1982年《深圳经济特区土地管理暂行条例》的实施,为国有土地的有偿使用进行了积极的摸索。直至1990年,国务院发布了《城镇国有土地使用权出让和转让暂行条例》,国有土地使用的制度框架已基本形成。关于土地使用权期满后的处理方式,也初见于该暂行条例。1994年通过的《城市房地产管理法》,虽经过2007年、2009年的两次修正,但主体内容仍无太大变动,对于土地使用权续期问题,主要由其中的第22条进行调整;而且,在法律适用的角度上而言,该条款已基本替代了前述暂行条例上的相关规定。此后,为了与《城市房地产管理法》保持协调,《土地管理法》《土地管理法实施条例》在续期问题上也作出了相应的配套规定。

2. 续期方式

依据《城市房地产管理法》,首先,土地使用权续期的基本原则是依申请

---

⑥ 《中外合资经营企业法》第5条第3款规定:"中国合营者的投资可包括为合营企业经营期间提供的场地使用权。如果场地使用权未作为中国合营者投资的一部分,合营企业应向中国政府缴纳使用费。"

续期、有偿续期。土地使用者应在期限届满前一年提出申请,经批准后需要重签合同、支付出让金。然后,为了维持现有秩序和保障土地使用者的利益,行政机关的审批权应受到合理限制,不予批准的唯一情形是基于社会公共利益的考量而需要收回土地。最后,在因期限届满后地上建筑物的处理问题上,《城市房地产管理法》规定国家只能无偿收回土地使用权,从而改变了《城镇国有土地使用权出让和转让暂行条例》中国家可连同地上建筑物、附着物一并无偿取得的规定。[7]

此外,《土地管理法》对收回国有土地使用权的主体与程序等方面作出调整。一方面,土地主管部门在土地使用者未申请续期或申请未获批准的情况下,可以收回土地使用权;另一方面,前述收回须经原批准用地的或其他有批准权的人民政府的批准。与此相对应,《土地管理法实施条例》规定,土地使用者未申请续期或申请未获批准的情况下,原土地登记机关可以依法注销土地登记。

(二)《物权法》制定时的演变

1. 条文演变

回顾《物权法》的立法进程,在初始阶段中,审议稿中对续期问题的处理方式,与《城市房地产管理法》基本保持一致,即于期满前一年提出申请,并需重新支付土地出让金。[8] 随着讨论的深入,立法机关逐渐意识到在续期问题上应对土地性质作出区分,并维护业主的居住利益,因而"住宅建设用地使用权期间届满的,自动续期"的规定写入第四审议稿,续期后"建设用地使用权人应当支付土地使用费。续期的期限、土地使用费支付的标准和办法,由国

---

[7] 对此,有观点认为因为旧法仍然有效,所以新法无规定的事项应当适用旧法(参见高圣平、杨旋:《建设用地使用权期限届满后的法律后果》,载《法学》2011年第10期)。但是,笔者认为,一方面,《城市房地产管理法》作为一部法律位阶更高的新法,同样调整了土地使用权期满问题,既然其中没有规定可以无偿取得房产,就这点而言应解释为法律上"有意义的沉默"(参见黄茂荣:《法学方法与现代民法》,法律出版社2009年版,第421页以下),从而适用反面解释,即房屋不能随着土地使用权的回收而由政府无偿取得。另一方面,依体系解释,《城市房地产管理办法》第38条规定,依法收回土地使用权的房地产不得转让,表明在政府收回土地使用权后,房屋所有人的对房屋的处分权受到限制,但是并不影响其使用权,因而房屋不因土地使用权期限届满而被政府无偿取得。

[8] 如《物权法(第三次审议稿)》第155条规定:"建设用地使用权的期间届满,建设用地使用权人需要继续使用土地的,应当在期间届满前一年申请续期,除因公共利益需要收回该土地的外,出让人应当同意。建设用地使用权续期后,建设用地使用权人应当按照约定支付出让金;没有约定或者约定不明确的,按照国家规定确定。"

务院规定"⑨。在此之后,审议通过的法律文本中悄然删去关于住宅用地续期是否需要交费的内容。对此,全国人大法工委的立法理由是,制定《物权法》时仍没有足够的依据对住宅建设用地使用权人的义务作出规定,因此不宜进行更为具体的安排;同时,目前距离续期问题的现实发生仍有一定时间,续期是否需要重新支付出让金等问题,应结合将来国家的财政状况等因素综合考量;此外,国务院也可以颁布相应规定进行收费,因而无需急于在《物权法》中进行规定。⑩

2. "自动续期"的解释

普通民商事合同中,在文义上自动续期是指合同不因约定的期限届满而终止,而是顺延至下一个合同期限内继续有效,其作用主要在于节省再次缔约的交易成本,使得双方可在较长时间内稳定地依照原合同约定享有权利、履行义务。可见,如将自动续期理解为法律对住宅建设用地使用权出让合同的补充,那"自动续期"也仅仅针对合同的期限条款发生效力,对其他条款不造成影响,因此既然业主仍可享有建设用地使用权,理应重新支付土地出让金。但是,一方面,《物权法》规定的自动续期直接指向住宅建设用地使用权本身,而非合同,因而权利的自动续期并不直接表明业主仍需承担原合同上的义务;另一方面,我国为土地公有制国家,住宅建设用地使用权的出让需经过行政程序,政府作为出让人是代表国家利益履行职权,因而住宅建设用地使用权出让合同也不能单纯等同于普通的民商事合同。

综上,虽然自动续期在一定程度上表明了立法机关维护业主利益的立场,但其所遗留下来的问题尚不能为权利人提供稳定的预期,从而使得以土地为核心的法律制度与社会关系建立在不确定的基础之上。

(三) 自动续期的遗留问题

1. 收费问题

官方出版的参考书籍中,大多通过引用上述全国人大法工委的意见,认为立法的本意是日后进行专题研究之后再作决定,而非完全按照现有法规处理。⑪ 因此,续期收费问题仍然存疑,认为自动续期意指无需重新支付费用

---

⑨ 《物权法(第四次审议稿)》第155条第3款。
⑩ 参见全国人大常委会法制工作委员会民法室:《〈中华人民共和国物权法〉条文说明、立法理由及相关规定》,北京大学出版社2007年版,第275页。
⑪ 参见最高人民法院物权法研究小组编著:《〈中华人民共和国物权法〉条文理解与适用》,人民法院出版社2007年版,第449页。

的观点显然过于主观。如续期需支付土地使用费,那收费的标准如何确定?是以出让合同的价格为准,还是以续期时的市价为准,或者确定其他收费基数,这将对业主的利益产生重大影响。土地作为一种稀缺资源,在许多地区中处于供不应求的状态,当前的土地出让价格屡创新高,续期收费问题将可能为业主的重担。

2. 其他问题

自动续期的规定还遗留下了许多疑问,试举两例。其一,业主能否明示放弃续期。有观点认为,尽管法条中并未提及权利人能否明确表示放弃续期,但是最高法认为,法律不应当对私人处分自己权利的行为进行干预[12],因此,在承认业主可以拒绝续期的前提下,相应的法律效果仍需加以探讨。其二,自动续期是否有期限、次数限制。房屋寿命有限,自动续期后的期限,是原续存期限[13],还是直到房屋不适宜居住为止?同时,如续期并无次数的限制,那这种无期限限制的用益物权是否会危及所有权的行使,从而造成土地在客观上的私有化?此外,期限与次数问题与收费问题联系密切,应当一并进行考量。

二、续期问题对房产税改革的影响

在试点工作启动后,上海、重庆两地分别制定了《上海市开展对部分个人住房征收房产税试点的暂行办法》《重庆市人民政府关于进行对部分个人住房征收房产税改革试点的暂行办法》等法规作为征收工作的法律依据。虽然两部办法的具体内容有所差别,但在制度设计上仍表现出一定共性,如两地的征收对象主要是增量房,以房产交易价作为目前的计税依据,并且都采用了差别税率以及确定了减免标准等。

(一)试点概况分析

总体而言,推动房产税改革的主要目的有:一是抑制房价过快增长,有助于房地产市场的长远发展;二是为地方政府提供稳定税源,从而完善税制结

---

[12] 参见最高人民法院物权法研究小组编著:《〈中华人民共和国物权法〉条文理解与适用》,人民法院出版社2007年版,第448页。

[13] 参见陈华彬:《民法物权论》,中国法制出版社2010年版,第363页。

构;三是缩小贫富差距,使得国民财富分配更加合理。⑭ 尽管据统计局的资料显示,在试点过程中,房产税对地方政府的财政收入贡献不大,且对房价的影响也不明显,但有学者指出,一方面,个人住房房产税是按年征收,其重要性随着改革的深入会逐渐表现出来;另一方面,个人住房房产税作为一种宏观调控的经济工具,能促进房地产市场均衡平稳发展,而不是造成房价在短期内急剧下跌。⑮

改革启动之初,各种质疑声也随之而至,尤其是试点模式是否有违税收法定原则问题。尽管上海、重庆两地的试点得到了国务院的授权许可,从而突破《房产税暂行条例》的规定,颁布了地方政府规章作为征收个人住房房产税的依据。然而,这种做法仍有违背《立法法》的嫌疑,具体表现在税收立法能否转授权、地方政府规章能否作为征收依据等方面。⑯

(二) 对房产估价的影响

表 2⑰

	征收对象	计税依据
上海	本市居民家庭在本市新购且属于该居民家庭第二套及以上的住房	计税依据为参照应税住房的房地产市场价格确定的评估值,评估值按规定周期进行重估。试点初期,暂以应税住房的市场交易价格作为计税依据。房产税暂按应税住房市场交易价格的70%计算缴纳。
	非本市居民家庭在本市新购的住房	
重庆	个人拥有的独栋商品住宅	应税住房的计税价值为房产交易价。条件成熟时,以房产评估值作为计税依据。
	个人新购的高档住房	
	无户籍、无企业、无工作的个人新购的第二套(含第二套)以上的普通住房	

从沪、渝两地的暂行办法来看,当前个人住房房产税的计税依据为房产

---

⑭ 参见汪凤麟、董黎明:《房产税改革的方向与路径选择》,载《地方财政研究》2013年第7期。

⑮ 参见贾康:《房地产税的作用、机理及改革方向、路径、要领的探讨》,载《北京工商大学学报》2012年第2期。

⑯ 参见刘剑文、陈立诚:《论房产税改革路径的法治化建构》,载《法学杂志》2014年第2期。

⑰ 参见《上海市开展对部分个人住房征收房产税试点的暂行办法》《重庆市人民政府关于进行对部分个人住房征收房产税改革试点的暂行办法》。

的交易价,待各方面条件更加成熟后,如建立起较为健全评估机制、培养出数量相当的专业人才等,将以房产的评估价计税。可见,因为两地的征税对象以增量房为主体,因而采用交易价格计税更为现实,并有助于降低征税成本,但如将来征税对象扩张到存量房,则以评估价格计税可能是不可避免的趋势。并且,以评估价值计税,能较好地平衡房产价值与纳税人承受能力之间的关系,并有助于调节级差地租,在房地产市场实现资源的有效配置。[18]

虽然以交易价征税是权宜之计,但这种做法与国际主流背道而驰,能否如实反映出个人住房房产税的作用令人生疑,最终可能使得试点效果大打折扣。因为随着社会的发展,周边配套设施不断完善与土地资源日益紧张,房产价值通常呈上涨趋势,而以交易价征税不能动态体现房产的真实价值;[19]同时,以交易价计税将会导致房产税的收入增长弹性差,不利于为地方政府筹集发展资金。[20] 在房产估价方面,住宅建设用地使用权续期收费问题的重要性不言而喻:

1. 土地因素在房产价值中起重要作用

构成房屋基本架构的结构材料(如石材、钢筋、混凝土等),以及为房屋美观而采用的装饰材料(如涂料、油漆、瓷砖等)都会随着时间的推移而逐渐老化,这些材料在折旧之后价值不断贬损,但是房产价值可能会呈现出上涨趋势,这是因为土地因素在起作用。如房产位于中心城区、新兴发展区域等地段,自然更容易实现保值、增值功能。[21] 简而言之,土地的增值预期是房产保值功能得以实现的关键因素。[22]

2. 住宅用地期限长短与房产价值大小呈正相关

据国土资源部的调查显示,地价与房价的比值平均为 23.2%[23],虽然被部分业内人士质疑数值偏低,但仍有一定参考价值。如住宅建设用地使用权期限届满后,需支付较大对价才能续期,将会使得住宅建设用地使用权剩余年限的重要性更为突显,并增加估价的难度。依据常理,在有偿续期的前提

---

[18] 参见张富强:《关于我国物业税立法的基本构想》,载《法学家》2009 年第 1 期。
[19] 参见汪凤麟、董黎明:《房产税改革的方向与路径选择》,载《地方财政研究》2013 年第 7 期。
[20] 参见高波:《中国房地产税制:存在问题与改革设想》,载《南京社会科学》2012 年第 3 期。
[21] 参见赵廉慧:《房产税的物权法基础》,载《税务研究》2011 年第 4 期。
[22] 参见刘俊:《房产税的立法基础》,载《改革》2011 年第 2 期。
[23] 参见周荣祥:《国土部坚称地价房价比均值 25% 左右》,载《证券时报》2009 年 6 月 30 日第 A02 版。

下,两套地段、大小、朝向等相仿的房产,土地使用年限越长,价值自然越高,相反亦然。因此,在资源稀缺的前提下,地产价值原本依托城市发展与级差地租等因素而逐年上升,但是,随着剩余年限越来越短,地产价值又因此而受到负面影响,在一升一降间,房产价值总体评估的难度也随之增加。[24]

3. 续期问题的不明确性使得房产评估难以进行

在征收房产税的国家中,多以土地及其地上建筑物的价值作为税基,一些国家甚至只对土地价值征房产税[25],因而土地价值对房产估价的重要性可见一斑。同时,因为土地批租制在20世纪80年代末90年代初逐步兴起,而我国住宅用地出让期限多为70年,如从20世纪90年代起算,大部分住宅建设用地使用权仍有四五十年以上的期限,因此续期问题在表面上看不甚迫切。然而,房产税改革已经是国家"十二五"规划的内容,一旦试点结束并在全国范围内推行,房产估价问题便迫在眉睫,如届时住宅用地续期方案仍未出台,续期收费问题对房产税税基的市场评估所产生的影响将难以预测。相比较而言,西方国家的房产价值评估通常建立在私人享有土地所有权的前提下,因此不存在类似的顾虑。[26]

(三) 对住房支出的影响

有意见指出,地方政府在出让建设用地使用权时一次性收取了相应的土地出让金,因而个人住房房产税改革有重复征税的嫌疑。[27] 与此问题相类似,目前在我国与房地产相关的税费还包括城市基础设施配套费、城市道路占用挖掘费、城镇土地使用税、土地增值税、耕地占用税等,因而有学者提议,进行房产税改革时应当将这一系列税费纳入考察范围之内一并进行梳理,从整体上促进房地产税制的完善。[28]

该种认为土地出让金与个人住房房产税相冲突的观点有失偏颇。一方面,从法律关系上考察,两种的性质、特征不同。土地出让金带有地租的性

---

[24] 参见畅军锋:《房产税试点以来对房价影响之实证分析与探讨》,载《经济体制改革》2013年第5期。

[25] 参见陈杰、季骋:《世界主要国家房产税实践经验与实施效果的总结与借鉴》,载《社会科学辑刊》2012年第6期。

[26] 参见宋兴义:《中国房产税的基本问题探析》,载《国际税收》2014年第4期。

[27] 参见韩季余、张英敏:《物业税:一个被误读的税种——论物业税开征的不可行性》,载《中国不动产法研究》2010年第5卷。

[28] 参见刘剑文、陈立诚:《论房产税改革路径的法治化建构》,载《法学杂志》2014年第2期。

质,是使用土地所支付的对价,更多地表现为一种经济关系,以自愿、平等、等价有偿等民法原则为前提;房产税征收是国家以政治权力为基础,从房产所有人或使用人中取得部分收益的行为,具有无偿性、强制性、固定性等。另一方面,国家在收取出让金与房产税时表现出不同的身份。前者是以土地所有人的身份分享土地收益,实现土地资源的优化配置;后者是以社会管理者身份分享级差收益,以调控经济、取得财政收入。[29] 在承认两者间具有本质区别的前提下,有文章指出土地出让金带有某种程度上的税收属性,且"两者实际上都是对公共资源占用费的缴纳",因此,站在纳税人的立场上,同时承担两种税费,将使得纳税人负担加重。[30] 暂且不论其论证理由是否妥当,贸然征收个人住房房产税确有可能成为纳税人的重担。

同为使用土地的对价,续期费用与土地出让金两者在法律性质上并无差别,只不过土地出让金为受让建设用地使用权时支付,而续期费用是在合同中约定的建设用地使用权年限届满之后,如仍需继续使用土地则应当支付的价款。同时,土地出让金在《物权法》中有明确规定,并且是建设用地使用权出让合同的主要条款,支付土地出让金是建设用地使用权人的义务;续期费用仍只是一种理论上的可能性,法条规定的自动续期并非意味着无偿,而立法机关模糊的态度也为续期费用的收取留有余地。目前,土地出让金的存在已为既定事实,个人住房房产税的征收处于讨论、试点当中,而住宅用地续期制度的构建仍没有受到足够的重视。因此,假定住宅用地实行有偿续期,那么同样也将受到加重纳税人负担的质疑。

三、协调路径:理清思路、统筹兼顾

通过上文分析论证,住宅用地续期问题的不确定性对房产估价造成一定障碍,且有偿续期将可能会增加纳税人的负担。为了从根本上解决住宅用地续期与个人住房房产税改革之间的矛盾,应当对续期问题予以重视、把握好税制改革的方向,并贯彻、落实结构性减税,为建立良好的税制框架奠定基础。

---

[29] 参见张富强:《关于我国物业税立法的基本构想》,载《法学家》2009 年第 1 期。
[30] 参见刘慧勇、王平:《房地产税制立法的几个关键理论问题》,载《河北法学》2012 年第 10 期。

(一) 充分研究续期问题

在制定房产税改革方案时,住宅用地续期制度是个绕不开的话题,应当处理好两者之间的关系,以产生协同效应,共同服务于完善现有税制、促进房地产市场良性运行的目标。

续期问题将会影响房产税改革中某些具体问题的走向,而当最终的改革方案出台后,也能从中寻找到解决续期问题的蛛丝马迹。因此,重视续期问题并不意味着在短期之内,或者在全面开征个人住房房产税之前,就必须通过法律法规的形式将续期制度明文确定下来,而是应当将两者结合予以综合考虑:一方面,在论证房产税改革方案时,需承认续期问题可能会带来的影响;另一方面,在全面开征个人住房房产税后,要将新出台的制度作为讨论续期问题的前提。例如,在房产估价时,如片面认定土地价值只会随着时间增加而上涨,而无需考虑土地使用年限逐渐减少所带来的负面影响,那这种做法已经是断定续期无需付出太大代价,对土地价值的损失可以忽略不计,从而在制度体系上对续期收费问题进行了一定程度上的限制。

(二) 坚持结构性减税

众所周知,减税是中国税制改革的大方向,这一点在立法机关中已形成较为明确的共识。自2008年金融危机以来,作为一种积极的财政政策,结构性减税已经取得较为良好成果,有效地促进了经济复苏。结构性减税的侧重点在于减税,使得纳税人的整体税赋得以减轻,同时"结构性"这一概念的使用,表明这种减税政策不是随意的、随机的,而是建立在优化税收结构的基础之上,而且为了优化结构并不排除采取开征新税、提高税率等增税的方式。虽说减税会在一段时间内减少国家财政收入,但能刺激消费,并提高企业的经济效益,因此有助于税收总量的增长,以形成良性循环。[31]

缺乏综合税改的全面推进而单独开征房产税,显然与减税的目标背道而驰。调和开征房产税与减轻税负之间矛盾的突破口在于,在税制改革的总体布局下对房产税征收问题进行统筹安排。房产税改革就是在结构性减税的背景下进行试点。从表面上看,征收个人住房房产税是一种增税的行为,但这场改革与"营改增"等政策一同推动,对于优化收入分配格局而言能起到双

---

[31] 参见贾康、程瑜:《论"十二五"时期的税制改革——兼谈对结构性减税与结构性增税的认识》,载《税务研究》2011年第1期。

管齐下的作用。因为间接税的比重在逐步降低,而主要面向富人征收的直接税渐渐增加,有助于发挥税收的调节作用,缩小贫富差距。㉜ 与此同时,随着个人住房房产税的开征,其他相关税费得不到一并清理、整合的话,将会不合理地加重税赋,也有违结构性减税的宗旨。㉝ 我国房地产税费杂乱、项目繁多,不够规范。在房产税改革正式实施后,现有的城市房地产税、城镇土地使用税、耕地占用税和部分行政事业性收费可适当归并、简化。㉞ 例如,因为城镇土地使用税与房地产税都为对房地产保有阶段的征税,可以考虑将两者合并等。㉟

至于续期收费与个人住房房产税并行可能会加重纳税人负担的问题,有学者认为,既然业主已经支出了土地出让金,"而房屋评估价值除了房地产开发成本、费用、税金外,还包括土地出让金",因此建议采取部分扣除的方法以确定税基,即政府通过市场调查,算出土地出让金所占房产价值的比值,以此为基础确定一个计税时的平均扣除比例,降低纳税人负担。㊱ 也有观点指出,可借鉴日、韩的"财务平衡替代土地财政模式",将房产税与地产税分开,分别核定、统一缴纳。具体而言,房产以其在保有阶段的估价为依据逐年缴纳"房产税";建设用地使用权不再设置年限,在保有阶段也按一定比例缴纳"地产税"以补充土地成本,进入到交易环节的话,也只收当年应当缴纳的土地成本价格。㊲

(三) 优化财政体制结构

改革开放至今已有三十多年,在推行了众多改革措施后,我国经济建设得到快速发展,新的利益格局已经出现,帕累托改进的道路几乎快走到尽头。在这个背景下,新改革政策的出台难免会触动既得利益者的蛋糕,尽管困难重重,也需要攻克难关,否则将会出现越来越多的社会问题、经济问题。㊳ 然

㉜ 同注㉛。
㉝ 参见汪凤麟、董黎明:《房产税改革的方向与路径选择》,载《地方财政研究》2013年第7期。
㉞ 参见贾康:《房产税改革:美国模式和中国选择》,载《人民论坛》2011年第3期。
㉟ 参见汪凤麟、董黎明:《房产税改革的方向与路径选择》,载《地方财政研究》2013年第7期。
㊱ 参见陈曦、吴宇晖:《房产税改革的中美比较及其法律启示》,载《求索》2012年第1期。
㊲ 参见涂京骞、王波冰、涂龙力:《房地产税立法与改革中几个重要问题的破解思路》,载《国际税收》2014年第4期。
㊳ 参见贾康:《房地产税的作用、机理及改革方向、路径、要领的探讨》,载《北京工商大学学报》2012年第2期。

而,当前房产税改革的思路是,"既不触动中央的既得利益,也不改变省级政府的财政权限,单纯让县市政府从房地产税中得利",在这种改革路径下,各级政府的财政收入固然得到保障,但纳税人的利益却成为牺牲品。㊴

税制改革应当秉持藏富于民的理念,将政府财政收入占国民财富总量的比例降低,并适当提高居民的可支配收入。如政府只是一门心思开拓财政收入,而不从自身内部出发,优化财政支出结构,财政规模将会不断扩大,最终无以为继,激发政府与居民间的矛盾。总之,1994年推行的分税制导致地方财力不足的问题应当首先考虑在分税制框架内,通过调整、改良予以解决,而不应当采取片面的追求为地方政府增收的办法。同时,应完善财政支出监督制度,以优化财政支出结构,降低行政成本,维持收支平衡。㊵

此外,有学者认为,经济学理论表明,在税赋相同的前提下,向消费者征税比向生产者征税效率更高,因为向生产者征税可能会产生效率损失。同时,与西方发达国家相比,当前我国税制具有重企业、轻个人的特点,八成左右的财税收入来源于企业,使得企业负担较重,不利于经济的发展。因此,财政体制改革应以房产税改革为突破口,一方面,减轻企业的税赋,如减少企业所得税、增值税等税种的征收,并要求企业将减税部分作为工资发放给职工;另一方面,在大幅提高工资的前提下,向职工征收个人所得税、房产税等。这样的改革思路既避免了效率损失,使整体效率上升,又可以借助累进税制调节贫富差距,增加普通职工的收入,以拉动内需增长。㊶ 综上,不管最终政府采取了何种改革措施,房产税在未来财税体制中的地位都将会得到提高,在这一背景下,处理住宅建设用地的续期问题应更加慎重。

结　　语

目前,住宅建设用地使用权续期是否需要收费、如何收费等问题尚无定论,需要后续立法予以解决。住宅用地的续期问题将对房产估价、住房支出造成一定影响,因而在全面征收个人住房房产税前,应当对续期问题予以充分研究。

受到国际金融危机的冲击后,我国政府通过结构性减税以刺激经济的复苏。结构性减税的目的是优化税收结构,而我国房地产领域的税费杂乱繁

㊴　参见熊伟:《房地产税改革的法律逻辑》,载《税务研究》2011年第4期。
㊵　同上注。
㊶　参见徐滇庆:《房产税》,机械工业出版社2013年版,第40页以下。

多,亟待进行深层次的整合。因此,应当在结构性减税、优化财政体制结构的前提下,理清住宅用地续期收费、个人住房房产税与其他房地产税费之间的关系,以促进经济的长远发展。同时,对待住宅用地续期问题,政府不能单方面站在增加财政收入的立场上制定收费标准,而是应当全面调查、研究居民在住房方面的总体开支,将个人住房房产税等因素纳入考虑范围,并与国际社会进行横向比较,以制定出合理的续期方案。

我国信贷政策管理法制化之迷思与路径

刘　辉　陈向聪[*]

一、问题的提出

新中国成立以来,我国信贷政策大致经历了两个重要的阶段,其中的分水岭当属1998年中国人民银行取消对金融机构贷款限额的控制。在1998年之前,受贷款规模限制,信贷政策主要表现为直接管理,以强制性的行政管制或行政约束为典型特征。如果对这一时期进行细分,又可以1979年我国从计划经济开始转轨作为分界线,1979年以前是纯计划经济时期,实行的是统一集中而丧失独立性的信贷管理体制;1979年以后至1998年,实行的是逐渐放松行政管制的信贷政策体系。1998年以来,在我国实行市场经济的大背景下,信贷政策改为以间接调控手段为主。2003年,银监会从人民银行分设出来,人民银行加大了宏观信贷政策的制订和实施力度,对促进国家经济健康发展、维护金融稳定起到了重要的作用。纵观我国信贷政策管理实践,法律依据不足的问题十分突出,管理主体混乱、管理手段滞后、管理效率低下等问题亟待改进。

(一)法律依据不足

作为我国信贷政策管理的重要部门,中国人民银行制订了大量的信贷政策,并通过各级分支机构的主动履职为信贷政策的贯彻执行提供了相应的保障。同时,部分人民银行大区分行以及地市级的中心支行结合本地实际,牵头与地方政府机关或者监管部门联合制订的一些微观信贷指引尤其亮眼。

---

[*] 刘辉,厦门大学法学院经济法专业博士生。陈向聪,东北财经大学法学院教授,研究方向:经济法学、金融法学。

但《中国人民银行法》并未赋予中国人民银行信贷政策管理职权,其他金融基本法也未对此作出明确的规定。人民银行行使信贷政策管理职能的唯一制度依据似乎只能追溯到 2008 年《国务院办公厅关于印发中国人民银行主要职责内设机构和人员编制规定的通知》(国办发[2008]83 号)(以下简称《新三定方案》),其中规定:中国人民银行具有"制订和实施宏观信贷指导政策"的职责,并确定由金融市场司"拟订宏观信贷指导政策,承办国务院决定的信贷结构调节管理工作"。但《新三定方案》只是法规性文件,立法层次不高。更重要的是,《新三定方案》并未就信贷政策的法制化框架予以设计,典型的要素比如:信贷政策管理的目标、管理的手段、相应的法律责任等均未予以明确,这使得《新三定方案》仅仅停留在原则性规定的层面,而距离真正具有可操作性的信贷政策管理实践的要求相去甚远。

(二)管理主体混乱

我国制订信贷政策的部门涉及人民银行、发改委、银监会等多个部门,甚至部分地方政府部门也涉足信贷政策管理。通常的做法是人民银行牵头与其他部门联合发文,或者由国务院进行发布。但我国信贷政策管理乱象的一个突出表现就是管理主体混乱,特别是监管部门的"窗口指导"直接演化为宏观信贷管理政策。比如 2012 年,银监会发布《中国银监会关于印发绿色信贷指引的通知》(银监发[2012]4 号),其中第 3 条规定:"银行业金融机构应当从战略高度推进绿色信贷,加大对绿色经济、低碳经济、循环经济的支持,防范环境和社会风险,提升自身的环境和社会表现,并以此优化信贷结构,提高服务水平,促进发展方式转变。"银监会实施的"窗口指导"显然属于制订信贷政策的行为,是其根据经济、金融形势变化的客观需要,对其监管规则和监管标准作出的调整和变更,但这种做法实际上已经超出了其合法性监管的履职范围。除银监会以外,发改委、财政部、教育部等许多部门均已涉足各自领域的信贷政策管理,信贷政策主管部门职责不清的现象十分普遍,这导致政出多门且相互之间缺乏协调性,不利于形成规范有序的信贷管理市场。

(三)管理手段滞后

"在现行管理体系下,人民银行承担的宏观调控职能较多,但履职手段基本限于调研、评估、评价以及协调等形式,强制手段不足。"①目前,我国信贷政策管理主要采用的是劝告式(或称劝谕式)的监管手段,即"窗口指导"。②窗口指导起源于20世纪50年代的日本。我国信贷政策管理实践中的窗口指导主要是指中央银行通过劝告、建议等形式影响商业银行信贷行为的一种温和而非强制的信贷政策管理手段。值得注意的是,窗口指导在《中国人民银行法》以及其他金融法律中并未作具体的规定。从法律性质上说,窗口指导属于一种行政指导行为。尽管目前我国行政法学界对行政指导的定义仍然存在巨大的争议,但就行政指导的基本性质来看,行政指导并不具有强制性,并且也没有法律拘束力,这已成为共识。③ 中国人民银行自1998年取消对金融机构贷款限额的控制之后,过度依赖于窗口指导的信贷政策管理逐渐陷入了下发信贷政策管理文件、召开信贷政策会议、调研总结信贷政策执行情况,再次发文、开会的低效力的简单循环过程,信贷政策的贯彻执行效果事实上取决于金融机构的主动配合程度。窗口指导只是软约束,在金融机构不配合或者不充分执行信贷政策情况下,有效的约束手段相当匮乏,除非金融机构的违反信贷政策管理的行为构成对人民银行或者银监会履职领域的违法行为,否则无法对其实施行政处罚,而信贷政策管理行为本身则受到了管理手段滞后的束缚。

(四)管理效率低下

作为一种宏观调控机制,信贷政策管理在我国当前市场经济模式下"具有市场指导性和行政指令性双重特征,两者谁占主导地位取决于金融体系市场化程度"④。从我国目前的金融体系来看,金融行为的市场化程度越来越高。因此,我国信贷政策的贯彻落实更多依赖于主管部门的行政指导,而金融机构的配合程度则直接决定了信贷政策的执行效果。众所周知,扶持类的信贷政策涉及领域的利润往往十分微薄并且信贷风险管理难度较大。因为如果利润丰厚并且风险可控,这些领域通过市场化的信贷选择完全就可以满足,而无需出台信贷政策。在目前我国信贷政策管理手段不足的前提下,信

---

① 中国人民银行成都分行联合课题组:《东南亚四国央行法与人民银行法比较研究》,载《西南金融》2014年第3期。
② 李江红:《"十一五"期间我国信贷政策制定、实施和监督现状及完善建议》,载《时代金融》2011年第6期。
③ 应松年:《行政法与行政诉讼法学》,法律出版社2005年版,第335页。
④ 中国人民银行常德市中心支行课题组:《提高信贷政策执行力:国际经验及启示》,载《武汉金融》2009年第9期。

贷政策的管理效率自然大打折扣。

要解决上述信贷政策管理中存在的各种问题和矛盾,笔者认为,必须厘清并切实解决以下问题:准确界定信贷政策的概念,探讨信贷政策管理法制化的理论基础,并在借鉴国外信贷政策管理经验的基础上,从权力运行的视角,对信贷政策管理权的各个环节进行制度设计。

二、信贷政策及其管理法制化的理论基础

(一)信贷政策及其与货币政策之关系厘清

在我国,经济法层面只有货币政策而没有信贷政策的概念。在理论研究中,常常笼统地使用货币信贷政策的概念,对于信贷政策并未给予应有的重视和关注。受传统货币理论影响的广义货币政策论在我国根深蒂固,即认为"信贷政策是货币政策的重要组成部分"⑤,主要是指国家信贷政策管理部门根据宏观调控的需要以及国家产业政策的要求,综合利用经济、法律和行政等手段,对金融机构的贷款增量⑥、贷款投向及信贷质量等进行调控和监督的各项政策。这种广义的货币政策不仅包括货币政策的总量调控,还包括货币政策的结构调整,即调控货币在不同地区、不同产业、不同企业、不同执行单位的分布。

2012年3月12日,十一届全国人大五次会议新闻中心在北京梅地亚中心举行记者会时,中国人民银行周小川行长明确表示,货币政策与信贷政策是有区别的,货币政策主要是一种总量政策,而结构调整则主要是信贷政策。笔者不支持广义货币政策的观点,认为信贷政策与货币政策共同构成了我国金融宏观调控体系,并且二者具有相互促进的作用。货币政策与信贷政策有三个方面的不同:一是调控对象不同。作为总量政策,货币政策主要是通过货币供应总量的增减变动来影响社会供需总量保持平衡。货币政策的政策目标如币值稳定、经济增长、充分就业、国际收支平衡均涉及总量问题;货币政策的中介目标是货币供应量或信贷总量,也是总量问题;信贷政策则主要着眼于经济结构调整,通过改善信贷投向、调整信贷结构促进产业结构调整升级和区域经济协调发展。二是调控工具不同。货币政策工具主要包括利

---

⑤ 宋海林:《运用信贷政策调整经济结构的若干思考》,载《金融研究》1997年第12期。

⑥ 关于贷款增量,中国人民银行2011年宏观调控的指标为"合意贷款增量",2012年以后,宏观调控的指标明确为"适度新增贷款"。

率、汇率、公开市场操作等,市场化特点明显;信贷政策工具更加丰富,不仅包括经济手段、法律手段,而且还包括行政手段。三是调控的时间效果不同。货币政策的目标是保持币值稳定,为把通胀水平控制在一定范围内,货币政策要根据通胀变化情况持续做出逆向调控,具有相对短期的特点。信贷政策的目标往往是配合产业政策等各种结构调整政策而对信贷资源做出的政策化匹配。由于产业结构调整的周期性和期限性特征,信贷政策的目标具有相对长期的特点。

综上,笔者认为信贷政策是由信贷政策管理主体根据国家综合经济决策制定和实施的,通过适当的方式和手段,对金融机构的信贷增量、信贷投向以及信贷质量进行引导、调节和监督,影响金融机构、企业、公众以及特定信贷市场的交易行为,从而实现结构调整或其他特定目的的公共金融政策。根据信贷政策调控对金融机构信贷行为的影响进行划分,信贷政策可分为"扶持型"和"限制型"两类。"扶持型"信贷政策目标是引导和鼓励信贷资金向国家政策鼓励和扶持的群体、行业或地区流动,如对小微企业、三农、高科技企业、助学、灾后重建等信贷政策。"限制型"信贷政策目标则主要是限制或者禁止信贷资金向某些群体、行业或地区投放,如对现阶段我国的"两高一剩行业"[7]的信贷政策等。

(二)信贷政策管理法制化理论基础之一:金融约束理论之上的政府适度干预

政府与市场的关系及其边界,是经济法产生、发展过程中永恒的研究主题。自由资本主义时期,国家奉行自由经济政策。金融领域,国家对金融市场也采取放任的态度。但把营利作为第一经营目标的金融机构,如果缺乏国家适度而有效的干预,不仅信贷资源不能根据产业结构调整而进行及时有效的优化配置,并且也容易因为微观信贷风险的积聚而酝酿成系统性金融风险。世界上几次大型金融危机的爆发都与政府趋弱的金融调控和金融监管不无关系。

有效的信贷政策管理能够弥补市场机制自身缺陷而导致的"市场失灵"问题。由于信息不对称容易给信贷市场带来"道德风险"和"逆向选择"的双重问题,单纯依靠市场机制的自发调节和货币政策的总量控制不可能充分实

---

[7] "两高"行业主要是指高污染、高能耗的资源性的行业,"一剩"行业主要是指产能过剩行业,如钢铁、造纸、电解铝、平板玻璃和光伏等产业。

现金融资源的有效配置。因此,在 1997 年,Hellman,Murdock 和 Stiglitz 在《金融约束:一个新的分析框架》一文中正式提出了金融约束理论,充分肯定了政府干预金融的合理性。该理论认为,为了克服完全竞争条件下存在的市场失灵问题,政府可以通过实施金融政策,在民间部门创造机会,诱导民间部门增加在完全竞争市场中供给不足的商品和服务。这一理论也顺势成为各国加强信贷政策管理,增强政府在信贷政策管理中的主动性的理论基础。我国作为发展中国家,金融市场化程度不高,间接融资占据主导地位、经济结构性矛盾突出、区域经济发展不平衡,"仅仅依靠市场的力量,难以对信贷资金进行有效配置"⑧,信贷政策的重要性表现得尤为突出。而且信贷政策往往作为国家其他公共政策如产业结构调整、区域经济发展等政策的必要配套措施出现。因此在我国,客观上还需要信贷政策在较长时期内继续发挥重要作用,需要信贷政策的结构性调节配合货币政策的总量调控。从经济法的视角来看,金融约束理论成为政府适度干预信贷市场的理论基础。

(三)信贷政策管理法制化理论基础之二:法制化轨道有利于提升信贷政策管理效率,保障信贷政策管理的规范性

目前理论界和实务界关于信贷政策管理是否应当纳入法制轨道还存有争议。如华东政法大学郝铁川教授在《宏观调控的不确定性与法律、政策调整》一文中认为,"受经济运行的不确定性制约,宏观调控具有一定的不确定性。而这种不确定性决定了宏观调控更多地适宜于政策调整而不是法律"⑨。坚持信贷政策管理政策化的理由主要在于信贷政策目标的多元化,内容的易变性和不确定性及其手段的灵活性和多样性等特质与法的普遍性、规范性、强制性、稳定性相冲突,认为信贷政策管理的要义是相机抉择,法制化将难以保证信贷政策调控的灵活性需要。

笔者坚持信贷政策管理法制化的观点。首先,信贷政策管理的"政策性、相机性、灵活性"与法的普遍性、规范性、强制性、稳定性并不矛盾。就具体某一阶段而言,信贷政策虽然本身具有周期性、灵活性等特点,但从长期的宏观调控目的来看,信贷政策的目标、原则、手段等方面均可以实现法制化。经济法框架下,信贷政策管理立法与其他法律一样,也必然具有确定的规范性、明确的指引性、相对的稳定性和普遍的适用性。其次,信贷政策管理作为国家

---

⑧ 周晓强、郑薇、李宏伟:《货币信贷政策要关注区域经济差别》,载《中国金融》2006 年第 19 期。

⑨ 郝铁川:《宏观调控的不确定性与法律、政策调整》,载《东方法学》2009 年第 2 期。

权力行使的一种方式,必须纳入法制化轨道。在法治国家,任何公权力的行使都必须有法律依据,不应当存在"法外权力"。2014年10月20日至23日在北京举行的中国共产党第十八届四中全会更是强调了深入推进依法行政,加快建设法治政府的目标和决心。信贷政策管理法制化主要涉及两个领域:一是主管部门的调控行为即公权力运行的领域;二是受调控主体的经济活动领域,即私权利受到信贷政策管理的影响。信贷政策立法的根本目的在于制约政府权力而保护市场主体合法权益,从这个意义上讲,信贷政策立法不仅是授权法,更是限权法。最后,实现信贷政策管理法制化,有助于从根本上提升信贷政策效力。通过实现信贷政策目标、原则的法制化,实现手段的制度化和常态化,构建法律责任体系等,明确赋予信贷政策管理行为以法律效力,可以克服目前存在的管理手段不足、效力不高等弊端。

三、信贷政策管理法制化的他山之石

国际上类似我国信贷政策管理的做法,在发达市场经济国家大量存在并占据重要地位。在美国西部开发过程中,大量采用了差别化的信贷优惠政策。日本和韩国也曾通过对重点和比较优势产业的倾斜性信贷支持实现产业扶持目标。总结国外信贷政策管理经验,有四个方面的特点值得关注和借鉴。

一是加强信贷政策管理立法。早在19世纪,法国颁布了《土地银行法》,建立农业信贷机构,并通过涉农信贷政策大力支持农业发展。美国于1977年颁布了《社区再投资法》(Community Reinvestment Act,简称CRA),明确一切受监管机构均有"持续和责无旁贷的责任"满足整个社区的信贷需求,尤其是社区中低收入群体借款人的信贷需求。通过信贷政策管理的法律化,赋予了信贷政策更高的权威性、执行力和公信力,有效提升了信贷政策管理的有效性。借鉴这一经验,推进信贷政策管理的法制化,对于缓解我国当前存在的主管部门不清、调控手段不足等问题具有重要的现实意义。

二是合理确定政府适度干预与市场机制自发作用的边界。日本和韩国的早期信贷政策立法中,政府直接干预的色彩浓重,信贷政策工具更多直接表现为行政命令和信贷配给等管理手段。这些法律在经济高速增长时期起到了立竿见影的效果,但却逐渐导致了金融体制僵化。近年来各国信贷政策实践越来越重视市场规律,注重发挥市场机制自身的作用,而信贷政策管理的行政强制性色彩越来越弱,管理手段也主要以间接管理手段为主,如指导性的信贷计划和融资斡旋等。美联储对金融机构的窗口指导工具是其运用最多、效果最好的间接管理手段,即中央银行通过书面指导、窗口会议或公开讲话的形式,从道义上指导和劝说金融机构调整信贷总量和信贷结构,从而引导信贷投向。

三是提高政府的实质参与。国际上信贷政策的实施方式主要有两种:政府直接参与和政府政策引导。前者主要是政府直接设立政策性金融机构,向弱势产业、群体等发放信贷资金;后者则是由政府制定优惠信贷政策,鼓励市场主体加大对特定产业或者群体的信贷投入。无论哪种模式,均出现了提高政府的实质参与的趋势。比如助学贷款政策,政府不仅仅为私人助学贷款提供担保,提供贷款利率贴息,而且还提供贷款的部分管理成本。政府的实质参与显著提升了助学贷款信贷政策的有效性。

四是注重宏观调控综合协调机制建设。尤其注重信贷政策与其他相关政策的协同推进,这是市场经济背景下提升信贷政策管理效率的基本前提。信贷政策的执行效果很大程度上取决于是否有相应的联动政策与之配合,例如财税政策、产业政策等,比如涉农信贷政策的执行高度依赖于政府对金融机构发放涉农贷款的财政奖补政策。在日本,为鼓励金融机构加大中小企业的信贷投入并构建强有力的中小企业信用体系,1998年出台了《中小企业惜贷对策大纲》《关于部分修改中小企业信用保险法的法律》等,不仅对银行金融如此,对于直接金融市场,产业政策与金融政策的综合协调也同样重要。日本为了推进对中小微企业的天使投资的发展,先后颁布了《关于促进小企业创造性事业活动的临时措施法》(即"中小企业创造活动促进法")、《关于搞活特定产业集成的临时措施法》等法律。[10] 这些宏观调控综合协调立法的经验均值得我国借鉴。

四、我国信贷政策管理法制化路径:信贷政策管理权及其法律框架设计

(一)信贷政策管理权

将信贷政策管理纳入法制化轨道具有坚实的经济法理论基础,信贷政策管理权则是信贷政策管理法制化的基本形式。笔者认为,信贷政策管理权是

---

[10] 刘辉:《论股权众筹时代我国天使投资法律体系的构建》,载《证券法苑》2015年第3期。

指信贷政策管理主体运用适当的方式对金融机构的信贷增量、信贷投向以及信贷质量进行引导、调节和监督,实现信贷政策管理目标的权力。国际信贷政策管理的成功经验表明,通过对信贷政策管理权运行的法律框架进行设计,并建立完善相关的配套法律制度,是保障信贷政策管理规范和高效运行的必然选择。提高信贷政策权威性需要法制环境的不断完善。[11] 而研究信贷政策管理权的法律性质,则成为构建信贷政策管理权法律框架的重要前提。

信贷政策管理权不同于传统的行政权力。目前,法学界部分学者将宏观调控权视为政府行政权力的观点,对实务界理解信贷政策管理权的法律属性产生了较大影响。笔者认为,信贷政策管理权是一项综合性的公权力,与传统立法、行政、司法等国家公权力均存在显著区别。从权力的规范运行来看,信贷政策管理包括决策、实施以及监督和评价过程,因此信贷政策管理权可以分为信贷政策管理决策权、信贷政策管理执行权、信贷政策管理监督权三种相互依存、相互制约的具体权力。其中,信贷政策决策行为是信贷政策管理权的核心;信贷政策执行是信贷政策管理权的集中体现,是对信贷政策的具体实施,具体执行行为可以是行政行为(如差别准备金要求),可以是行政契约(如发放再贷款),也可以是民事行为(如市场产品化的信贷政策),可以具有法律约束力(如差别准备金要求),也可以不具有法律约束力(如窗口指导);信贷政策管理监督权则是信贷政策管理权依法运行的基本保证。从所保护的法益来看,作为经济法重要的权力类型,信贷政策管理权基于经济法的社会本位性质,其保护的是社会整体利益,权力行使是为经济总量平衡和经济结构优化、实现经济的可持续发展服务的。从权力实现方式来看,信贷政策管理权区别于传统行政权力还体现于权力实现的间接性。以信贷规模政策为例,其调控效应要得以实现,最终依赖于市场主体和金融机构的存贷款行为,这与行政权直接实现行权目标的特点存在巨大差异。

笔者认为,信贷政策管理权属于经济法意义的宏观调控权。理论经济学根据考察对象的不同分为宏观经济学和微观经济学两个分支。基于理论经济学"二元论"的划分,经济法学确立了国家干预经济的不同方式,即对宏观经济采用调控的方法,在经济法学领域对应宏观调控法,而对微观经济则采用规制的方法,在经济法学上对应市场规制法。对信贷政策管理行为进行考

---

[11] 高歌、王朝阳、卜凡玫:《国际信贷经验启示和我国信贷政策的完善》,载《吉林金融研究》2009年第1期。

察不难发现,信贷政策管理是基于实现经济增长、充分就业、物价稳定、国际收支平衡等所谓"四大魔方"⑫的目标,通过信贷结构调整作用于国民经济。信贷政策管理行为是一种宏观调控行为,而信贷政策管理权则是经济法意义上的一种宏观调控权。

作为宏观调控权,信贷政策管理权具备高度的相机抉择性和低侵扰性。宏观经济调控最大的特点在于,其作用的对象往往是由于市场失灵而导致的经济总量失衡状态,并不直接作用于市场主体的具体行为,而微观经济规制的作用对象则恰恰是市场主体的具体行为。以作用机理而论,宏观调控是通过"反向操作",即根据当前的经济金融形势,利用调控政策来优化经济运行总量指标,体现出高度的相机抉择性和低侵扰性的特点。宏观调控高度的相机抉择性,是指宏观调控行为伴随经济金融形势的变化而随时可能改变决策。基于政府失灵风险的防范,宏观调控必须遵循低侵扰性原则。低侵扰性原则类似于行政法中的比例原则,主要是指信贷政策的管理主体在其法定的可供选择的管理手段、管理方式和权力行使幅度中,应当选择对管理受体以及其他市场主体影响最小、侵扰性最低、调控效益最佳的种类和幅度。避免因为信贷政策管理权的不合理行使和过度行使对金融机构造成负面影响和沉重的负担。⑬

(二)信贷政策管理权的运行原则

1. 间接调控原则。信贷政策调控主要是通过实施信贷政策来改变市场交易环境,并通过交易环境的改变间接调控和影响市场主体的交易活动,即所谓"国家调控市场,市场引导企业"的间接干预市场的法律机制。在有关调控的法律规范形式上一般不是直接通过权力和义务法律规范规定市场主体的具体交易行为,而是更多地运用诱导性、选择性规范的形式,间接影响市场主体的交易行为选择,达到信贷调控的目的。因此,信贷政策调控应以间接调控为重心,通过市场机制引导市场主体,而尽量少用信贷规模控制、利率控制等直接调控手段。

2. 适度调控原则。适度调控原则是公法上的比例原则在信贷政策管理中的具体化,它主要包括两个具体原则,即"必要性原则"以及"比例原则"。必要性原则强调国家的调控行为无论是积极的还是消极的,都必须界定在一

---

⑫ 吴越:《宏观调控:宜政策化抑或制度化》,载《中国法学》2008年第1期。
⑬ 刘辉:《完善我国体育产业信贷支持体系的经济法逻辑——法理分析与路径选择》,载《武汉体育学院学报》2016年第4期。

定的限度之内,以使国民所受到的侵害最小;比例原则强调宏观调控的手段应当与调控目标成比例,因而调控必须是适当的、正当的、理性的、均衡的。具体到信贷政策管理权的运行,应至少包括两方面的要求:一方面,信贷政策管理权运行的范畴必须明确界定。从本质来讲,信贷政策具有逆市场的特征,即与市场选择的逆向操作。但信贷政策调控必须建立在充分尊重和遵循市场规律的基础上,这也是信贷政策调控区别于计划经济时代的政府干预二者本质区别所在。简言之,市场规律能够充分发挥作用的领域,信贷政策应尽量不涉足,只有在市场失灵的领域,信贷政策才具备存在的必要性和正当性。另一方面,信贷政策管理权运行手段、力度也必须进行限制。在信贷政策发挥作用的领域,信贷调控力度、深度、手段等的选择,也要充分尊重市场机制,充分考虑可能抵消政策效力的各种因素,给予微观市场主体合理的调整空间,实现调控主体和受控主体之间良性的遵从博弈,有效降低调控和交易成本,维护市场健康有序运行。这就要求尽量采用市场化、引导性、激励性的手段实现信贷政策目标,尽量避免使用强制性、贬损性的手段。比如扶持类信贷政策,在提高弱势群体信贷可得性的同时,应当注意不要简单以削减金融机构利益甚至牺牲金融体系稳健运行为代价。

3. 稳定性与灵活性相结合原则。信贷政策管理立法是信贷政策的法律化,这种法律化的信贷政策特点,使信贷政策管理权的运行具有政策性以及由此产生的灵活性特点,以便于根据经济金融形势进行相机抉择。但另一方面,其法律属性则要求其保持相对的稳定性,因此必须正确处理灵活性与稳定性二者的关系。这就要求:立法慎重,避免过于朝令夕改;对以往制定出台的政策要及时清理,注重政策的连贯性等。

(三) 信贷政策管理权的法律框架设计

基于对信贷政策管理权法律属性的分析以及国外信贷政策管理的主要经验,下文从权力运行的环节入手,从权力运行基本法律制度和配套法律制度的双重视角,对我国信贷政策管理的法律框架予以设计。

1. 信贷政策管理的基础法律框架设计

(1) 信贷政策目标法定化

信贷政策目标的法定化,有助于判断一项信贷政策是否合理合法、防止决策失误,也有助于指导信贷政策传导和实施、防止信息失真和政策效应递减,因此,信贷政策立法中应明确信贷政策的目标。笔者认为,我国应当在立法中明确宏观信贷政策至少实现以下目标:"配合国家宏观调控政策,促进经济结构优化、推动经济增长方式转变,引导规范金融创新,防范金融风险"。其一,配合国家宏观调控政策。是指信贷政策作为宏观调控政策的一部分,要同财税、计划、产业政策等共同作用才能发挥实效,这体现了各类政策之间是相互作用、相互促进的关系,也表明了信贷政策的制定依据应当是国家的综合宏观调控政策。其二,促进经济结构优化、推动经济增长方式转变。通过信贷结构调整,实现金融资源的优化配置,更好地服从产业政策和国民经济发展的需要。其三,引导规范金融创新。制定和实施信贷政策,要注重推动金融机构主动作为,发掘市场,"引导规范金融创新"。其四,防范金融风险。无论是"扶持型"还是"限制型"信贷政策,均需要发挥抑制金融机构信贷冲动的作用,以此配合国家产业发展等宏观调控政策。作为金融系统的最后贷款人,中央银行要积极履职,防止单纯依靠市场调节等因素导致的金融风险,这也是宏观信贷政策的应有之义。

(2)信贷政策主管部门法定化

2008年中国人民银行"新三定方案"明确了中国人民银行作为信贷政策主管部门的地位。但如上文所述,在实践中,制定信贷政策的部门往往涉及人民银行、发改委、银监会等多个部门,尤其是银监会曾自行出台过有关信贷政策。"在宏观调控权的权限不够明晰的情况下,越权、弃权、争权、滥权等情况都可能存在,会在一定程度上影响宏观调控权的实施,从而影响宏观调控的具体效果。"⑭笔者认为,中国人民银行作为信贷政策主管部门,应专属享有信贷政策制定和实施的权力。银监会制定信贷政策,如要求金融机构介入某个领域,干预金融机构信贷活动,其本质是银监会变更监管规则和监管标准,以迎合经济、金融形势变化的需要,这种做法与其履行合法性监管的身份大异其趣。不过,在明确中国人民银行信贷政策主管部门地位的同时,应当认识到,信贷政策传导和落实离不开银监、财政、税务、教育、建设等部门的配合。如微观监管是信贷政策的必要补充,也是促进信贷政策落实的必要措施,因此银监会对于信贷政策的落实或开展监督检查方面负有不可推卸的责任。又比如,房地产信贷政策中房地产抵押估值政策的落实、"首套房"的认定标准等还需要建设部门予以协调出台标准和实施管理。单凭中国人民银行一己之力,难以确保信贷政策真正得到贯彻落实。因此,要确立中国人民银行信贷政策主管部门的地位,又要强调其他有关管理部门的配合,防止政

---

⑭ 张守文:《宏观调控权的法律解析》,载《北京大学学报(哲学社会科学版)》2001年第3期。

出多门、缺少协调等情况发生。

(3) 权力运行手段法定化

信贷政策的手段也应当法定化,分为以下两类:第一类是直接管理手段。包括通过行政命令、利率控制和信贷配给等管理手段直接作用于金融机构的信贷活动,这种调控手段在许多发达国家的经济发展和产业结构调整过程中曾经起到了立竿见影的效果,主要包括差别利率政策、差别准备金动态调整、设立"专项"贷款、建立对限制性产业的贷款审批制度等。随着我国市场经济体制不断完善,应逐步减少、合理使用此类行政管理色彩浓厚的调控手段。第二类是间接管理手段。主要包括窗口指导,指导性的信贷计划,融资斡旋制度以及信贷投向风险基金等。如上文所述,信贷政策应当以间接调控为重心,因此这类更为市场化的间接管理手段应越来越多地得到广泛使用。例如近年来开展的信贷政策产品化就是值得推广的调控手段和方式。不过由于这类手段一般不具有强制执行力,约束力较弱,因此应当辅以相应的保障措施:一是奖励激励措施。央行要积极实现自身其他职责与信贷政策职责的对接,加大对金融机构的资金支持力度,充分调动金融机构执行信贷政策的积极性。如增加对特定金融机构的再贷款、再贴现额度,执行倾斜的准备金制度,允许提前支取特种贷款等。二是开展信贷政策实施效果评估,全面评价信贷政策执行情况。三是使用通报批评、约见谈话等约束手段,通过影响金融机构声誉来推动信贷政策实施等。积极采取各类保障措施一道构成保障宏观信贷政策实施的组合拳,推动信贷政策措施取得实效。

(4) 决策程序法定化

从立法权的角度来说,必须要在信贷政策基本法律制度的基础上,授予某些部门制定法规政策的空间;从法律执行角度看,只能在法律规定固化有关原则的基础上,给予宏观调控部门以一定的自由裁量空间。因此,应建立起一整套决策议事规则,以确保信贷决策的科学化和民主化。当然,为保证参与决策的人员能够充分发表自身意见,有关决策讨论不应当纳入到信息公开的范畴,并且发表的意见不能作为问责的依据。

(5) 违反信贷政策管理的法律责任

这里所谓的法律责任,主要指信贷政策调控对象违反信贷政策的法律责任,包括信贷政策的直接执行机构——金融机构,也包括金融服务对象。其一,关于金融机构法律责任的追究。应当区分情况:只有违反了信贷政策的强制性内容,才能够科以行政处罚等惩戒措施,对于指导性的内容,由于本身不具有强制执行力,自然不应当纳入处罚的范畴。应当明确,只有以规章及以上形式出台的信贷政策才具有强制执行力,才能够作为行政处罚的法律依据。其二,关于金融服务对象法律责任的追究。由于金融服务对象不是人民银行信贷政策的直接执行者,针对此类主体违反信贷政策相关规定的情况,人民银行除了广泛开展政策宣传传导、将违法违规行为记入征信记录等手段外,对此类主体追究法律责任缺少法律手段,这使得被调控对象的违法成本大大降低。因此,为保障宏观信贷调控的成效,对于扶持型的信贷政策,要将违约率等条件作为得到特殊信贷支持的必要门槛,并对有关主体进行硬约束;对于限制型的信贷政策,要通过立法明确金融服务对象造假的责任,并赋予有权机关以处罚的权力,出现骗贷等情况行为严重的,还要移送司法追究刑事责任,以提升违反信贷政策的违法成本。

2. 信贷政策管理权的配套法律制度设计

要确保信贷政策管理权规范高效运行,除基础法律框架设计之外,必须对权力运行的相关配套法律制度进行设计,这些制度需要保证信贷政策管理权在多部门共同作用的基础上得以有效实施,需要考虑信贷政策管理权运行可能涉及的司法诉讼等问题。

(1) 加强信贷政策管理综合协调机制立法[15]

2008年中国人民银行"新三定方案"明确规定:"国家发展和改革委员会、财政部、中国人民银行等部门建立健全协调机制,各司其职,相互配合,发挥国家发展规划、计划、产业政策在宏观调控中的导向作用,综合运用财税、货币政策,形成更加完善的宏观调控体系,提高宏观调控水平。"基本明确了信贷政策的配合原则,提出了多部门合作完善宏观调控体制的要求。至于政策协调制度的具体构想,建议如下:

一是建立信贷政策咨议机构。作为制定货币政策的咨询议事机构,中国人民银行目前建立并运行的货币政策委员会机制可以作为完善信贷政策管理主体设置的参考:货币政策委员会中,除人民银行行长、副行长作为成员参加外,还有财政部、发改委等部门领导,以及国有商业银行行长和金融专家组成,货币政策委员会的建议或会议纪要作为报请国务院通过货币政策等决定的重要依据,这套机制可以保障货币政策充分吸收有关部门的调控意见,并增强执行效果。为此建议借鉴此种操作方式,由国务院授权中国人民银行组

---

[15] 笔者曾撰文认为,我国应借鉴德国《经济增长与稳定促进法》、美国《充分就业和平衡增长法》制定我国的《经济稳定法》(或命名为《宏观调控法》),以法律的形式建立我国的宏观调控综合协调制度。信贷政策管理综合协调机制设计即以前述原理为基础。参见刘辉:《村镇银行经营困境之法律对策》,载《法制与经济》2012年第1期。

建信贷政策委员会,⑯研究信贷政策有关重要决策建议。二是明确宏观信贷政策的效力。建议明确中国人民银行的宏观信贷调控政策效力高于银监会的微观监管政策,即银监会的微观监管政策要与中国人民银行宏观调控政策保持协调一致。

(2) 赋予部分微观信贷管理权相对人的诉权

对于包括信贷政策管理权在内的宏观调控行为是否可诉,目前存在较大分歧。传统的学术观点和司法实践多认为宏观调控行为是一种抽象的决策行为或者是一种国家行为,从而否认其可诉性。近年来,不少学者从约束宏观调控权力运行的角度,提出应当明确宏观调控权力的可诉性。

笔者认为,信贷政策管理行为本身具有复杂性,从信贷政策管理的流程上看,既包括了信贷政策决策行为,也包括了信贷政策的实施和监督行为;从管理层次上看,既包括了宏观信贷调控,又离不开微观信贷管理;⑰从信贷政策管理手段来看,既有具有强制执行力的行政命令,也有不具有强制执行力的指导行为。因此,不能以可诉或不可诉一概而论之,需要区分信贷政策管理行为是否对具体市场主体的权利义务产生影响,如果是针对非具体相对人作出的具有普适性的规范性文件,不应当具有可诉性。对于信贷政策实施行为,如果是具有强制执行力的、影响相对人具体权利的行为,应具有可诉性,法律应赋予相对人以诉权;如果仅仅是一种指导行为,由于不具有法律约束力,不具有可诉性。对于具有奖励性质的信贷政策管理行为,当事人则主要通过民事诉讼途径予以救济。

---

⑯ 实务界也有观点认为,可授权中国人民银行建立部际联席会议制度。笔者认为,信贷政策委员会作为常设的中国人民银行内部咨议机构,更具有比较优势。

⑰ 李昌麒、胡光志:《宏观调控法若干基本范畴的法理分析》,载《中国法学》2002 年第 2 期。

市场规制法

反垄断执法责任清单的挑战与对策

刘云亮 *

简政放权,明晰权力,转变职能,是我国行政体制改革的核心内容和主导方向。李克强总理在2015年政府工作报告中指出,制定市场准入负面清单,公布省级政府权力清单、责任清单,切实做到法无授权不可为、法定职责必须为。指明政府"大道至简,有权不可任性",要用政府权力的"减法",换取市场活力的"乘法"。① 我国反垄断执法机构,肩负着反垄断法实施与适用的执法责任,推行反垄断执法机构的责任清单制度,强化反垄断执法机构的责任制度,将全面促进我国反垄断法实施,提升反垄断法在市场经济中的重要地位和弘扬市场经济运行机制公正性。我国反垄断法实施以来,国务院反垄断委员会及各执法机构,已先后出台了一系列配套法规、规章和指南,明确各自执法责任,但如何建立和具体明确责任清单内容,仍亟须进行规范。

一、反垄断执法机构职责的现状

我国设置反垄断执法机构,目的是更好地实施反垄断法。反垄断执法机构的性质和职责定位,将直接影响我国反垄断法的实施效率和权威性。我国《反垄断法》第9条规定国务院设立反垄断委员会,负责组织、协调、指导反垄

---

* 刘云亮,海南大学法学院教授。
① 参见李克强:《2015年政府工作报告》,载《人民日报》2015年3月17日,第1版。

断工作,履行五项职责。为此,国务院依法组建国务院反垄断委员会[②],并依法履行法定职责。我国反垄断法的执法体制很有特色,即"双层次多机构"的执法体制,即国务院设立反垄断委员会,负责组织、协调、指导反垄断工作,具体执法职能由国家发改委、商务部、国家工商总局等相关机构承担,根据工作需要,也可以授权省、自治区、直辖市人民政府相应的机构,依照该法规定负责有关反垄断执法工作。根据国务院的"三定"方案,明确商务部反垄断执法的职责是对当事人依照法定标准主动申报的经营者集中案件进行反垄断审查,它在实施反垄断法中的作用主要体现在防止出现具有或者可能具有排除、限制竞争效果的经营者集中。明确国家工商行政管理总局反垄断执法的职责是进行除价格垄断行为以外的垄断协议、滥用市场支配地位、滥用行政权力排除、限制竞争的反垄断执法,并且对省级机构的反垄断执法采取个案授权。国家发改委反垄断执法的主要职责是查处价格垄断行为,并且对省级相应的机构采取概括或者整体的授权。我国《反垄断法》出台之始,国人给予厚望,期待经济领域排挤诸种垄断现象,但反垄断执法存在"选择性执法""执法不透明""专业性不够"等现象,民众强烈要求执法机构强化反垄断执法力度,2014年反垄断执法出现"小高潮",人们更期待其执法常态化,强化舆论监督以及政府信息公开制度,将更加审慎和严谨进行强势反垄断执法,彰显反垄断法本意,即维护健康良性的市场竞争秩序。

明确反垄断执法机构权限,推行实施以其职责为核心内容的责任清单,这将成为反垄断行政执法的关注焦点。这两年加大反垄断法行政执法力度,越来越需要推行责任清单,限制行政机关庸政懒政等"不作为"行为。如果说实行权力清单制度,是为了防治"法无授权不可为",那么责任清单制度,则是敦促恪守"法定职责必须为"。2014年11月,浙江省发布我国首张地方政府责任清单,明确了省级各部门的四项内容:部门职责、与相关部门的职责边界、事中事后监督管理制度、公共服务事项。浙江省通过推行政务服务网,打造政府政务服务"四张清单一张网",即权力清单、责任清单、企业投资负面清单、财政专项资金管理清单,彰显责任清单制度建设的重要意义和法律价

---

② 该反垄断委员会自2008年8月1日起执行职责,委员会主任是国务院副总理,副主任为国家发改委主任、商务部部长、国家工商总局局长、国务院副秘书长,委员有发改委、工信部、监察部、商务部、国资委、法制办、工商总局、银监会、证监会、保监会、电监会等部委办的副职领导,而且明确国务院反垄断委员会的具体工作由商务部承担,商务部的副部长兼任秘书长。委员会成员因工作变动需要调整的,由所在单位提出意见报委员会主任审批,委员会职责即为反垄断法第9条规定的五项职责。

值。③ 我国反垄断行政执法机构实行反垄断行政执法责任清单制度，不仅强化我国反垄断法的强制力，净化市场经济运行的公平正义环境，且其最大法律价值，在于将反垄断行政执法机构的执法责任情形及其内容等向全社会曝光，便于民众监管。如此之下，要求重新审视我国目前三大反垄断执法机构执法职责，以适应我国反垄断行政执法的新要求。若仅仅依据《反垄断法》第9条有关反垄断委员会职责和国务院的"三定"方案，确认和厘清三大反垄断行政执法机构责任，则无法满足当前反垄断执法体制和依法行政的新要求。我国《反垄断法》第七章所列法律责任，其中执法责任主体是泛指反垄断执法机构，这使三大机构等部门责任清单仍处于待定状态，这与推行责任清单制度所不相容。

二、反垄断执法责任清单的新挑战

政府责任清单，与政府权力清单、负面清单，共同构成制约政府权力及其执法责任等清晰的"紧箍咒"。在制定反垄断执法机构的责任清单问题上，关键是围绕这三家执法机构设置、职责划定及其执法依据、程序和措施等方面内容来确定。就这三家机构职责而言，制定相应的反垄断执法责任清单，仍面临许多新的挑战，主要集中表现如下几点：

一是反垄断执法职责新理念新挑战。反垄断执法理念，是通过对反垄断重大案件的查处，维护公平竞争市场秩序，保护消费者合法权益和社会公平正义。处理好政府和市场的关系，发挥市场在资源配置中起决定性作用，这有必要加强反垄断和反不正当竞争执法已是大势所趋。依法加强和改善宏观调控、市场监管，反对垄断，促进合理竞争，维护公平竞争的市场秩序，已是十八届四中全会有关依法治国的基本要求。在此之下，反垄断和反不正当竞争执法，成为政府确保社会主义市场经济运行而承担的重要职责，这是我国反垄断执法机构所面临的反垄断执法形势新理念要求。强化反垄断和反不正当竞争，成为政府执法理念新常态，这要求反垄断执法机构既不能搞反垄断选择性执法或象征性执法，也不能搞反垄断运动式执法或宣传式执法，须常态化执法，实行社会公平竞争。这对政府机构传统的执法理念和做法，形成了新的挑战和要求。

二是反垄断执法新领域新挑战。反垄断执法涉及面越来越宽泛，原先三

---

③ 《浙江发布全国首张政府责任清单》，载《人民日报》2014年11月2日，第2版。

大执法机构所担当反垄断执法职责规定,已难以适应新形势要求。三大执法机构依其职权所涉及的领域仅仅限于经营者集中、价格垄断行为、垄断协议、滥用市场支配地位、滥用行政权力排除、限制竞争等情形的反垄断执法。这三大反垄断执法机构的执法职责是有限的,未能满足和适用其他涉嫌违反反垄断法和反不正当竞争法的执法所需。如反垄断法尽管已列举了滥用行政权力排除、限制竞争表现情形,却没有把这些违行政垄断的管辖权交给反垄断执法机构,而是由上级机关责令改正。④ 这使行政垄断缺失实质性处罚,反垄断执法效力受阻。此外,反垄断执法领域还将不断扩容,如现今网络社会不断发展,有关网络垄断和反垄断执法、知识产权保护及其滥用、众筹社会生产营销模式,导致排除限制竞争的行为等方面,对三大反垄断执法机构的反垄断执法职权,形成严重的挑战。

三是反垄断执法责任交叉新混同新挑战。涉嫌违反反垄断法的行为活动复杂化,执法机构交叉执法和协调性执法,将对反垄断执法机构的执法活动提出了更明确的新要求。尽管反垄断执法机构职责大体清晰,但仍有许多情形难以分清执法适用范围,厘清执法机构职权分工,明确其职责。从国务院反垄断委员会组成成员构成看,几乎涵盖了政府主要的部门,这本身就涉及执法权设置和划分的依据、标准、考量因素等,尤其是结合当今实施权力清单制度,从政府部门简政放权和新版权力清单,重新评估政府各相关职能部门权限。从相关法律法规及其修订要求,重新分析政府各相关职能部门责任状况,这对界定反垄断执法责任清单,也构成新的挑战。

四是反垄断执法清单新责任新挑战。厘清反垄断执法权,并非简单划清反垄断执法机构执法管辖权问题,其焦点在于界定反垄断执法部门的执法责任清单。执法权与责任清单的对应性要求,则是我国反垄断法的主要内容之一。然而,《反垄断法》第七章"法律责任"虽然涉及许多法律责任内容情形,但更多内容涉及经营者违法反垄断法而承担的法律责任,有关反垄断执法机构不作为或不完全执法而承担的责任几乎没有相应规定,仅在《反垄断法》第54条规定反垄断执法机构工作人员一般违法责任情形。实行反垄断执法责任清单制度,不仅要先规制和明确执法机构反垄断执法权,明晰与其相关部门的权力清单,而且具体列明其对应所承担的责任清单。因此,有必要专门就《反垄断法》的第七章有关法律责任的内容,尤其是具体规范和明确反垄断执法责任,这也是反垄断执法责任清单制度,对修订我国《反垄断法》提出的

---

④ 王晓晔:《经济体制改革与我国反垄断法》,载《东方法学》2009年第3期,第75—87页。

新要求。

五是反垄断执法责任新标准新挑战。反垄断执法机构与相关行业监管执法机构相互交叉执法,产生如何协调其反垄断执法责任问题。各反垄断执法机构之间,由于所处行业管理视角及其利益判断标准不同,在均有反垄断执法权的前提下,协调明确和划定各机构执法责任,其中存有很大的困难。相关执法机构商谈、上级协商确定适用反垄断执法权,最终在商议执法责任问题上,也会产生责任相互扯皮推诿,导致责任清单效力归零。反垄断执法机构与相关行业监管执法机构责任界定原则的新标准,成为反垄断执法机构执法责任清单制度内容的新挑战。

三、完善反垄断执法责任清单的建议

创制我国反垄断执法责任清单,关键在于先明晰我国反垄断执法机构及其执法权,划清反垄断执法机构与相关机构之间的反垄断执法权限,厘清国家反垄断执法的中央机构与地方机构的执法权限。根据反垄断执法常态化要求,推出和实施反垄断执法机构的责任清单,拓宽其责任清单的具体内容,提出以下反垄断执法机构执法责任清单的新要求:

一是反垄断执法机构所承担的执法责任将因执法领域大扩容亟须对担责情形新界定。我国反垄断执法实践表明,反垄断执法案件不同于一般行政执法案件,它的解决都需要涉及法律、产业、经济等方面人才,不仅需要掌握《反垄断法》的理念、原则和规则,还要熟悉了解相关市场的竞争状况。因此,建议建立反垄断执法专家库,吸纳法律专家、经济专家以及各行业专家,这对现行的执法机制构成极大挑战。不仅如此,还有专家提出我国在各执法机构基础上,要克服"一案一议"状态,我国应当尽快建立一套完整统一的相关操作规程。⑤ 三大执法机构原先所担当的反垄断执法职责规定,已难以适应新形势要求,有必要修改我国反垄断法,具体明确查处行政垄断、知识产权保护与反垄断、网络垄断与反垄断、众筹营销模式等反垄断调查机构的执法责任等等,同时,适当扩大我国三大反垄断执法机构之外的相关行业部门机构的执法职权和责任,明确其依法承担反垄断执法的责任清单内容。

二是反垄断执法机构相互交叉执法,亟须重新评估和规制反垄断执法责任清单的新内容。反垄断三大执法机构和有关行业部门、监管机构之间在反

---

⑤ 丁茂中:《反垄断执法的移植与本土化研究》,载《法商研究》2013年第4期,第159页。

垄断执法职能和责任上有所差异，各执法机构和行业部门、监管机构的职权和责任分别依据我国《反垄断法》和各行业相关法律法规等有关规定。国务院2014年3月推出政府各组成部门机构的权力清单，并经过这两年连续实施简政放权和修订相应的法律法规，政府各相关职能部门权限和与其对应的执法责任，都需要重新评估界定，防止反垄断执法机构执法责任与行业执法机构执法责任混同或责任清单内容不明。从各国反垄断执法权限和责任来看，不断强化和统一反垄断执法机构执法权及其责任，弱化行业执法机构执法权限及责任，将是未来发展趋向。因此，修订我国《反垄断法》和相关行业法律法规的相关条款时，将有关电信、能源、大力、银行、保险、传媒等行业反垄断执法权限与责任，划定专门的反垄断执法机构承担。⑥ 建议偏重强化我国反垄断三大执法机构的执法权及其执法责任，弱化行业执法机构反垄断执法责任。

三是反垄断执法机构执法责任清单内容具体化，亟须重新修订我国《反垄断法》第七章有关法律责任的相关内容。我国有关反垄断执法责任的规定，主要集中于《反垄断法》第七章"法律责任"的条款，而经营者违法的法律责任，几乎没有规定反垄断执法机构的执法责任，即使第54条规定追究反垄断执法机构工作人员的法律责任，但该条内容几乎是行政执法所有工作人员违法都该承担的一般法律责任，与反垄断执法责任清单内容要求无关。制定和明确执法责任清单，核心内容在于防止反垄断执法机构存在消极执法、不作为执法或违法执法等情形，由此专门规定承担的法律责任不同。建议全面修订《反垄断法》第七章内容，专设条款规定反垄断执法机构执法责任清单内容，明确承担执法责任清单具体情形及其担责标准评估要求，列举反垄断执法机构执法不作为、消极怠工、违法执法等情形。

四是反垄断执法机构专业执法责任与行业执法责任划定，亟须重新界定反垄断执法机构执法地位和性质，并赋予更多的反垄断执法职权和责任等。随着我国涉及反垄断执法行业领域越来越广泛，反垄断专门执法机构的执法事务也将剧增，建议适时扩大反垄断专门执法机构执法权限及领域，授权国家工商总局查处有关反行政垄断方面违法行为。为了更好制定、掌握和协调我国竞争和反垄断产业政策，建议扩大国家发改委有关反垄断执法职权和责任范围，扩容至有关经营者横向合并、纵向合并、知识产权、产业政策、国际救援、行业协会垄断等方面的反垄断执法职责。在涉及有关反垄断行为判定标

---

⑥　于立、吴绪亮：《产业组织与反垄断法》，东北财经大学出版社2008年版，第164页。

准的概念,如"相关市场""市场份额""市场支配地位"等认定,赋予商务部享有调查和认可上述相关市场集中度的职权,许可商务部制定更详尽的认定标准依据、规则和认定程序等等。

我国力主推行实施权力清单、责任清单和负面清单制度,将极大促进行政机关依法行政和简政放权,制定我国反垄断执法机构的执法责任清单,不仅要进一步明确和强化反垄断执法机构的地位和职权定位,而且建议修订我国《反垄断法》及其相关法律法规,进一步拓宽我国反垄断专门执法机构的执法职权,明确反垄断专门执法机构执法责任清单,构建反垄断执法的常态机制,努力塑造我国反垄断法的权威性,增强我国反垄断法的经济宪章功能,使之成为我国社会主义市场经济的法治核心内容。

反抽象行政行为所致行政垄断的司法救济

刘 丹[*]

反行政垄断司法救济的途径主要是通过行政诉讼来实现。我国《反垄断法》中涉及的行政诉讼有两类。一类是因行政垄断而提起的行政诉讼,即第32条至第37条。另一类是因执法机构而提起的行政诉讼。即第53条。由于但凡有行政执法,就有可能有当事人对行政执法决定不服,当事人就被赋予了提起行政诉讼权,这不仅在反垄断法里是如此,在其他法律中也是如此。因此,笔者认为此类行政诉讼并非反垄断法所独有,更非反行政垄断所独有。所以,笔者认为在探讨反行政垄断司法救济中,探讨第一类行政诉讼更具独特的价值与意义。但鉴于反具体行政行为所致行政垄断(《反垄断法》第32条至36条)已有司法救济途径,故笔者以反抽象行政行为所致行政垄断(《反垄断法》第37条)的司法救济为探讨的重点。

一、反抽象行政行为所致行政垄断司法救济的困境

早在2008年8月1日我国《反垄断法》实施之日,北京兆信信息技术有限公司、东方惠科防伪技术有限责任公司、中社网盟信息技术有限公司、恒信数码科技有限公司就将国家质检总局告到了法院,成为了中国反垄断法第一案,自然也是反行政垄断第一案。四家防伪企业认为,国家质检总局在推广"中国产品质量电子监管网"的过程中,违反了《反不正当竞争法》第7条和《反垄断法》第8条、第32条、第37条的规定,涉嫌行政垄断。四家企业认为,从2005年4月开始,国家质检总局不断推广一家名为"中信国检信息技

---

[*] 刘丹,中国政法大学民商经济法学院副教授,经济法学博士。

术有限公司"(下称中信国检)的企业经营的中国产品质量电子监管网(下称电子监管网)的经营业务,在实际上确立了电子监管网的经营者——中信国检的垄断地位。国家质检总局的行为违反了《反不正当竞争法》和《反垄断法》中有关反行政垄断的条款。① 北京市第一中级人民法院在2008年9月4日以"超过法定起诉期限"为由,对四家北京防伪企业起诉质检总局一事裁定"不予受理"。

对这一结果虽属意外,但却也在预料之中,只不过是法院的理由有些牵强而已。国家质检总局的行为,是属于针对不特定的相对管理人而作出的抽象行政行为。按照原有的《行政诉讼法》的规定,抽象行政行为是不在其受案范围之列的。这使得四家防伪企业无法按照当时的《行政诉讼法》获得司法救济。因此很长的一段时间内,反行政垄断的司法救济仍处在人们的梦想中。

无独有偶,在另外一起事件中,困扰受害人的,依然是抽象行政行为无法得到司法救济的问题。

2013年10月3日,在江西上饶弋阳县发生了县商业局副局长叶某勾结当地屠户打砸双汇冷鲜肉店,并围殴店员的恶性事件。就在该门店试营业的第二天,江西弋阳县人民政府便发布了《弋阳县人民政府办公室关于进一步加强全县猪肉类产品市场监督管理工作的通知》【(2013)145号】,实行外埠冷鲜猪肉白条肉等猪肉产品市场准入制度。这一纸文件,使得可以驰骋美国猪肉市场的双汇集团,却无法打开小小的国内县城市场,令人不禁感慨。该文件出台后,当地商务局副局长叶某等执法人员对双汇进入该县的物流车多次检验、多次阻拦运输卸货,造成双汇在整个上饶地区供货脱节,货物损失数额巨大。10月3日当地生猪屠宰场人员陈某、史某等拿着145号文件对双汇物流车进行阻拦,同时,进行打砸。中央电视台《经济半小时》节目对此进行了报道。

自从2010年双汇集团进入江西市场,在三年半的时间里,双汇在江西省内的永修、秀水、德安等数个市县已遭受过数次不同程度的围攻或产品被扣事件。回顾这起事件,它给双汇门店的经营者,乃至双汇集团都造成了极大的损失。弋阳县政府公然出台限制外地品牌猪肉进入本地销售的文件,构成了行政垄断,且是以抽象行政行为作出的。"10.3"打砸事件发生后,双汇集

---

① 李亮、廖晓丽:《"反垄断法第一案"追问电子监管网背后的利益格局》,载《法制日报》2008年8月3日。

团多次与弋阳县政府交涉,希望依法处理打砸事件肇事者时某和陈某及幕后指使,无罪释放双汇店员方某,赔偿打砸损失,并废除涉嫌行政垄断的弋阳县第145号文件。② 但由于因抽象行政行为所致行政垄断司法救济制度资源与法律资源的匮乏,事件的解决均未取得良好的效果。行政诉讼途径救济的匮乏,成为困扰当事人双汇集团门店经营者进行司法救济的困境。

二、反抽象行政行为所致行政垄断司法救济困境的打破

司法是法律控制与救济的最后一道屏障,尤其是针对行政机关及经授权的组织所进行的行政垄断而言,更显得至关重要。完善的反抽象行政行为所致行政垄断司法程序,不仅是惩治行政垄断所必需,更是当事人寻求司法救济所必备的。试想,如果针对弋阳县政府的这种行政垄断行为,司法救济途径是畅通的,双汇也不至于无奈地通过多次与弋阳县政府交涉、召开新闻发布会的方式寻求解决之道。这起事件的解决同样面临着反抽象行政行为所致行政垄断缺乏司法救济途径的困境。

纵然,行政垄断可以由其上级机关处理,实现行政垄断的内部惩治与控制。但由于行政垄断本身就是行政机关及经授权组织滥用行政权力,干预市场,妨碍竞争的结果,加之行政系统本身的利益驱动,使得对行政垄断的内生系统的控制明显乏力。相比而言,来自于外部的司法救济在控制与救济的效力、效果、权威与公信力等方面,更具优势。有权利必须有救济,这是基本的法理要求。自2015年5月1日起施行的新《行政诉讼法》在司法救济上打破了制度匮乏的困境,让反抽象行政行为所致行政垄断的司法救济由梦想变为了现实。

三、反抽象行政行为所致行政垄断司法救济的具体内容

我国新《行政诉讼法》在以下几个方面为反抽象行政行为所致行政垄断的司法救济提供了有力的法律保障。

---

② 刘利平:《双汇江西批零店遭当地政府打砸 经销商来京举报》,http://finance.ifeng.com/a/20131016/10868959_0.shtml,2013年10月16日访问。

(一) 受案范围

国家质检总局在 2007 年 11 月 29 日以发布《关于贯彻〈国务院关于加强食品等产品安全监督管理的特别规定〉实施产品质量电子监管的通知》(国质检质联〔2007〕582 号)的方式,要求生产企业在所生产的产品的包装上加印监管码。这份通知要求,在食品、家用电器、人造板、电线电缆、农资、燃气用具、劳动防护用品、电热毯、化妆品等 9 大类 69 种产品中强制推行中信国检的电子监管码业务。要求生产企业必须在包装上使用电子监管码后,方能生产和销售。国家质检总局的这一行为,是属于抽象行政行为。按照原有《行政诉讼法》的规定,抽象行政行为所致行政垄断案是不在其受案范围之列的。所以四家防伪企业得不到司法救济。

本次《行政诉讼法》的修改,在行政诉讼的受案范围上有了重大突破。原《行政诉讼法》把受案范围局限在侵犯公民人身权益和财产权利的具体行政行为上。一方面,只有侵犯公民人身权益和财产权益的行为才可以提起行政诉讼,而对于其他权益,如知情权、受教育权、休息权、竞争权等受到侵害,则无法提起行政诉讼。新《行政诉讼法》不受此限,将侵害竞争权的救济纳入其中。另一方面,原有法律将行政诉讼限定在具体行政行为上,使得受案范围过窄。新法删除了"具体"二字,把抽象行政行为纳入其中,这对抽象行政行为所致行政垄断的受害人提供司法救济意义尤为重大。新法具体受案范围由八项扩充为十二项,其中特别是增加了第(八)项:"认为行政机关滥用行政权力排除或者限制竞争的"。该项是当前抽象行政行为所致行政垄断受害人,最为盼望、最为迫切地需要得到司法救济的。

(二) 原告的范围

在国外行政诉讼原告范围问题上,基本上有受害人、利害关系人、民众诉讼三种模式。原有《行政诉讼法》关于原告范围的规定比较原则。实践中,有的将行政诉讼原告仅理解为具体行政行为的相对人,排除了其他利害关系人。新法扩大了行政诉讼原告的范围。行政行为的相对人以及其他与行政行为有利害关系的公民、法人或者其他组织,均有权提起诉讼。公民、法人或者其他组织同被诉行政行为有利害关系但没有提起诉讼,或者同案件处理结果有利害关系的,可以作为第三人申请参加诉讼,或者由人民法院通知参加诉讼。也就是说,抽象行政行为所致行政垄断案件的原告不限行政相对人,还包括其他与行政行为有利害关系的公民、法人和其他组织。行政垄断行为危害性大，影响范围宽，损害的利益群体广。新法明确规定了更为宽泛的原告范围，表明了国家惩治违法行政行为的决心与力度。特别是对抽象行政行为所致行政垄断的利害关系人而言，无疑是获得司法救济的尚方宝剑。

（三）被告的范围

行政垄断是行政机关或经授权的组织滥用行政权力，排除或限制竞争的行为。行政垄断的主体除了行政机关外，还包括经法律、法规授权的具有管理公共事务职能的组织。然而原《行政诉讼法》将被告限定为行政机关及其工作人员，使经授权的组织不在其列。但随着行政方式由管理向治理的转变，以及行政管理向公共行政和公共治理方向的转变，行政主体也由单一的行政机关向多元的社会主体转变。新《行政诉讼法》第2条增加了第2款："前款所称行政行为，包括法律、法规、规章授权的组织作出的行政行为"，这就意味着，行政机关不再是反行政垄断诉讼的唯一被告，行使公共事务管理职能的组织，也有可能成为行政诉讼的被告。这一规定更加有利于实现对有关组织所进行的行政垄断受害人的司法救济。

（四）审查标准与审查范围

在反垄断中，违法与合理、合法往往是相对的。对反抽象行政行为所致行政垄断案件的审查，着重是对行政机关的行为进行合理性审查，以确定其规定是否含有"排除、限制竞争的内容"并予以认定。新《行政诉讼法》第70条在合法性审查原则的基础上，进一步强化对明显不合理，即明显不当的行政行为的审查。

实践中，有些行政行为侵犯公民、法人或者其他组织的合法权益，是地方政府及其部门制定的规范性文件中有超越职权、滥用职权等违法规定造成的。为此，赋予人民法院对行政规范性文件是否合法，进行独立判断的权力是非常必要的。在审查行政行为时，应公民、法人或者其他组织的申请，由法院对行政规范性文件一并进行审查，一方面有利于纠正相关规范性文件的违法问题，另一方面也有利于杜绝抽象行政行为所致垄断行为的发生。

就在双汇冷鲜肉店在弋阳县试营业的第二天，即2013年9月26日，弋阳县政府便发布了《弋阳县人民政府办公室关于进一步加强全县猪肉类产品市场监督管理工作的通知》【(2013)145号】。该文件第2条明确要求："从严准入、实行市场准入制度"，即实行外埠冷鲜猪肉白条肉等猪肉产品市场准入制度，准入条件共9条，其中一条规定：在当地县级以上人民政府批准的定点屠宰场屠宰并经检疫检验合格,加盖检疫检验讫章。该文件要求对弋阳猪肉市场从严管理,施行准入制度,对外来猪肉要求施行二次检疫,要求办理卫生许可证,从业人员必须要有卫生部门提供的体检合格证明,等等。弋阳县政府公然出台限制外地品牌猪肉进入本地销售的【(2013)第 145 号】文件,不仅违反了国务院《生猪屠宰管理条例》的有关规定(国家《生猪屠宰管理条例》明确规定,地方人民政府及其有关部门不得限制外地生猪定点屠宰厂(场)经检疫和肉品品质检验合格的生猪产品进入本地市场),更是严重违反了《反垄断法》第 33 条、第 37 条、《反不正当竞争法》第 7 条的规定,存在违法内容。

在江西,类似于弋阳的文件还有。樟树市商务局也通过市政府发出过类似的文件,不但要限制其他品牌的猪肉在当地销售,甚至公开地写明当地的机关食堂、学校餐厅等等不允许使用非本地肉。这些带有强烈行政垄断色彩的文件,使得双汇在进军江西市场时屡屡受挫。这不禁令人感叹,双汇可以成功地收购美国史密斯菲尔德公司,从国内市场走向并驰骋国际市场,成为全球最大的猪肉加工企业,却无法在国内的一个小小的弋阳县市场畅通无阻,无可奈何地栽倒在了县政府的一纸文件上。

导致这一局面的发生,原因之一就是当地发布的违法的行政规范性文件。过去,受害人对此文件无可奈何。为扭转并杜绝这一违法行为的发生,新《行政诉讼法》在审查行政行为的同时,首次明确了人民法院可以一并审查据以作出行政行为的行政规范性文件的合法性。根据该新法的规定,公民、法人或者其他组织认为行政行为所依据的国务院部门和地方人民政府及其部门制定的规范性文件不合法,在对行政行为提起诉讼时,可以一并请求对该规范性文件进行审查。人民法院在审理行政案件中,经审查认为上述规定的规范性文件不合法的,不作为认定行政行为合法的依据,并向制定机关提出处理建议。与对具体行政行为的审查不同,人民法院在认为行政规范性文件违法的情况下,虽不能直接宣告其违法,但有提出处理建议的权力,这有利于加强对行政规范性文件的合法性进行监督。

(五)代表人诉讼制度

反抽象行政行为所致行政垄断案件,往往牵涉面广、当事人人数众多。那么多人分别提起诉讼,不仅会增加当事人的诉讼成本,也会浪费大量的司法资源,故新《行政诉讼法》规定了代表人诉讼制度。依据新法的规定,当事人一方人数众多的共同诉讼,可以由当事人推选代表人进行诉讼。代表人的诉讼行为对其所代表的当事人发生效力,但代表人变更、放弃诉讼请求或者承认对方当事人的诉讼请求,应当经被代表的当事人同意。这一制度在很大程度上,方便当事人诉讼,便于抽象行政行为所致行政垄断案件的当事人获得司法救济,并尽可能地降低当事人的诉讼成本,使当事人不致为诉讼所累。

注册制改革背景下的虚假陈述赔偿制度：现状与未来

黄 辉*

一、问题的提出

股票发行注册制改革是近年来中国证券监管领域的一个热点问题，引发了诸多争论。与当前实行的核准制不同，注册制的精髓在于弱化事前控制而强化事中、事后控制，即监管机关不对发行主体和证券投资价值进行实质性判断，而是强调信息披露，让市场机制实现资源配置，同时通过法律机制惩罚虚假信息披露行为，保护投资者的合法权益。毋庸置疑，推行证券发行注册制是中国证券监管改革的未来发展方向，必将对于中国证券市场产生深远影响。然而，真正的问题在于，这个改革应当如何推出？应当何时推出？

笔者早在2011年就已经撰文指出，从国际经验来看，证券发行注册制改革是一个系统工程，其成败取决于相关配套措施的建立和完善，投资者民事赔偿制度就是其中一个关键。① 确实，注册制在国外就称为"基于信息披露"(disclosure-based)的发行制度，可见信息披露制度的重要性。"徒法不足以

---

* 黄辉，香港中文大学法学院教授，博士生导师，金融规管与经济发展研究中心主任，暨南大学讲座教授。

① Hui Huang, "The Regulation of Securities Offerings in China: Reconsidering the Merit Review Element in Light of the Global Financial Crisis" (2011) 41(10) *Hong Kong Law Journal* 261. 根据海外经验，特别是2008年金融危机时期香港发生的雷曼迷你债券问题，认为中国推行证券发行注册制改革应当符合其前提条件，即相关配套制度和外部条件的完善和成熟，特别是信息披露制度。笔者欣喜地发现，中国官方已经从2015年初似乎要立即实施注册制改革的态势转变为与笔者上述观点一致的立场。2016年新上任的证监会主席刘士余先生在2016年3月12日十二届全国人大四次会议新闻中心回答中外记者提问时明确指出，"注册制是不可以单兵突进的"，而是"需要相关的配套制度"。

自行",执行信息披露制度的一个重要途径就是私人执行,即让投资者起诉不当信息披露的责任人,兼具补偿和威慑的功能,从而保证信息披露的质量,最终实现保护投资者合法权益和促进证券市场健康发展的目标。

2002年1月15日,最高人民法院发布通知让法院受理因证券虚假陈述行为引发的民事侵权案件(2002年司法解释)②;一年后的2003年1月9日,最高人民法院发布了司法解释(2003年司法解释),为该类案件的提起和审理提供了进一步的具体规定。③ 2005年的《证券法》修改吸收了上述司法解释的一些成果,将其以法律的形式确立下来。④ 虽然2005年《证券法》对于我国的证券虚假陈述民事赔偿制度作出了规定,但只有两个简短的主要条款,即第69、173条,基本上是对于2003年最高人民法院司法解释的法律确认。在司法实践中,由于2003年司法解释中的规则更加全面和具体,故法院多年来一直援用。

这些举措在国内外引起了广泛的关注,相关的理论探讨和个案分析从未停息,提出的各种批评和建议不绝于耳。最高人民法院也一直在考虑修订2003年司法解释,特别是近来发布了立案登记司法解释规定之后,对于虚假陈述行为引发的民事赔偿案件,立案受理是否还需以监管部门的行政处罚和生效的刑事判决认定为前置条件,已成为一个迫切需要解决的现实问题,引起各界高度关注。因此,本文将对于中国证券虚假陈述民事赔偿制度进行一个全面检讨,结合实证数据和国际经验,评价该制度的成功与不足,并指出完善的可能路径。⑤

二、法律框架

鉴于目前文献中对于2003年司法解释的相关讨论已经很多,本文在此只对其主要特征进行论述,为后文的分析提供背景。

首先,2003年司法解释只适用于虚假陈述,而不能适用于其他证券违法

---

② 《关于受理证券市场因虚假陈述引发的民事侵权纠纷案件有关问题的通知》,最高法院2002年1月15日发布。

③ 《关于审理证券市场因虚假陈述引发的民事赔偿案件的若干规定》,最高法院2003年1月19日发布。

④ 《中华人民共和国证券法》,2005年,第69条,第173条。

⑤ 本文的实证研究部分主要基于:黄辉:《中国证券虚假陈述民事赔偿制度:实证分析与政策建议》,载《证券法苑》2013年第9卷,第967—995页。

行为,比如内幕交易和市场操纵等。⑥

其次,我国证券虚假陈述民事诉讼制度很明确地突出了"赔偿投资者损失"的目的。在2003年司法解释中,相关的用语是"民事赔偿案件",相关的规则也都是围绕投资者如何获得赔偿的问题,而该制度也通常被称为证券虚假陈述民事赔偿制度。因此,本文的一个研究切入点就是,在多大程度上我国的虚假陈述民事赔偿制度实现了让投资者获得赔偿的立法目的?

再次,我国证券虚假陈述民事赔偿制度规定了前置条件,即只有在虚假陈述行为已经受到了相关行政处罚或刑事处罚后,投资者才能提起民事赔偿诉讼。自从2003年司法解释发布之日起,此规定就一直饱受诟病,认为其不当地限制了虚假陈述民事赔偿案件的范围,不利于投资者保护。表面上看,上述观点似乎有道理,但事实情况果真如此吗?需要立即取消前置条件吗?

最后,2003年司法解释第4条规定:"对于虚假陈述民事赔偿案件,人民法院应当采取单独或者共同诉讼的形式予以受理,不宜以集团诉讼的形式受理。"不少人对此猛烈抨击,并提出中国应当引入美国式集团诉讼制度,本文将通过实证数据对此观点进行回应。

三、实 证 研 究

(一)证券虚假陈述民事赔偿案件的提起率

1. 数据

自2002年初(即2002年司法解释发布之时)到2011年年底的十年期间,我国一共有多少宗证券虚假陈述民事赔偿案件?笔者通过商业数据库、网络、媒体报道以及私下访谈等多个途径收集资料,总共发现了65宗案件(由于我国的证券虚假陈述案件是采用单独或共同诉讼,因此,同一个虚假陈述行为会产生多个案件。在统计案件数量时,本文将基于同一个虚假陈述行为而提起的多个案件计算为一个案件)。这个数目离我们的直观预期相差很大,因为我国证券市场上虚假陈述问题非常严重,可诉的案件应当更多。

---

⑥ 显然,投资者民事赔偿制度也应当覆盖内幕交易等其他证券违法行为,但限于篇幅,本文主要讨论虚假陈述引发的民事赔偿问题。内幕交易与虚假陈述在民事赔偿的原告和赔偿金计算等方面都有重大不同,笔者多年前对于该问题进行过详细探讨,see Hui Huang, "Compensation for Insider Trading: Who should be Eligible Claimants?" (2006) 20(1) *Australian Journal of Corporate Law* 84.

那么,证券虚假陈述民事赔偿案件提起率低下的原因是什么呢?从理论上讲,可能有以下两个原因:第一,如前所述,很多人认为,前置条件不当地限制了证券虚假陈述民事赔偿案件的提起;第二,根据国外经验,美国的证券欺诈民事诉讼之所以繁荣,主要是因为那些诉讼都是由所谓的"具有企业家精神的律师"(entrepreneurial lawyers)推动的。[7] 我国是不是缺乏这样的律师呢?下文将从实证分析的角度探讨以上两个可能的原因是否成立,如果不成立,那真正的原因又是什么?

2. 为何案件这么少?

(1) 前置条件不当地限制了案件数量吗?

毫无疑问,前置条件对于案件的提起有一定限制,但真正的问题是,这种限制有多大?是不是已经成为相关案件数量偏少的主要原因?

现实中,证监会的行政处罚决定是满足前置条件要求的主要处罚类型。笔者发现,在2002—2011年的十年内,符合前置条件从而本来可以提起民事诉讼的证监会行政处罚数目总共是213件。除了证监会的行政处罚之外,可以满足前置条件要求的处罚还包括刑事处罚和其他行政机关比如财政部作出的处罚。现实中,这类可诉案件的数目不大,在本文的十年研究期间内,大概有40件。因此,符合前置条件要求的各类处罚总计为253件,但已诉案件只有65件,仅占前者的大约25.7%。而在美国,几乎所有的对于证券欺诈行为的证监会处罚都引发了私人民事诉讼。[8] 显然,我国的诉讼提起率相当低,表明即使在前置条件的范围内,实际上还有很多未提起的可诉案件。因此,虽然前置条件在一定程度上限制了虚假陈述民事案件的提起范围,但这种限制并不是导致实际提起案件数量过低的主要原因。

(2) 中国缺乏"具有企业家精神的律师"吗?

如果一个案件符合前置条件要求从而可以提起、但实际上又没有提起,一个可能的原因就是原告投资者没有动力去提起诉讼。从法经济学的角度看,只有当原告事前估计诉讼的收益大于其成本时,他才会提起诉讼。证券民事赔偿诉讼具有"小额多数"的特点,即原告人数众多,但每个原告的诉讼

---

[7] See e.g., John C. Coffee Jr., "Rescuing the Private Attorney General: Why the Model of the Lawyer as Bounty Hunter Is Not Working" (1983) 42 *Md. L. Rev.* 215; Jonathan R. Macey and Geoffrey P. Miller, "The Plaintiffs' Attorney's Role in Class Action and Derivative Litigation: Economic Analysis and Recommendations for Reform" (1991) 58 (1) *The University of Chicago Law Review* 1.

[8] James D. Cox and Randall S. Thomas, "SEC Enforcement Heuristics: An Empirical Inquiry" (2003) 53 *Duke Law Journal* 737, 769.

标的都数额很小,因此,对于绝大多数的受害投资者而言,其诉讼的成本都会大于收益,从而选择不起诉。此时,诉讼的提起就需要依赖"具有企业家精神的律师"。在美国,律师就是证券民事诉讼的背后推手,而律师愿意这么做的主要动力来自于胜诉酬金制度(contingency fees)——律师费在胜诉或和解后按照赔偿金额的一定比例收取。这样,诉讼的主要风险和成本就转移到了律师处,从而解决了原告投资者的诉讼成本与收益不对等的问题。

在中国,胜诉酬金一般被称为风险代理收费,也已经广泛运用于我国证券民事赔偿案件的律师代理服务。这个机制极大地便利了证券民事赔偿诉讼的提起,同时也催生了一批具有企业家精神的证券专业律师,他们扮演着非常重要的市场中介角色,是我国证券民事赔偿诉讼制度中的关键一环。那么,为何我国的证券民事赔偿诉讼提起率还是很低呢?

(3) 问题在法院!

如果前置条件和律师都不是我国证券民事赔偿案件提起率低下的主要原因,那问题到底出在哪里呢?问题出在法院。现实中,由于审判能力和独立性等方面原因,法院在诉讼各阶段都存在问题,使得投资者在诉讼过程中需要"过关斩将",包括立案关、审理关、判决关和执行关等,从而严重影响了投资者的诉讼积极性。

第一,很多法院在立案环节设置了重重障碍不愿受理,有时勉强受理但施加各种限制。另外,法院经常拖延证券民事赔偿案件的立案,理由是案件复杂和需要更多的时间决定是否立案;有时法院干脆就拒绝立案,而且没有任何解释。第二,在立案后,法院的审理时间通常非常漫长,以至于很多原告无法支撑下去。现实中,一个比较常见的做法是"分别立案、集中审理",即法院在等待两年的诉讼时效届满后才开始安排审理,而最终结案的时间就更晚。第三,有些法院在审理时对于实体法的适用似乎带有倾向性地不利于原告,尤其体现在对于虚假陈述揭露日认定和系统风险因素排除等问题上的处理。第四,即使投资者苦苦等来了有利的法院判决或调解,执行环节也可能出问题,使得投资者难以真正获得赔偿。

(二) 证券虚假陈述民事赔偿案件的赔付率

1. 数据

前文提到,我国证券虚假陈述民事诉讼制度的直接目的就是赔偿投资者损失,因此,笔者借鉴国外相关研究经验,通过赔付率评估上述目的在多大程度上得以实现。笔者发现,在59个案件中(占案件总数的90.7%),原告都通过各种方式成功地获得了赔偿,而且赔付率整体较高,平均值为 78.6%,中位值更高达 83.1%。在美国,证券民事诉讼中的最终和解金额只占诉讼请求金额的很小比例,赔付率的平均值稍高于 10%,而中位值低于该数值。因此,我国证券民事诉讼中的赔付率实际上远高于美国,其中原因是什么呢?

2. 为何赔偿这么多?

(1) 前置条件的'搭便车'效应

在美国的证券民事诉讼中,虚假陈述行为的事实认定经常是一个非常困难的问题,涉及信息的重大性标准,尽职调查标准,以及行为人的主观心理状态等,使得原告方很难事先预测诉讼结果,从而同意和解并接受很低的赔付率。但是,由于前置条件的存在,这一难题在中国的证券民事诉讼中根本不存在。实际上,在美国很多律师也经常选择在证监会对于证券欺诈行为进行处罚之后提起民事诉讼,从而绕开对于违法行为事实认定的难点问题,提升诉讼的成功率和赔付率。⑨

(2) 实体法规则的确定性

在虚假陈述民事诉讼中,除了上文提到的对于违法行为的事实认定之外,还有其他一些重要的实体法问题,比如,因果关系认定和赔偿金计算等。最高法院 2003 年司法解释对于这些问题进行了相当具体和清楚的规定,实际上在法律的预判性方面胜过美国的主要基于判例法的制度,让当事人对诉讼结果有更明确的预期,有助于提高案件最终的赔付率。美国学者认为,在美国的证券民事诉讼中,面对来自于虚假陈述行为认定、因果关系认定以及赔偿金额计算方法等各方面的不确定性,股东原告很难对于诉讼结果进行预测,从而影响了最终的赔付率。

(3) 被告的抗辩动力

在证券民事赔偿诉讼中,董事和高管人员都是潜在的被告。显然,与公司责任相比,个人责任会促使被告公司的董事和高管人员更加积极地抗辩,并尽力降低赔偿金额。在美国,董事和高管人员都有法律责任保险,他们在证券民事诉讼中的和解费用通常都是保险公司支付而不需要自掏腰包,因

---

⑨ James D. Cox and Randall S. Thomas, "Does the Plaintiff Matter? An Empirical Analysis of Lead Plaintiffs in Securities Class Actions" (2006) 106 *Columbia Law Review* 1087, 1627. 笔者 2014 年 12 月在香港举办了一个"公司与证券法执行"的国际会议,邀请了来自美国、英国、澳大利亚、加拿大、德国、意大利、日本、韩国、新加坡、台湾、大陆和香港等多个法域的学者和法官。上篇文章的两位作者 James D. Cox and Randall S. Thomas 都有参会。另外,根据出席会议的日本和韩国学者的发言,虽然日本和韩国的法律在书面上没有前置条件的规定,但现实中的民事赔偿案件几乎都伴随着监管机关的行政处罚。

此，他们愿意达成和解并支付和解金额。但是，在中国，目前董事和高管人员购买类似的责任保险的做法并不普遍，那么，最终是谁承担了支付赔偿金额的责任呢？

笔者发现，公司董事和高管人员承担个人责任而支付赔偿金额的情况很少。首先，在很多案例中，公司董事和高管人员根本就没有被列为共同被告。其次，即使有些案例中开始将公司董事和高管人员列为共同被告，但在后面的调解、和解过程中，几乎都将他们从被告的名单中剔除了。这可能是原告方的谈判策略：以放弃对公司董事和高管人员个人责任的追究为条件，换取被告公司同意一个更加有利于原告方的和解方案。最后，现实中赔偿责任经常不是由上市公司承担，而是上市公司的控股股东承担。由于被告公司自己最终不承担赔偿责任，公司对于赔偿要求的反抗自然也就相应减弱。

四、分析与建议

（一）前置条件应该废除吗？

很多人建议，我国应当废除证券虚假陈述民事诉讼制度的前置条件，认为其不当地限制了诉讼的提起。根据以上的实证数据，笔者对此提出质疑。第一，如前所述，我国证券民事诉讼案件的提起率只有 25.7%。这说明即使在前置条件的规定下，我国证券虚假陈述民事案件的提起数量还有很大的增长空间。第二，本文发现，前置条件对于提升虚假陈述民事诉讼的赔付率具有积极的辅助效应。我国证券虚假陈述民事诉讼的赔付率远高于美国，其中一个重要原因就是前置条件解决了一些诉讼过程中很难处理的法律和举证问题。第三，对于证券民事诉讼进行限制正是近年来美国在该领域的努力方向，我国的前置条件限制符合这一发展潮流，同时也符合我国当前的国情。最高人民法院当初解释为什么要设立前置条件规则时就坦承，中国法院尚缺乏审理证券民事赔偿诉讼所需要的资源和技能，因此，法院需要借助证监会等监管机关对于证券违法行为的专业认定，并制止诉讼的失控和蔓延。至少在现阶段，这个做法是比较务实和理性的，废除前置条件而完全放开证券民事诉讼应当等到法院在各方面做好了准备才能实行，否则，不但投资者保护的目的难以实现，而且法院体系也可能不堪重负而崩溃。

当然，主张目前不废除前置条件并不意味着前置条件不需要改革。前置条件的问题在于其范围太窄，故改革的进路是循序渐进，逐步扩大前置条件的范围,直至最后完全放开。笔者建议,一方面,应当允许对于在证监会行政处罚中没有涵盖的潜在被告提起诉讼;另一方面,符合前置条件的处罚主体范围应当扩大,即除了证监会等政府机构的行政处罚之外,可以考虑扩展到证券交易所等非政府机构作出的处罚。

(二)中国急需引入美国式集团诉讼吗?

前文提到,中国的证券民事诉讼采用单独诉讼或共同诉讼,而没有采用集团诉讼,有人认为这浪费了有限的司法资源,建议全盘引入美国式证券集团诉讼制度。上文的实证数据似乎并不支持这种观点。

首先,在本文收集到的很多案例中,原告人数实际上都不是很多,分拆受理的案件数量也不大,像东方电子那样原告人数将近 7000、案件数量超过 2000 的超级大案属于特例。总体而言,诉讼形式对于案件数量的影响并没有很多人想象的那么大。

其次,即使一个虚假陈述行为产生了数量很大的案件,分别审理这些案件与将它们合并为一个集团诉讼所占用的司法资源并没有太大区别。在审判实践中,面对同一个虚假陈述行为引发的很多民事赔偿案件,法院会选择某些案件作为典型案件先行审理,然后将其结果类推适用于其他案件。[⑩] 在迄今涉及原告人数最多的东方电子案中,青岛中院就采取了上述做法。这种创新举措大大减少了司法资源的耗费,同时保证了案件审理的一致性。实际上,即使采用集团诉讼模式,法院也同样需要去解决那些具体问题,比如,为每个原告分别计算赔偿金额等,从而花费的司法资源也应当是大致等量的。

最后,在考虑引入美国证券集团诉讼时,我们需要注意以下几点:一是美国的集团诉讼本身也有很多弊端,比如诉讼滥用、和解逼迫和和解勾结。二是其移植过程存在本土化问题,需要考虑相关的国情和配套机制。比如,很多人推崇美国证券集团诉讼中的"明示退出"(opt-out)机制,认为该机制有利

[⑩] 这种"典型诉讼"的做法很类似于德国的证券投资者示范诉讼制度。笔者于 2014 年 6 月在德国洪堡大学访问时,与 Gerhard Wagner 教授专门就此问题进行了深入交流,发现德国示范诉讼制度的实际效果并不理想,案例很少,其原因主要在于'搭便车'问题,即提起示范诉讼的原告和律师需要花钱、费力地进行诉讼,而且更为重要的是,由于诉讼涉及各种复杂的事实和法律问题,诉讼结果具有高度不确定性,因此大家都不愿意首先提起诉讼,而是选择坐等他人提起诉讼并成功之后自己再跟进,其结果是很少有人愿为天下先。相比之下,这个问题在我国几乎不存在,原因有:第一,前置程序大大降低了原告的诉讼成本并提高了胜诉率;第二,现实中我国证券维权律师比较团结,经常组成一个律师团参与诉讼,同患难共命运;第三,在决定典型案件时,法院是等所有案件在诉讼期内提起之后,根据案件的代表性进行选择,而不是将最先提起的案件作为示范案件审理。

于诉讼的提起,但几乎无人注意到诉讼结果执行的相关问题。美国的证券集团诉讼可以大致分为三个阶段:一是诉讼提起阶段;二是和解阶段;最后是执行阶段。在诉讼提起阶段,律师向投资者发出诉讼通知,如果投资者不明确表示退出,就是默认加入诉讼,这确实有利于律师计算赔偿诉求金额并提起诉讼。但是,和解协议达成后的执行阶段是由一个称为"和解管理人"(settlement administrator)的机构具体负责,这个机构由法院任命或由律师选择,执行方案和结果都要向法院报告。如果这个环节缺乏有效监督,很可能会导致分配不公甚至腐败。在美国,法院在上述问题上扮演了关键的监督角色,但我国法院目前有能力并愿意去扮演同样的角色吗?⑪

(三) 制度完善的实现路径

如前所述,中国证券虚假陈述民事赔偿诉讼的主要问题不在于实体规则,也不在于诉讼形式,而是有些法院在现实中没有公正、有效地执行这些规则。如何应对这一问题呢?

1. 法院体制内的解决方案

(1) 司法改革

显然,最直接也是最根本的解决途径就是让法院公正、有效地执法,特别是摆脱地方保护主义的困扰。的确,目前我国正在进行新一轮的司法改革,包括建立与行政区划适当分离的司法管辖制度,比如最高人民法院设立巡回法庭。⑫ 2015年1月28日,第一巡回法庭在深圳设立,巡回区为广东、广西、海南三省区;2015年1月31日,第二巡回法庭在沈阳设立,巡回区为辽宁、吉林、黑龙江三省。但是,巡回法庭似乎并不是真正意义上的跨行政区域法院,难以解决困扰证券民事赔偿案件的地方保护主义。根据有关规定⑬,巡回法庭是最高人民法院派出的常设审判机构。巡回法庭作出的判决、裁定和决定,是最高人民法院的判决、裁定和决定。在审理案件范围上,巡回法庭并没

---

⑪ 笔者2014年12月在香港举办了一个"公司与证券法执行"的国际会议,有幸邀请到了在证券案件审理方面享有极高声誉的美国纽约南区Jed Rakoff法官。笔者特意向Rakoff法官请教了关于"和解管理人"的监督问题,发现在美国该问题不是很难,其中一个主要原因是美国集团诉讼中的原告大多是机构投资者,比较容易发送通知。相反,我国证券民事赔偿案件的原告大多是中小投资者,联系起来非常困难,和解管理人有可能以此为由不联系或走过场,选择性地联系某些投资者,从而让后者获得更高比例的赔偿。在我国目前的"明示加入"规则下,律师有动力去努力联系投资者,因为原告投资者越多,赔偿越多,律师费也相应更多。

⑫ 中共中央十八届四中全会《中共中央关于全面推进依法治国若干重大问题的决定》。

⑬ 最高人民法院法释(2015)3号《关于巡回法庭审理案件若干问题的规定》(2015年1月5日最高人民法院审判委员会第1640次会议通过,2015年2月1日起施行)。

有任何突破,还是限于最高人民法院的传统管辖权,比如在全国有重大影响的第一审民商事案件,因此,不太可能指望最高人民法院巡回法庭审理证券民事赔偿案件。⑭

(2) 法院选择权

由于种种现实原因,司法改革需要时间,全国法院不可能在一夜之间都变得公正和有效。因此,在现阶段,一个比较切实的解决方案是,应当允许投资者既可以在被告公司的所在地起诉,也可以在被告公司的上市地起诉,包括拥有证券交易所的上海和深圳,以及拥有新三板市场的北京、天津和武汉等地。

首先,作为证券市场的所在地,北京、上海、深圳、天津和武汉的法院在证券诉讼领域的司法资源、法官素质和审判经验等方面都有一定优势,而且也便于调查取证和质证等工作。其次,这有利于缓解地方保护主义问题。我国的上市公司大部分都是由以前的国企改制而来,是地方的支柱产业和利税大户,当投资者提起诉讼让上市公司赔偿,自然就与地方利益严重冲突,从而引起地方保护主义。现实中,这种地方保护主义非常强大,而当地法院受制于人事和财政等因素,很难保持独立和公正的立场。最后,上述建议符合诉讼法理。由于上市公司在证券交易所平台上进行信息披露,故证券交易所可视为侵权行为地,从而其所在地的法院具有管辖权。

2. 法院体制外的解决方案

(1) 万福生科模式

在万福生科虚假陈述一案中,作为责任人的平安证券在 2013 年 5 月 10 日设立总额为 3 亿元的"补偿专项基金",以补偿因万福生科虚假陈述而受到损失的证券投资者。其实际效果很好:在短短两个月的时间内,参与赔偿计划的适格投资者人数为 12756 人,占适格投资者总人数的 95.01%;支付的补偿金额为 1.78 亿元,占应补偿总金额的 99.56%。⑮

万福生科模式实现了高覆盖率、短周期和几近全额赔付,受到各方的一致好评。该模式实际上是司法途径之外的一个金融纠纷解决机制,再次证明了笔者的两个观点:一是目前证券民事赔偿制度的问题主要在法院;二是前置条件对于虚假陈述民事赔偿案件的巨大辅助效应——前置条件已经解决了复杂的事实和法律问题,剩下的事情基本上就是技术性的赔偿数额计

---

⑭ 最高人民法院深圳巡回法庭法官的访谈,2015 年 3 月 19 日。

⑮ 桂衍民:《万福生科虚假陈述赔偿案收官 成就赔偿案例新标杆》,载《证券时报》2013 年 7 月 20 日,http://finance.ifeng.com/a/20130720/10222199_0.shtml

算了。

需要指出,该模式适用的一个前提是责任人的自愿性,这在很大程度上限制了该模式的推广。迄今为止,笔者只发现一起案件效仿了万福生科模式,即深圳海联讯公司股东章锋等在 2014 年 7 月设立了总额为 2 亿元的海联讯虚假陈述事件投资者利益补偿专项基金,还特意聘请了平安证券作为顾问。⑯

但是,责任人的自愿性问题并不是无法逾越的障碍。与法院的和解一样,责任人设立补偿基金的行为并不是完全的"自愿",而是在法律压力下的理性选择,其中,监管机关的行政执法就是一个重要的影响因素。在万福生科案中,作为保荐人的平安证券未能勤勉尽责地履行法定职责,出具的保荐书存在虚假记载。万福生科提供的资料中存在很多非常明显的问题,比如相关文件的名称不一致、签名不一致、日期不一致和数额不一致等,但平安证券都没有发现。然而,面对如此严重的不当行为,平安证券最后得到的处罚只是责令改正违法行为,给予警告,没收业务收入 2,555 万元,并处以 5,110 万元罚款,暂停保荐业务许可 3 个月。⑰

香港近期发生的洪良国际案也许可以为万福生科案的执法力度提供一个参照。洪良国际是一家福建的服装生产公司,于 2009 年 12 月 24 日在港交所上市,但在短短三个月后,即 2010 年 3 月 29 日,该公司因涉嫌招股说明书造假而被香港证监会勒令停牌,并要求法院冻结其资产。2010 年 8 月 30 日,该公司与香港证监会达成协议,承认招股说明书有不实之处,但不同意证监会指责的具体不实数额,并且该协议不等于供认刑事责任。2011 年 5 月 19 日,证监会根据此协议提起民事诉讼,2012 年 6 月 20 日,法院要求洪良国际回购股份,2012 年 10 月 29 日,股份回购结束。2013 年 9 月 23 日,香港联交所取消洪良国际的上市地位。另外,香港证监会对于洪良国际的上市保荐人兆丰资本作出严厉处罚,罚款 4200 万港币,并撤销融资业务执照,这样的处罚在香港历史上尚属首次。

与洪良国际案件中的兆丰资本相比,平安证券受到的行政处罚应该算是较轻的:罚款只是业务收入的 2 倍(最高是 5 倍),而且保荐业务许可只有短

---

⑯ 《关于设立海联讯虚假陈述事件投资者利益补偿专项基金的管理人公告》,https://www.sywg.com/sywg/portal/body/cms/content.jsp? top = &menuId = 141&nav = 174/174&docPara=MzMwMzcxOQ==&noDate=true

⑰ 中国证监会行政处罚决定书(平安证券有限责任公司、吴文浩、何涛等 7 名责任人),(2013)48 号。

短的3个月。根据《证券法》第192条,"保荐人出具有虚假记载、误导性陈述或者重大遗漏的保荐书,或者不履行其他法定职责的,责令改正,给予警告,没收业务收入,并处以业务收入1倍以上5倍以下的罚款;情节严重的,暂停或者撤销相关业务许可……"该条文实际上给了证监会很大的处罚裁量权,而证监会对于平安证券行政处罚的背后原因之一可能是平安证券"自愿"设立专项补偿基金。这一推测在后来的海联讯案件中得到了印证。在海联讯案件的行政处罚书中,证监会明确提到,"为减轻违法行为危害后果,海联讯追溯调整了相关财务数据,主要股东章锋、孔飙、邢文飚和杨德广主动出资设立专项补偿基金,补偿适格投资者因海联讯虚假陈述而遭受的投资损失"[18],这表明,证监会在进行行政处罚时充分考虑了海联讯股东设立专项补偿基金的行为。

综上,笔者认为,在证监会行政执法的威慑下,当事人有动力去"自愿"设立补偿基金,因此,在这一方面证监会可以发挥积极作用,可以在很大程度上解决当事人"自愿"的问题。[19] 从这个意义上讲,万福生科模式也可以称为"行政主导"模式。需要指出,证监会以降低处罚力度的途径引导当事人自愿设立补偿基金,在广义上属于行政执法和解的范围,这一过程必须规范化,提升透明度,并设立有效的监督制度,否则可能导致行政权力的滥用和寻租,而相关责任人可以"花钱买平安"。

(2) 替代性纠纷解决机制

除了法院和监管机关的途径,所谓的"替代性纠纷解决"(Alternative Dispute Resolution)也是民事赔偿救济的一个重要机制,主要包括调解和仲裁等。在英联邦国家,传统上还有一种称为"金融申诉专员"的机制,对于金融消费者进行倾斜性保护。限于篇幅,此处不进行全面论述,而是选取新近设立的深圳证券期货业纠纷调解中心(简称'调解中心')作为个案研究,评述替代性纠纷解决机制的作用。

---

[18] 中国证监会行政处罚决定书(深圳海联讯科技股份有限公司、章锋、邢文飚等18名责任人)〔2014〕94号。

[19] 除了证监会的行政处罚之外,证券交易所的纪律处分——特别是退市措施——也能够发挥促使责任人'自愿'设立补偿基金的重要作用。比如,2014年10月17日证监会颁布的《关于改革完善并严格实施上市公司退市制度的若干意见》规定,因虚假陈述而暂停上市的公司在妥善承担了民事赔偿责任后可以向证券交易所申请恢复上市。上海和深圳证券交易所随后修订了上市规则,明确地将设立'补偿基金'作为恢复上市申请的一个重要因素,参见《上海证券交易所股票上市规则》(2014年10月修订)第14.2.7条,《深圳证券交易所股票上市规则》(2014年10月修订)第13.2.8条、第17.1条。

调解中心是一个大胆的制度创新,有机地将专业调解、商事仲裁、行业自律和行政监管结合在一起。该中心是在证监会深圳监管局、深圳证券交易所与华南国际经济贸易仲裁委员会(简称"华南国仲")的共同推动下于2013年9月正式成立,采用以理事会为中心的治理结构,理事单位除了华南国仲和深圳证券交易所之外,还有行业协会,包括深圳市证券业协会、期货同业协会和投资基金同业公会等。[20]

根据笔者2015年在调解中心的多次实地调研,这种制度创新在很大程度上解决了传统调解机制的一个主要问题,即和解协议的执行力问题。当事人经调解达成和解协议后,当事人可以申请华南国仲按照和解协议快速做出仲裁裁决,从而赋予和解协议强制执行的效力。华南国仲在调解中心专门设立了一个证券仲裁庭,实现调解与仲裁的无缝对接;在这种对接模式下,仲裁费减收50%到75%。另外,即使在和解成功后不进行仲裁的确认,和解执行力实际上也有相当保障。如果一方当事人不履行和解协议,另一方当事人或调解中心可以将相关情况告知作为调解中心理事单位的行业协会或监管部门,列入诚信档案;对于拒不履行或不积极履行和解协议的会员,行业协议或监管部门可以进行相关惩戒。

调解中心的受案范围很宽,包括证券、期货、基金经营机构与投资者之间的纠纷;证券、期货、基金经营机构相互之间或与其他商事主体之间因资本市场业务产生的纠纷;上市公司与投资者之间的纠纷;上市公司股东之间的纠纷;上市公司与高管、实际控制人之间的纠纷,以及上市公司与其他商事主体之间的纠纷。值得指出,与海外的很多类似机构不同,调解中心对于中小投资者与证券、期货、基金经营机构和上市公司之间的纠纷完全不收取调解费用,即纠纷双方都不需要付费,从而极大地降低了投资者获取调解中心服务的门槛。另外,调解中心受理的案件在争议金额方面也没有限制。

从2013年9月到2014年11月,调解中心受理案件87宗,调解成功率达94%。2015年中国证券市场出现剧烈波动,调解中心接到大量的关于证券纠纷案件(特别是融资融券业务强制平仓纠纷)的调解咨询,数量从2014全年的127件激增到2015年的520件(截至2015年11月)。在证券虚假陈述民事赔偿方面,调解中心也已经"崭露头角",发挥了重要作用。前文提到,海联讯公司股东设立了补偿基金,但实际上并不是所有适格投资者都接受了该补偿基金条款,有四名投资者最终还是通过调解中心与海联讯公司达成

---

[20] 华南国际经济贸易仲裁委员会官网:http://www.sccietac.org/。

和解。

当然,替代性纠纷解决机制也有其弱点,即自愿性问题。比如,深圳中院曾将一起虚假陈述民事赔偿案件移交给调解中心,但双方无法达成和解协议,案件只能返还深圳中院进行强制性的判决。因此,替代性纠纷解决机制只能补充但不能完全替代法院在证券民事赔偿制度中的角色。

五、结　　语

本文分析了我国证券虚假陈述民事赔偿制度的现状以及未来发展的方向,认为目前该制度的主要问题不在于实体规则,也不在于诉讼形式,而是法院的司法问题,因此,现阶段无须废除诉讼提起的前置条件,但应逐步扩大满足前置条件的处罚类型和范围;另外,目前诉讼形式并无严重问题,尚敷使用,而且法院在实践中创新发展了非常类似于德国示范诉讼的典型案件模式,故并不急需引入美国式集团诉讼形式。解决法院问题的几种可能路径包括法院体制改革、赋予投资者选择受理法院的权利、鼓励责任人主动补偿的万福生科模式,以及替代性纠纷解决机制等。这些方案要么限于现实因素,要么出于固有弱点,都存在各自的优缺点,故应当多管齐下,齐头并进,建立一个多元的、彼此相互补充的证券投资者民事赔偿机制。

同类资产管理监管规则一致性初探：
以银行理财和基金为对象

何锦龙[*]

一、问题提出：同类资管产品监管标准一致性问题

资产管理产品是典型的跨市场交叉性金融工具。在实体企业经营风险加快向金融领域传导的过程中，资产管理业已经成为跨市场金融风险传染的载体。特别是在分业监管体制下，我国资产管理业包括商业银行理财产品、信托公司信托计划、证券公司资产管理计划、基金公司及子公司资产管理计划、保险公司资产管理计划等[①]，由于证监会、保监会、银监会各自审批不同的资产管理业务，监管标准并不是100%的一致，存在着很多监管套利的情况。[②] 鉴于资产管理业已成为具备系统性影响的金融力量，金融风险传染可能性也显著增加，统一资产管理业监管规则已经刻不容缓。[③]

我国资产管理行业的立法并不是依据该业务共同的法律属性统一制定的，而是碎片化地嵌入了银行、证券、保险的现行机构监管体制中，由不同监管部门分头出台，形成了宽严不一的法律体系[④]，各类资产管理业务在产品准入方式、托管、信息披露、募集方式和投资范围等方面监管要求存在差异。下面以银行理财产品为例，阐述该资产管理业务与基金之间主要监管规则异同，探索同类资产管理监管规则一致性问题。

---

[*] 何锦龙，法学硕士，供职于兴业基金管理有限公司法律合规部，经理。
[①] 项峥：《资产管理业监管规则应加快统一》，载《经济参考报》2014年8月2日。
[②] 乔誌东：《大资管呼吁统一监管规则》，载《证券日报》2015年3月28日。
[③] 项峥，同注①引文。
[④] 冯娜娜、张红力：《积极推进资产管理业立法协同》，载《中国保险报》2015年3月9日。

二、银行理财产品和基金产品主要监管规则比较及一致性思考

（一）银行理财产品和基金产品准入方式

1. 银行理财产品准入方式：从审批制到报告制

银行理财产品的准入方式，由最初的审批制过渡到现在实施的报告制，体现了简政放权的思想，顺应了资产管理行业迅速发展的状况。

2005年至2007年，商业银行开展保证收益理财计划及为开展个人理财业务而设计具有保证收益性质的新的投资性产品均应向银监会申请批准[⑤]，并提交相关材料。审批制具有行政干预的色彩，要求商业银行将理财产品的相关材料提前提交给监管机构，监管机构审核、反馈意见，经一事一议批准后，商业银行方可开展理财业务。

一事一议批准的方式固然稳妥，但是金融市场对效率的追求从未停止。2007年后，为适应理财产品快速发展的要求，银监会取消了上述批准制度的规定，改为实行报告制。2013年10月1日后，银监会进一步简化报告流程，要求实施电子报备[⑥]，并明确电子报备是理财产品发售的前提条件，未通过理财系统进行电子化报告的理财产品一律不得发售。

2. 基金产品准入方式：从核准制到注册制

与银行理财产品准入历史发展相似，基金产品的准入方式也经历了"核准制到注册制"的过程。

在核准制下，监管机构拥有决定基金产品生死的权力，对基金的申请报告、基金合同草案、基金托管协议草案、招募说明书草案等进行实质审查，结合基金管理人和基金托管人近三年的财务状况，作出核准或者不予核准的

---

⑤ 中资商业银行（不包括城市商业银行、农村商业银行）开办需要批准的个人理财业务，应由其法人统一向中国银行业监督管理委员会申请，由中国银行业监督管理委员会审批。外资独资银行、合资银行、外国银行分行开办需要批准的个人理财业务，应按照有关外资银行业务审批程序的规定，报中国银行业监督管理委员会审批。城市商业银行、农村商业银行开办需要批准的个人理财业务，应由其法人按照有关程序规定，报中国银行业监督管理委员会或其派出机构审批。商业银行开展其他个人理财业务活动，不需要审批，但应按照相关规定及时向中国银行业监督管理委员会或其派出机构报告。

⑥ 《中国银监会办公厅关于全国银行业理财信息登记系统（一期）运行工作有关事项的通知》（银监办发〔2013〕167号）要求，理财产品电子化报告与纸质化报告同时进行。完全符合电子化报告要求的银行业金融机构，经中国银监会或属地银监局同意后，可以取消纸质报告。

决定。

核准制下的强力行政干预也招来市场的诟病:限制产品发行数量、人为调控审查节奏、干预产品发行时间等,与资本市场的基本属性相背离。

2014年,随着《公开募集证券投资基金运作管理办法》的颁布,公募基金产品的审查由核准制改为注册制。结合《公开募集证券投资基金运作管理办法》的规定,中国证监会在后续监管中将主要从以下方面落实基金注册制:将产品审查转向以保护投资者为导向,以信息披露为中心,注册审查以契约合规、风险充分揭示为基础,保障投资者知情权,突出有效信息的披露。注重落实投资者适当性原则,确保合适的产品卖给合适的投资者。减少对微观活动的干预,释放市场主体创新活力。支持市场主体围绕客户需求自主设计发行公募基金,支持管理人与投资者利益绑定的费率结构,不限制产品发行数量,不人为调控审查节奏,不干预产品的发行时间。对成熟产品实行20个工作日完成审查的简易程序。及时向市场公示审查标准、审查程序、审查结果,提高监管透明度。

3. 产品准入方式设想:用统一备案来替代当前的分散形式

我国商业银行理财业务法律法规的制定大多较为零星,与基金产品监管标准也不完全统一,且涉及的法律关系也较为复杂,不同的监管部门根据不同的管理标准来进行银行理财业务的监管。但是,经历十多年的发展,理财产品和基金产品在产品准入方式上殊途同归,呈现逐渐同一的方式:最终都走向了报告制或备案制。

从报告制或备案制的功能、定位、作用、主要内容乃至发展历史或实施时间来看,尽管监管机构不同,但二者的融合不啻是各类资产管理业务统一监管的突破口。报告制或备案制链接的是产品的最终端口,储存着丰富的数据信息,如能推进各类电子备案平台的共享、交互,进一步实现备案平台统一、备案信息统一、备案规则统一、备案机构统一,推动产品准入规则趋同,为促进统一监管标准的有效路径。

(二) 财产是否要求独立托管

1. 银行理财产品和基金产品均要求强制托管

从法规层面看,银行理财产品和基金产品均要求强制托管。根据《中国银监会关于进一步规范商业银行个人理财业务投资管理有关问题的通知》(银监发[2009]65号),商业银行发售理财产品,应委托具有证券投资基金托管业务资格的商业银行托管理财资金及其所投资的资产。

我国《证券投资基金法》(2015年修正)明文规定,公开募集基金应当由基金管理人管理,基金托管人托管。因此强制托管是银行理财产品和基金产品必须遵守的共同规则。

2. 银行理财产品和基金产品托管规则统一的主要障碍

银监会要求实行强制托管的目的,应在于防止发售行挪用、侵占、不合理运用理财资金等行为、保护投资人合法权益,托管行应由发售理财计划的商业银行之外的第三方商业银行担任。

然而,实践中,理财计划的托管行通常由发售行担任,自己汇集的巨额理财资金是一笔优质存款,谁也不会交由第三方商业银行托管。此种做法违背监管意图,将商业利益凌驾于法规之上,既不利于投资人权益的保护,也不利于商业银行从存贷为主的单一业务模式中抽身出来,大力发展无风险中间业务,从传统商业银行向现代商业银行转型。

为克服上述托管问题,基金行业走在了前面。我国《证券投资基金法》(2015年修正)第36条规定:"基金托管人与基金管理人不得为同一机构,不得相互出资或者持有股份。"该规定禁止了自己托管、关联方托管,为保护投资人利益、防止利益输送增添了屏障。

除上述问题外,相比基金托管规范,理财产品的托管规范较为粗略,规则层次较低,缺乏具体、系统的托管业务规范,这也是统一监管规则应该关注的内容。银行理财产品的托管要求源于银监会的一则"通知",属于一般规范性文件,法律效力难以界定;而基金行业的托管规范渊源来自新《基金法》,属于法律,具有很高的法律位阶。

3. 银行理财产品和基金产品托管规则统一的有利条件

针对基金产品的托管,证监会在规范层面建立了较为完善的制度体系,专门发布了《证券投资基金托管业务管理办法》《托管银行监督基金运作情况报告的内容与格式指引》《证券投资基金信息披露内容与格式准则第7号〈托管协议的内容与格式〉》和《非银行金融机构开展证券投资基金托管业务暂行规定》,对托管机构资格、托管职责的履行、托管业务内部控制、监督管理与法律责任、托管银行监督基金运作情况报告的内容与格式、非银行金融机构开展证券投资基金托管业务的条件等作了详细规定,建立了证监会体系的托管业务规则、托管核算规则、托管稽核规则。

针对各类金融产品的托管,托管业务具有较大相似性,托管银行具有处理相似产品托管的经验。就业务模式而言,托管人与资产管理人订立托管协议等法律文件,提供资产保管、资金清算、投资运作监督、会计核算、信息披露等服务,对涉及投资范围与投资限制、基金费用、收益分配、会计估值、信息披露等方面的内容进行重点监督,确保相关约定和运作合规清晰、风险揭示充分、会计估值科学公允。就信息系统而言,托管业务系统可以根据理财产品特点灵活开设专门的托管账户,设置多项托管控制信息,为理财产品提供全方位、高效、专业托管服务。⑦

因而,在规范体系较为完善、托管业务业已成熟、信息技术系统不存在障碍的情况下,托管监管规则统一的主要业务壁垒和技术壁垒已自然消除,托管监管规则的统一更多仰仗不同监管部门之间的沟通和协调。关于托管监管规则统一的具体路径,不妨借鉴较为成熟的基金托管规范,融合托管银行关于各类托管业务的实际经验,考虑不同金融产品的特性,以已有的基金托管规范为蓝本,制定适用于不同金融产品的统一托管监管规范。

(三) 银行理财产品和基金信息披露

商业银行通过理财产品协议等相关文件进行信息披露,但由于理财产品协议条款较多,理财产品品种各异,理财从业人员向投资者推介时,未能就与投资者切身利益相关的重要条款进行详细披露或成分解释,容易引发投资者投诉、纠纷。⑧ 因此,为长远发展,无论投资者,还是银行,或是监管部门,都必须致力于解决信息不对称问题,以规范银行理财市场,而这便是推动商业银行理财中信息披露的本质要求。

1. 银行理财产品和基金信息披露制度密度差异

证监会建立了一整套基金信息披露制度,该制度以《证券投资基金信息披露管理办法》为核心,配套有《证券投资基金信息披露内容与格式准则》《证券投资基金信息披露编报规则》《证券投资基金信息披露 XBRL 标引规范(Taxonomy)》《证券投资基金信息披露 XBRL 模板》等数个系列二十多份⑨规则、准则、模板,系统规范基金产品生命周期中基金信息披露一般规定、基金募集信息披露、基金运作信息披露、基金临时信息披露以及信息披露事务管理、信息披露法律责任、信息披露内容与格式要求、信息披露编报规则等内

---

⑦ 本处参考了中国工商银行、中国建设银行、广发银行关于商业银行理财产品托管业务及其他金融产品托管业务的介绍,得出相关结论。

⑧ 平一:《理财产品信息披露中的法律问题》,载《中国城市金融》2009 年第 6 期。

⑨ 中国证监会:《中国证券投资基金信息披露电子化规范分类标准框架》,中国证监会网站,http://fund.csrc.gov.cn/web/operation_stencil.extend,2015 年 11 月 20 日访问。

容,并开放了基金信息披露展示平台。⑩ 例如,法规明文规定必须披露的临时公告达28项,其中11类公告不仅必须使用固定、统一的格式编制,同时还要采用国际通用且规范化的可扩展商业报告语言(XBRL)编制、披露和备案。

商业银行没有专门的理财产品信息披露规范,相关规则散见于不同的规范中,主要的如《商业银行理财产品销售管理办法》(中国银行业监督管理委员会令2011年第5号)、《商业银行个人理财业务管理暂行办法》(中国银行业监督管理委员会令2005年第2号)和《商业银行个人理财业务风险管理指引》(银监发[2005]63号),并约定于销售文件中。

2. 银行理财信息披露规则侧重点失衡

与银行理财产品和基金信息披露制度密度差异相对应,以基金信息披露规范产品全过程为比较蓝本,可见银行理财信息披露规则侧重点存在差异。

实务界和学界对银行理财产品信息披露有相似的评论。实务界有认为,现在很多的银行机构对于理财产品信息的公开只是针对于新发的产品进行,对于运行状况和到期的实际收益等方面的信息仍然是封闭的。⑪ 学者亦指出,银行在销售理财产品的过程中,信息披露存在严重缺陷,这已经成为阻碍银行理财产品市场发展的重要原因。⑫

上述问题,归结到规范层面,乃是信息披露规则侧重点失衡所致:重发售期信息披露,轻存续期信息披露。在理财产品销售阶段,按照《商业银行理财产品销售管理办法》(中国银行业监督管理委员会令2011年第5号),须向投资者提交理财产品的销售文件包括:理财产品销售协议书、理财产品说明书、风险揭示书、客户权益须知四份文件,该办法及有关规定对销售文件的披露内容、合规要求、风险揭示、客户权益须知、客户风险承受测评等内容作了较为细致的规定,但对存续期信息披露的规定,则过于笼统。关于存续期信息披露,相关规范较少。针对账单提供有"商业银行与客户另有约定的除外"的规定,这意味着商业银行可利用除外条款,甚至可以不向客户提供账单。还有"商业银行应按季度准备理财计划各投资工具的财务报表、市场表现情况及相关材料,相关客户有权查询或要求商业银行向其提供上述信息",依据该条,商业银行甚至可以不主动向客户提供季度财务报表、市场表现情况及相关材料。"市场发生重大变化导致投资比例暂时超出浮动区间且可能对客户

---

⑩ 中国证监会:《中国证券监督管理委员会基金信息披露》,载中国证监会网站,http://fund.csrc.gov.cn/web/login_do.login,2015年11月20日访问。

⑪ 周旭红:《浅析国内银行理财产品信息披露及影响因素》,载《现代商业》2015年第8期。

⑫ 颜苏:《银行理财产品信息披露标准化原则的立法研究》,载《法学杂志》2015年第3期。

预期收益产生重大影响的,应当及时向客户进行信息披露"类似规范存在标准不明、难以执行的问题。

此外,信息披露法律责任、信息披露事务管理规范和信息披露内控规范缺失,也是银行理财产品信息披露监管制度本身存在的问题。

3. 银行理财产品信息披露平台新规则与进展

针对业界诟病的理财产品信息披露问题,银监会在2013年颁布了新的规范[13],要求建立全国银行业理财信息登记系统,申报登记理财产品基本信息,包括产品期次、运作模式、投资资产种类及比例等,以及产品审批人、设计人、联系人、投资经理的基本信息等61个数据元。登记系统的主要目的是使理财信息更加透明,使银监会能全流程掌握银行理财产品的脉络和发行、备案到过程中管理,再到事后管理的投资决策过程。未来将进一步规范登记理财产品发行端及投资端信息,使监管部门能掌握到理财产品投资端的实际情况。

不过,目前该登记系统一期并未向投资者开放,文件明确要求银行在系统使用过程中负有数据保密义务。[14]

4. 银行理财产品信息披露监管规则统一的思考

信息披露制度设计的初衷,在于保护投资人的权益。银行理财和基金产品,都是受人之托、代人理财,保护投资者权益是资产管理行业共同的基石原则,不可偏废。

鉴于银行理财产品信息披露平台建设起步较晚,建议在统一监管规则过程中应充分考虑培育信息披露平台,同时完善制度建设。

一方面,继续推进银行业理财信息登记系统的建设。等待系统建设成熟后,将系统作为法定信息披露平台开放给理财产品投资人,并将系统建设、运作经验成文化,为制度建设积累素材。

另一方面,借鉴相似的成熟规范,重构银行理财产品信息披露规范。设计以"投资人权益"为核心、保护投资人的知情权的全面信息披露规范,丰富信息披露的内容,细化信息披露的项目,增加信息披露的频率,加重银行信息披露的义务,实现理财产品全过程的信息披露。

---

[13] 详见《中国银监会办公厅关于全国银行业理财信息登记系统(一期)运行工作有关事项的通知》(银监办发[2013]167号)和《中国银监会办公厅关于进一步做好全国银行业理财信息登记系统运行工作有关事项的通知》(银监办发[2013]213号)。

[14] 王冠、柳灯:《"黑箱"濒临终结 理财产品信息披露平台内部上线》,载《21世纪经济报道》2013年10月18日。

（四）募集方式：公募与私募划分问题

《商业银行法》和《银行业监督管理法》及与银行理财有关的法律规则体系似乎回避了对理财产品募集方式性质的定位，在实践中甚至有人认为"公募和私募"的概念不能强行套在理财产品上，因为它们属于不一样的法域和话语体系。但是从逻辑和实务来看，讨论理财产品的募集方式究竟属于公募还是私募，是研究统一监管规则不可回避的问题。

1. 公募基金的公募标准

公募基金的公开募集性质，是法律明确规定的，没有法律障碍。我国《证券投资基金法》（2015年修正）第51条规定："公开募集基金，应当经国务院证券监督管理机构注册。未经注册，不得公开或者变相公开募集基金。前款所称公开募集基金，包括向不特定对象募集资金、向特定对象募集资金累计超过200人，以及法律、行政法规规定的其他情形。"《证券法》也有类似的规定。[15] 一般而言，公开募集的特征比较明显，易于辨认：

（1）经过注册或核准。经国务院证券监督管理机构或者国务院授权的部门核准或注册，未经核准或注册，不得公开或者变相公开募集基金，不得公开发行证券。

（2）向不特定对象募集资金或发行证券、向特定对象募集资金或发行证券累计超过200人。

（3）公开宣传推介。可以通过报刊、电台、电视、互联网等公众传播媒体或者讲座、报告会、分析会和布告、传单、手机短信、微信、博客和电子邮件等方式，向不特定对象宣传推介。

（4）法律、行政法规规定的其他情形。[16]

---

[15] 《证券法》第10条规定："公开发行证券，必须符合法律、行政法规规定的条件，并依法报经国务院证券监督管理机构或者国务院授权的部门核准；未经依法核准，任何单位和个人不得公开发行证券。

有下列情形之一的，为公开发行：

（一）向不特定对象发行证券的；

（二）向累计超过二百人的特定对象发行证券的；

（三）法律、行政法规规定的其他发行行为。

非公开发行证券，不得采用广告、公开劝诱和变相公开方式。"

[16] 有研究者认为该款属于"兜底条款"。参见：章一春、翟丽媛：《论我国证券发行核准制度调整边界的重构——兼评〈证券法〉第十条的适用》，载《特区经济》2011年第11期。

2. 银行理财产品资金的募集方式:公开募集还是非公开募集?

银行理财产品资金的募集方式更接近公开募集的特征。[17] 从监管规则层面来看,《商业银行理财产品销售管理办法》允许银行理财产品通过公开方式宣传发售[18],宣传具体理财产品的渠道包括电话、传真、短信、邮件、网上银行和电话银行等方式,并未规定只能向特定目标客户销售。[19] 对于"特定目标客户群",相关规则并无明确界定[20];从行业自律规范来看,行业自律规范要求区分客户类型进行理财产品销售的分类管理,强调的是销售适用性[21];从销售行为实践层面来看,商业银行在其官方网站设有理财产品栏目,访问该网页无任何限制,可以了解近期发售理财产品的简介[22]、特定理财产品的要素表[23]、投资管理、运作说明、费用、兑付、终止等信息,募集对象超过两百人[24]甚至上千人,对照非公开募集招募方式的非公开性、信息披露的非公开性、募集对象的少数特定性的特点[25],银行理财产品资金的募集方式符合上述公开募集的第(二)项和第(三)项特征。

3. 统一募集方式监管规则面临的法律障碍

公募和私募的划分问题,对于银行理财产品和基金而言,其规则已经十

---

[17] 有人认为与传统个人理财业务相比较,私人银行理财的募资方式是私募。本处讨论的主要是理财计划,私人银业务和理财计划同属于综合理财业务,二者互不隶属,故私人银行理财的募资方式不影响理财计划的募集资金性质。参见:胡春梅、沙文韬《构建私人银行理财业务金融监管机制的若干思路》,载《金融法苑》2010年第2期。

[18] 银监会在 2014 年年底下发的《商业银行理财业务监督管理办法》(征求意见稿)第 55 条指出,除营销宣传外,商业银行不得在本行官方网站或客户端以外的互联网网站或电子终端开设本理财产品相关网络链接,不得开展产品销售、风险评估、申购赎回等各类实质性业务活动;除银行业金融机构外,任何机构或个人均不得代理销售银行理财产品,不得非法集合客户资金购买银行理财产品。该规定没有改变理财产品公开发售的性质且尚未生效。

[19] 相关规范没有限定只能向特定客户销售。《商业银行个人理财业务管理暂行办法》第10 条规定:"商业银行在综合理财服务活动中,可以向特定目标客户群销售理财计划。理财计划是指商业银行在对潜在目标客户群分析研究的基础上,针对特定目标客户群开发设计并销售的资金投资和管理计划。"

[20] 郝金:《新〈基金法〉关于法律调整范围规定的评析》,载《证券法苑》2013年第2期。

[21] 参见《中国银行业协会关于印发〈商业银行销售银行理财产品与代销理财产品的规范标准和销售流程〉的通知》(银协发[2015]52号)。

[22] 大多含产品名称、募集起始日、募集截止日、币种、投资周期、起购金额、参考收益率、在线购买方式等。

[23] 大多含期数、销售编号、产品编码、认购开始/结束日、成立日、到期日、兑付日、期限、产品类型、管理费率、募集规模和购买渠道等。

[24] 唐曜华:《银行理财产品首次尝试类证券化交易》,载《证券时报》2012年7月26日。亦参见:何艳春、郝金:《新〈基金法〉关于公募基金放松管制规定的评析》,载《证券法苑》2013年第1期。

[25] 陈宝富、周少怡:《私募与非法集资犯罪的边界》,载《法学》2013年,第11期。

分明朗,学理研究也十分充分。但是,"徒法不足以自行",规则定义的明朗不等于规则自动适用,统一划分公私募监管规则涉及规则适用、规则解释和规则背后的权力分配规范。

第一个层面,涉及规则适用的法律问题。新《基金法》调整的对象是否包括银行理财产品? 新《基金法》中没有把银行理财产品列明为调整对象,监管机构也没有提及银行理财受该法调整[26],银行理财业务的主要法规《商业银行个人理财业务管理暂行办法》开宗明义阐明[27],银行理财业务的主要依据是《中华人民共和国银行业监督管理法》《中华人民共和国商业银行法》。

第二个层面,涉及法律解释的问题。《证券法》规范的证券主要包括股票、公司债券和其他证券,新《基金法》规范对象为基金,并载明"本法未规定的,适用《中华人民共和国信托法》《中华人民共和国证券法》和其他有关法律、行政法规的规定","其他证券"是否包含银行理财,尚不明确。

第三个层面,涉及权力分配规范。此处的统一监管问题的症结,不仅仅在于公募、私募立法技术或规则释明,更在于法背后所隐藏的权力分配:分业经营的原则[28]仍是现有法律所强调的,与之相适应,我国形成了银监会、证监会、保监会三大金融监管机构分业监管的局面。三大监管机构依照各自的上位法实施监管,监管规则并不完全相同。

4. 新《证券投资基金法》的制度设计与统一监管规则的曙光

根据原《证券投资基金法》(2003 年颁布)的规定,公募基金管理人仅限于基金管理公司,因此银行理财产品自诞生时[29]起,就客观上无法获得公募基金管理人资格。新《基金法》规定,基金管理人由依法设立的公司或者合伙

---

[26] 中国证监会:《推动和保障财富管理行业健康发展的重要举措——中国证监会祝贺〈证券投资基金法〉修订通过》,http://www.csrc.gov.cn/pub/newsite/zjhxwfb/xwdd/201212/t20121230_219905.html,2015 年 11 月 20 日访问。

[27] 《商业银行个人理财业务管理暂行办法》第一条规定,为加强商业银行个人理财业务活动的管理,促进个人理财业务健康有序发展,依据《中华人民共和国银行业监督管理法》、《中华人民共和国商业银行法》等有关法律法规,制定本办法。

[28] 《证券法》第 6 条规定,"证券业和银行业、信托业、保险业实行分业经营、分业管理,证券公司与银行、信托、保险业务机构分别设立。国家另有规定的除外。"《商业银行法》第 43 条规定,"商业银行在中华人民共和国境内不得从事信托投资和证券经营业务,不得向非自用不动产投资或者向非银行金融机构和企业投资,但国家另有规定的除外。"《保险法》第 8 条规定,"保险业和银行业、证券业、信托业实行分业经营、分业管理,保险公司与银行、证券、信托业务机构分别设立。国家另有规定的除外。"

[29] 1997 年是我国个人理财服务兴起之年。2005 年 9 月 29 日,银监会发文正式批准商业银行开办个人理财业务。参见赵立航:《我国个人理财服务的历史发展》,载《上海经济研究》2007 年第 3 期。

企业担任,为非基金管理公司取得公募基金管理人资格提供了条件。

尔后证监会和保监会率先合作,在公募行业"跨界"统一监管规则。证监会出台了《资产管理机构开展公募证券投资基金管理业务暂行规定》(中国证券监督管理委员会公告[2013]10号),证监会和保监会联合出台了《保险机构投资设立基金管理公司试点办法》(中国证券监督管理委员会公告〔2013〕27号),分别落实了证券公司、保险资产管理公司、私募证券基金管理机构、保险公司、保险集团(控股)公司、其他保险机构开展公募业务的申请条件,使得保险机构设立的基金公司日常投资、研究、交易、募集和运营等需要遵守证监会基金方面的监管规范,并设定了分工管理、共享互通、协同监管的机制。㉚

证监会和保监会的探索,为不同机构分别监管情况下,实现统一监管规则积累了经验,初步回应了上述"规则适用、法律解释、权力分配"统一募集方式监管规则面临的法律障碍的问题。从短期来看,建议证监会和银监会加强沟通协调,参考证监会和保监会协同监管的经验,阐明公开募集的银行理财产品应遵守公募的规范,认可统一的识别标准、统一规则适用、统一规则解释;从长期来看,则要重构监管权力规范,从"机构监管"转向"功能监管"㉛体系。

(五)投资范围问题

由于受到不同机构的监管,银行理财产品和基金在投资范围尽管较为相似,但仍然存在差异。本文将以二者投资范围的差异为切入点,展示银行理财产品在新股申购方面遇到的不同监管态度,思考监管冲突以及监管套利的问题。

1. 银行理财产品资金新股申购:监管冲突

曾经盛行一时的银行新股申购型理财产品,受到监管政策对理财产品投

㉚ 根据《保险机构投资设立基金管理公司试点办法》,保监会制定保险机构投资设立基金管理公司的监管规定,并实施并表监管;证监会依法对保险机构投资设立的基金管理公司实施监督管理,督促基金管理公司合法运用基金财产,维护基金份额持有人的合法权益。保监会和证监会建立监管信息共享制度和互通处置机制,加强对保险机构设立基金管理公司的协同监管。这使得保险机构设立的基金公司日常投资、研究、交易、募集和运营等需要遵守证监会基金方面的监管规范。

㉛ 关于"机构监管"和"功能监管",学者已有较详细论述,本处借用该术语,不再展开讨论。相关研究请参看黄韬:《我国金融市场从"机构监管"到"功能监管"的法律路径——以金融理财产品监管规则的改进为中心》,载《法学》2011年第7期。

资范围的影响,而日渐式微。

银监会允许理财产品资金进行新股申购,但是不能投资股票。按照《中国银监会关于进一步规范商业银行个人理财业务投资管理有关问题的通知》(银监发[2009]65号),理财资金不得投资于境内二级市场公开交易的股票或与其相关的证券投资基金。理财资金参与新股申购,应符合国家法律法规和监管规定。这意味着,除新股申购外,银行理财产品不仅不得直接投资二级市场上的股票,也不能通过借道基金的方式投资股票。

除了银监会的规定外,银行理财产品参与新股申购还受到证监会新股发行监管规定的影响。㉜ 证监会的规则体系从新股申购资格、账户开立等方面,限制甚至几乎排除了银行理财产品参与新股申购的可能性。

一方面,中国证券业协会不允许债券型证券投资基金、信托计划和"在招募说明书、投资协议等文件中以直接或间接方式载明以博取一、二级市场价差为目的申购首发股票的理财产品等证券投资产品"作为网下投资者指定的股票配售对象。㉝

另一方面,受上述影响,理财产品几乎不能直接作为网下投资者参与新股申购,那么参与网上新股申购是否可行?答案依旧是否定的。持有一定数量非限售股份的投资者才能参与网上申购㉞,而银行理财产品因无法持有股票陷入了不能参与网上新股申购的"怪圈循环"。此外,中国证券登记结算公司更不会允许理财产品的证券账户参与固定收益类以外产品的投资。㉟ 这实际上封堵了银行理财产品直接进行新股申购的通道,也体现了证监会、银监会对同一事项的不同,甚至相反的监管态度。

2. 基金新股申购的政策红利及宣传禁区

与银行理财产品相比,公募基金在新股申购方面享受较多的政策方便,

㉜ 除了银行理财产品外,信托公司信托产品专用证券账户也曾受到证监会监管政策的影响,本文不再展开论述信托证券账户的问题,但这些例子为研究统一监管规则及监管协调提供了素材。可参见《关于信托公司信托产品专用证券账户有关事项风险提示的通知》、《中国证券登记结算有限责任公司关于信托产品开户与结算有关问题的通知》。

㉝ 参见《首次公开发行股票网下投资者备案管理细则》(中证协发[2014]77号)。

㉞ 参见《中国证监会关于进一步推进新股发行体制改革的意见》(证监会公告〔2013〕42号)。

㉟ 固定收益类产品主要指证券交易所标准化债券、信贷资产支持证券、优先股等。详见《中国证券登记结算有限责任公司关于商业银行理财产品开立证券账户有关事项的通知》、《中国证券登记结算有限责任公司关于商业银行理财产品开立定向资产管理证券账户相关传言的说明》、《中国证券登记结算有限责任公司特殊机构及产品证券账户业务指南(2015第二次修订)》及《附录15:理财产品证券账户自律管理承诺函(商业银行)》。

突出的就是网下新股申购向基金倾斜。在配售比例方面,网下配售比例不低于本次公开发行股票数量的60%—70%,且网下配售的股票中至少40%应优先向公募基金和社会保障基金配售。㊱

但是,由于新股申购存在中签率不确定的问题且新股存在破发的风险,以宣传"打新"为主要策略的基金存在不能完全实现投资策略的可能性,为了充分保护投资的利益,证监会不允许基金产品公开宣传以"打新"作为卖点。

3. 银基合作与监管套利

监管机构运用行政或者市场的手段对各类金融机构实现约束,这保证了金融市场秩序的稳定,使得金融市场发展处于稳步上升通道。然而从金融机构角度,各类形式的金融监管势必对其获取更丰厚的利润,规模的快速发展构成一定的阻碍。在业务发展和盈利增长的双重诱惑下,商业银行纷纷通过理财产品在结构设计和运作模式上的创新来最大程度上的规避金融监管和提高机构效益。

受近年来IPO重启及A股市场火爆的影响,银行理财产品试图通过多种方式㊲进行新股申购或者进入股票市场,其中借道公募基金就是常见的方式。银行理财产品的管理人在市场上寻找以"打新"为策略的基金产品,银行理财产品申购基金份额,成为基金份额持有人,预期享受新股申购带来的收益。但是,由于基金产品受到上述不能公开宣传"打新"的影响,银行面临搜寻"打新"基金成本高、可靠性低的难题,为了破解这一难题,银基合作的"定制型打新基金"应运而生。

银基合作的"定制型打新基金",是指银行和基金公司事先商定,通过公开发售基金份额的方式募集基金,银行理财产品资金作为主要基金份额持有人的公募基金。作为基金的合格投资者,银行理财资金在该定制产品中占比高达95%—99%。㊳通过公募基金这个"马甲",银行理财产品资金变身为基金资产,借道基金通道享有网下配售的资格,可以申购新股并享受基金的政策红利,从而越过了证监会给银行理财设置的重重监管"障碍"。

㊱ 参见《中国证监会关于进一步推进新股发行体制改革的意见》(证监会公告〔2013〕42号)。

㊲ 有人总结出私募基金MOM委托投资、量化对冲基金结构化投资、TRS总收益互换协议投资等方式,足见有多种方式绕开监管。参见钟辉:《MOM委托+结构化+TRS收益互换 详解银行理财资金对接股市三模式》,载《21世纪经济报道》2015年6月17日。

㊳ 王俊丹:《银行理财资金"曲折"打新 收益率或有滑坡》,载《21世纪经济报道》2015年7月1日。

4. 监管套利及跨市场统一监管思考

　　跨市场监管套利具有隐蔽性,同时又带有风险性和创新性并存的色彩。隐蔽性,在于监管套利的方式多种多样,难以穷尽,监管部门往往是事后察觉,事前事中控制能力弱;风险性,指的是监管套利行为追逐利益,可能游走在政策法规灰色地带,存在收益风险、流动性风险、合规风险、政策风险和市场风险;创新性,是指监管套利有别于常规或常人思路的见解,本着理想化需要或为满足社会需求,改进或创造新的事物、方法、元素、模式等,并可能获得一定有益效果。

　　面对隐蔽、复杂的监管套利行为,如何将风险控制在有效范围内,并实现跨市场的有效监管? 首先,协调监管部门的权力,防范规则冲突。监管套利的缘起之一即是不同市场监管规则冲突,监管规则冲突导致监管失效、监管失败,客观上需要协调各个监管部门的监管权力,着眼于统一市场解决规则冲突,维护金融市场稳定与效率。其次,披露、统计和监测。监管冲突的深层次的原因,在于不同监管机构对同种或同类行为的事实认定和判断存在差异,基于不同的风险考量作出决策。面对纷繁复杂、波云诡谲的金融套利,往往很难一次性准确衡量全部风险和效益,与其事后查漏补疏,不如建立详细的信息披露规则、准则、指引和格式,要求金融机构按照规定进行事前、事后公开披露或备案,履行相应的持续信息披露义务。监管机构根据披露信息或者备案信息,进行统计,动态监测市场情况和风险状况。根据监测情况,及时做出相应有效政策调整:限制某种监管套利行为或者认可某种创新模式。

三、结　　论

　　尽管银行理财和基金分属于不同金融子行业,但随着资产管理行业的繁荣和规范,它们的相似度越来越高,因而监管规则也存在趋同或者趋同的趋势。从产品准入方式、托管要求和信息披露等领域的规则来看,二者的差异较小,基金行业略胜一筹,是最可能率先实现监管规则的"试验田";在募集方式方面,公私募的划分不可避免,需要直面募集方式的本质,在法治的旗帜下协调监管权力和监管规则;在投资范围方面,监管套利的存在进一步拷问规则冲突和权力冲突,需要监管机构在深入掌握市场状况的情况下,衡量风险与收益,制定统一的监管规则。

比较法论坛

中美 PCA 立法与实施比较研究

刘大洪　段宏磊[*]

　　商业银行即时纠正措施(prompt corrective action, PCA),又被称为立即纠正措施,是指当商业银行出现了法定事由(通常为达到一定的数据指标),监管机构要求银行立即采取行动改进其所存在的问题的金融监管法律制度。其核心在于两方面的内容:其一,为依照一定的标准对商业银行进行分类,每一类别设定较为明确的触发指标;其二,当满足各个触发指标时,监管方就可适用相应的纠正措施。[①] 商业银行即时纠正措施滥觞于美国,1991 年,美国《联邦存款保险公司改进法》对原《联邦存款保险法》(The Federal Deposit Insurance Act)进行了重要的修正,从而引入了这一重要制度,于该法第 38 节进行了详细规定,构成了该法在商业银行监督管理改革若干措施[②] 中极为重要的一环。由于该制度在预防商业银行破产和金融业经营风险上具有较大的正面效益,迅速被各国银行监管立法所效仿,我国 2004 年《商业银行资本充足率管理办法》(以下简称《办法》)第 38 条到第 41 条也对即时纠正措施进行了规定,并于 2007 年进行了细微的修订。本论文致力于在对美国《联邦存款保险法》和我国《办法》进行比较研究的前提下,对即时纠正措施的制度效率问题进行一个较为全面的审视。论文遵循的结构为:第一部分对两国立法的基本规定进行了简要介绍;第二部分则以法经济学的基本视角对两国立法的基本框架进行审视,分析其制度设计是否具有效率,在此基础上,还重点分析在即时纠正措施的触发指标中,由于对资本充足率的过分依赖所造成的若

---

[*] 刘大洪,中南财经政法大学法学院教授、博士生导师;段宏磊,中南财经政法大学法学院经济法学博士研究生。
[①] 周仲飞:《银行法研究》,上海财经大学出版社 2010 年版,第 344 页。
[②] 项卫星:《美国〈1991 年联邦存款保险公司改进法〉的产生及其初步影响》,载《世界经济》1993 年第 12 期。

干缺陷;第三部分则在上述分析的基础上得出简短的结论。

一、中美即时纠正措施的基本内容

(一) 美国的即时纠正措施

美国《联邦存款保险法》第38节按照资本状况将参保的存款机构分为如下五类:资本良好(well capitalized)、资本充足(adequately capitalized)、资本不足(undercapitalized)、资本严重不足(significantly undercapitalized)和资本根本不足(critically undercapitalized)。③《联邦存款保险法》的第38节并未明确这五种类别明确的触发条件,但于相关法规中,以"资本充足率"为主要标准对五种类别进行了区分。④ 当总资本充足率(the total risk-based capital ratio)在10%以上⑤,核心资本充足率(the Tier 1 risk-based capital ratio)在6%以上且资本杠杆比率(the leverage ratio)达到5%以上时,参保存款机构即达到"资本良好"之类别;相应的,当总资本充足率在8%以上,核心资本充足率在4%以上、资本杠杆比率在4%以上或在3%以上,但最近的一次银行"骆驼群评级"⑥为一级时,参保存款机构属于"资本充足"之类别。由此可见,在资本良好或充足两个类别中,三项指标应是并行不悖的关系,只有同时符合三项指标的全部比例要求方能进入此类别。⑦ 但在"资本不足"、"资本严重不足"和"资本根本不足"三种类别中,只需达到三项数据要求中的其中一项即可:当总资本充足率不足8%,或核心资本充足率不足4%,或资本杠杆比率不足4%,或者已低于3%但最近的一次银行"骆驼群评级"为一级时,属于"资本不足"之类别;当总资本充足率不足6%,或核心资本充足率不足3%,或资本杠杆比率不足3%时,属于"资本严重不足"之类别;当资本杠杆

---

③ The Federal Deposit Insurance Act, Section 38 (b)(1). http://www.fdic.gov/regulations/laws/rules.

④ 12 C. F. R. §325.103 (b). http://www.fdic.gov/regulations/laws/rules.

⑤ 遵循一般的立法语词习惯,本论文中使用的所有"以上"、"以下"均包含本数。

⑥ "骆驼群评级"(CAMELS Rating)是由"骆驼评级"(CAMEL Rating)发展而来,后者是指包含资本充足(Capital Adequacy)、资本质量(Asset Quality)、管理水平(Management)、盈利水平(Earnings)和流动性(Liquidity)五大类指标的评价体系。而"骆驼群评级"则在进行相关调整的前提下,又增加了市场风险敏感度(Sensitivity)指标。详情可参见黄德龙、吕飞、杨晓光:《中美监管机构对商业银行风险评级的比较研究》,载《金融论坛》2006年第1期。

⑦ 12 C. F. R. §325.103 (b)(1), (2). http://www.fdic.gov/regulations/laws/rules.

比率在 2% 以下时,则属于"资本根本不足"之类别。⑧

对上述五种类别,《联邦存款保险法》第 38 节分门别类地规定了相应的纠正措施,其中对资本不足、资本严重不足、资本根本不足这三类设置了较为全面和严厉的纠正措施,包含监管办法、资本重整计划、业务限制等各方面的要求。纠正措施遵循类型化的原则,按照监管对象的资本类别状况和个别特殊情形,分门别类地适用如下五个异质的监管手段:"适用于资本不足的存款机构的规定""适用于资本不足或资本严重不足而且未能提交、实施资本重整计划的存款机构的规定""基于其他监管标准更严厉地对待""适用于资本根本不足的存款机构的规定""限制资本根本不足的存款机构的运营",其一般逻辑是资本类别越恶劣、适用的纠正措施越严厉。⑨ 除此之外,立法还基于一些政府控制的机构的特殊情况,对这些机构豁免了某些纠正措施。⑩ 而即使是对资本良好和资本充足这两类在形式上堪称"模范"的银行,立法也基于审慎性监管的要求,规定了可以同时适用于五类银行的规定(provisions applicable to all institutions),这主要是在资本分配和高管薪酬方面的限制⑪,以达到防止内部人控制对金融机构治理风险的推波助澜之目的。从比较法上来看,由于美国《联邦存款保险法》是即时纠正措施的开山鼻祖,因此前文所介绍的法条呈现的由资本类别、触发指标和对应的纠正措施构成的基本制度框架几乎为所有国家立法中的即时纠正措施所效仿,当然也包含我国。

(二) 中国的即时纠正措施

《办法》所规定的即时纠正措施承继了美国制度的基本框架。资本类别、触发指标和对应的纠正措施构成了制度的三大必要元素,但中国立法中商业银行的资本类别被简化为三个,即资本充足、资本不足和资本严重不足⑫,触

---

⑧ 12 C. F. R. § 325.103 (b) (3), (4) & (5). http://www.fdic.gov/regulations/laws/rules.

⑨ The Federal Deposit Insurance Act, Section 38 (e)-(i). http://www.fdic.gov/regulations/laws/rules.

⑩ The Federal Deposit Insurance Act, Section 38 (j). http://www.fdic.gov/regulations/laws/rules.

⑪ The Federal Deposit Insurance Act, Section 38 (d). http://www.fdic.gov/regulations/laws/rules.

⑫ 值得注意的是,若仅是顾名思义地来看,我国《商业银行资本充足率管理办法》中规定的"资本充足""资本不足"和"资本严重不足"与美国立法中五级资本类别中的"资本充足(adequately capitalized)""资本不足(undercapitalized)""资本严重不足(significantly undercapitalized)"内涵完全相同,但事实并非如此。一方面,正如下文所提及的,我国立法中的这三种资本类别仅有资本充足率和核心资本充足率这两大指标,而缺乏资本杠杆比率;另一方面,即使是资本充足率与核心资本充足率,两国适用的触发指标也并非一一对应的完全相同的关系,如"资本严重不足"在我国是资本充足率低于 4% 或核心资本充足率低于 2%,美国则分别为低于 6% 或低于 3%。

发指标中则不包含杠杆比率。[13] 具体的立法框架可以表述为：当资本充足率在8%以上且核心资本充足率在4%以上时，商业银行[14]属于"资本充足"之类别；当资本充足率低于8%、或核心资本充足率低于4%时，商业银行属于"资本不足"之类别；当资本充足率低于4%、或核心资本充足率低于2%时，商业银行属于"资本严重不足"之类别。与美国立法的基本逻辑相同，中国《商业银行资本充足率管理办法》（以下简称《办法》）同样依照三种类别的商业银行的不同情况设定了相应的纠正措施[15]，即使是对于资本充足的商业银行，立法也同样规定了银监会可以采取的干预措施以促进其继续保持稳健经营的状态。与美国立法不同的是，中国相应纠正措施的规定用词简练而又充满了不确定性，赋予了银监会极强的自由裁量权以在监管实务中"相机抉择"。

（三）小结

前文总结了两国即时纠正措施的基本制度情况，其中有关资本类别和触发指标的繁琐部分，可以通过表格1、表格2获得一个较为直观的了解。

表格1　美国商业银行即时纠正措施

	总资本充足率	核心资本充足率	资本杠杆比率	备注
资本良好	10%以上	6%以上	5%以上	需同时达成总资本充足率、核心资本充足率、资本杠杆比率三项指标要求方能进入该资本类别
资本充足	8%以上	4%以上	4%以上或3%以上但最近的一次银行"骆驼群评级"为一级	
资本不足	不足8%	不足4%	不足4%或不足3%但最近的一次银行"骆驼群评级"为一级	总资本充足率、核心资本充足率、资本杠杆比率三项指标只要有一项符合指标要求即进入该资本类别
资本严重不足	不足6%	不足3%	不足3%	
资本根本不足			2%以下	

---

[13]　《商业银行资本充足率管理办法》第38条。

[14]　在美国法上，适用即时纠正措施的商业银行为参加存款保险的所有机构，因此前文介绍美国《联邦存款保险法》的内容时，使用的监管对象名称为"参保存款机构"，而此处的名称改为"商业银行"，是因为我国《商业银行资本充足率管理办法》将即时纠正措施统一适用于所有商业银行，与是否参加存款保险没有关系。事实上，我国的存款保险制度尚在初步建立的过程中。

[15]　《商业银行资本充足率管理办法》第39条至第41条。

表格 2　中国商业银行即时纠正措施

	资本充足率	核心资本充足率	备注
资本充足	8%以上	4%以上	需同时达成资本充足率和核心资本充足率指标要求方能进入该资本类别
资本不足	低于8%	低于4%	资本充足率和核心资本充足率中只要有一项符合指标要求即进入该资本类别
资本严重不足	低于4%	低于2%	

二、中美立法中即时纠正措施的效率思辨

（一）基本制度效率的考察

美国的司法实践表明，即时纠正措施对于保持对商业银行的审慎监管、防止因商业银行倒闭而产生的多米诺骨牌式的系统性风险是具有明显实效的。而监管主体相应的权限设置进一步保证了其制度效率：在美国法上，即时纠正措施的执法者为联邦存款保险公司，即承担有支付存款保险和救助职能的机构，也正因为此种设定，一旦监管者因为即时纠正措施执行不力，被监管的商业银行则有陷入危险而接受救助的可能，监管者将不得不支付更大的成本。由此可见，美国立法将即时纠正措施与救助职能捆绑于同一机构，通过利用监管者"理性经济人"的内在驱动，从而产生了较强的激励性，这对于防止执法懈怠有很大益处。由此可见，制度效率的产生或增强取决于一个前提，即制度设计本身能提供充分的供给以满足规制实务的需求，如果这一供给并不充分，制度的效率自难以保障。当然，制度的必要供给并不等同于制度的过度饱和，毕竟"一旦金融监管立法突破了饱和的界限，出现多余的法规、地方规章、行政规定，这样又会使监管成本上升"[15]，这便会出现由于制度供给过量则造成立法资源浪费的现象，制度效率的低下也同样无法避免。

根据表格信息和前文详细介绍可知晓，商业银行被区分为五类，且配置了资本充足率、核心资本充足率和杠杆比率三个触发指标，每一资本类别适用各自的具体监管规则，基本趋势是资本充足状况越差，监管规则越趋向严厉。在这样的立法设计下，商业银行需随时注重内部的审慎管理，以谨防因为相关指标的下滑而导致资本充足类别上的降级，毕竟降级随即意味着经营

---

[15] 刘大洪：《法经济学视野中的经济法研究》（第二版），中国法制出版社 2008 年版，第 186 页。

范围的受限和监管规则的强化。由此可见,美国即时纠正措施的制度效率主要体现在两个方面:其一,资本类别和触发指标的细化为监管者和被监管者均提供了较为明确的指引,规则的确定性和精密性能够满足金融监管实务的复杂化和技术化要求,且并未失去应有的敏感性和灵活性。其二,资本类别、触发指标和纠正措施形成了一一对应的结构,被监管者相关指标或类别的降级即意味着明确无疑的更为严厉的强制性措施,这便为被监管者提供了一种激励,促使其主动依靠内部治理优化银行风险控制,这便避免了监管者单方承担巨大成本所带来的低效率和行政资源浪费。

与美国立法相比,我国的即时纠正措施则在制度效率上呈现出了若干弊端,由于商业银行的资本类别被简化为三类,触发指标也剔除了杠杆比率,尽管在结构上仍然保留了对不同类别银行所适用的不同纠正措施,但由于类别和指标的简化而导致即时纠正措施过于"迟钝"。"监管者为了达到监管目的,必须适时地注意市场动态,不断调整监管机制,使之能够尽量地达到'理想监管均衡强度'"[17]。而现行制度设计则钝化了对市场动态的查知,监管机制的相机调整也难以启动;另一方面,现行制度设计使得商业银行因为经营状况恶化而降级的可能性大为降低,这便意味着其面临更严苛监管措施的危险度降低,其主动进行内部治理以消减金融风险的激励程度也因此而被弱化。如此一来,监管成本在即时纠正措施中的分配被大量转嫁到监管者单方,制度的效率显然受到影响。另外,我国立法对不同类别商业银行纠正措施的设置也不如美国的立法那么精准和明确,以对资本不足类别下的商业银行适用的措施为例,《办法》比较详细地规定了银监会可以采取的措施[18],但几乎没有任何语词涉及这些措施的具体标准、程度、时限和未达成时可能承担的责任,与美国《联邦存款保险法》第38节的细致规定大相径庭。更为严重的是,中国立法中对银监会采取的即时纠正措施通篇使用了"可以"一词,这便意味着,立法对银监会有权实行的即时纠正措施定性为选择性规范而非强制性规范,因此,不论商业银行处于三个资本类别中的哪一级,银监会都享有是否采取措施的自由裁量权。在此种情况下,由于来自于立法的激励性不足,银监会缺乏积极履行职责的动力,依照银行风险程度的不同而设定的逐级强化的纠正措施很有可能沦为形同虚设的制度摆设。

---

[17] 刘大洪:《法经济学视野中的经济法研究》(第二版),中国法制出版社 2008 年版,第188页。

[18] 这些措施主要包括要求制定资本补充计划、限制资产增长速度、降低风险资产的规模等等,详见《办法》第 40 条。

我国目前的宏观金融环境加剧了前述制度设计的弊端。中国目前的金融业并非一个完全竞争性的市场，国有资本仍然保持着较强程度的垄断地位，民资和外资进入金融市场尤其是银行市场的壁垒依然很高，资本属性的一级化在我国金融业中表现得较为突出，国有商业银行仍然具有一定程度的垄断地位。⑲这便使得我国银行业的监管者与被监管者之间具有天然的"姻亲关系"，分别作为行政机关和市场主体的二者甚至有可能会"紧密合作从而最大化他们的共同利益"⑳。比如在人才流动上，监管者与被监管者之间便发生了"旋转门效应"㉑，从而为其达成共谋乃至监管者被"俘虏"降低了成本，即时纠正措施从而异化为寻租创租的制度缺口，而立法对纠正措施中自由裁量权的扩大则进一步深化了这种弊端，以至于为监管者消极执法提供了合法性的背书。

由此可见，与美国立法相比，我国即时纠正措施在效率上存在巨大的弊端。为降低制度成本，保证即时纠正措施在银行业监管中的实效，今后应致力于以下几个方面的改进：其一，细化商业银行的资本类别和触发指标，增加即时纠正措施的敏感性和回应性；其二，以"应当"取代"可以"，即在纠正措施中以强制性规定取代选择性规定，并进一步细化纠正措施的明确规则，限制监管者的自由裁量权，保证即时纠正措施对被监管者的正向激励；其三，在宏观上讲，则要进一步推进我国金融业的市场机制建设，降低民资和外资的进入壁垒，改变金融业国有股一股独大的局面，从而提高监管者被"俘获"的成本。

（二）资本充足率指标的可靠性：即时纠正措施的潜在风险

可以看到，无论是中国还是美国，在即时纠正措施中，资本充足程度成了

---

⑲ 参见赵园园：《银行业反垄断法适用问题研究——以银行业结构规制为视角》，复旦大学出版社 2012 年版，第 34—35 页。

⑳ Curtis J. Milhaupt & Katharina Pistor，*Law & Capitalism*：*What Corporate Crises Reveal about Legal Systems and Economic Development around the World*，The University of Chicago Press 2008，147.

㉑ "旋转门(revolving door)效应"一词形象地表现出监管者与被监管者之间人才流动的情况，事实上，在美国证券监管委员会(SEC)与华尔街之间，也存在着类似的人才流动的情况，"旋转门"一词最早也是用来形容美国证券业监管实务的，详情可参见罗培新：《美国新自由主义金融监管路径失败的背后——以美国证券监管失利的法律与政治成因分析为视角》，载《法学评论》2011 年第 2 期。但中、美"旋转门效应"的区别在于，美国 SEC 中的供职者经常把 SEC 作为跳板，意图将来供职于华尔街金融企业，"旋转门"更多地表现为从监管者到被监管者人才的单向流动；而中国则由于国有资本一股独大的现状，监管者与被监管者具有很大的共同利益存在，"旋转门"同时表现为人才的双向流动。

判断商业银行归属为哪一类别及是否降级的唯一指标。资本充足率制度滥觞于巴塞尔委员会1988年7月的《统一资本计量和资本标准的国际协议》,其核心制度在于将银行资本分为核心资本(又称一级资本)与附属资本(又称二级资本),并依照风险程度对不同资产设定不同的风险加权,风险加权资产数量等于资产的绝对数量乘以风险权重。2004年巴塞尔委员会又出台了《新资本协议》,对资本充足率制度的相应内容主要是资产分类和风险加权的制度进行了修改,以适应新的金融监管的要求。② 简单来讲,银行即时纠正措施中的资本充足率相当于资本与风险加权资产数量的比值,核心资本充足率相当于核心资本与风险加权资产数量的比值,杠杆比率则为核心资本与资产总额的比值。

在商业银行即时纠正措施中,不管是美国的资本充足率、核心资本充足率和杠杆比率的"三重指标"模式,还是中国的资本充足率与核心资本充足率的"双重指标"模式,都隐含着对资本充足程度能准确指引商业银行经营风险状况的基本假设。换言之,此种制度设计的根本逻辑在于如下两个"假定":其一,假定资本充足指标能准确披露商业银行运营风险状况,即在资本充足指标下,监管者与被监管者的信息不对称被打破,监管者能精准地了解被监管者的情况;其二,假定因资本充足指标所造成的降级将引起更加强化的纠正措施,由此在被监管者中产生主动改善经营状况的激励,促进制度效率。在上述两个假定中,后者只要完成了制度的优化即可实现,笔者在前文亦对此进行过详细的论述,并为我国将来的制度改进提出了若干建议;但前者是否成立则需进一步分析,且前者构成了后者的逻辑前提,即如果资本充足指标能打破监管者与被监管者信息不对称的建设不存在,即时纠正措施即面临被根本颠覆的危险。

以法经济学之理性经济人的基本逻辑,在金融监管领域,被监管者始终存有逃避监管以降低运营成本的动机。也正是在这一激励之下,金融业方能不断革新,创造出各种金融创新行为、金融衍生工具等,以应对监管机构日益

---

② 谢奕:《新巴塞尔协议下我国商业银行资本充足率研究》,载《黑龙江省政法管理干部学院学报》2010年第7期。

细化的监管方案。㉓ 按照这个逻辑,包括巴塞尔协议所建议的风险加权资本监管制度在内的任何控制甚至是压制型的监管制度都会引致被监管者规避监管的动机,即所谓"监管套利",一系列精巧的金融衍生产品可以有效地钻监管漏洞的空子。㉔ 金融危机的发生更是为这一反复发生的监管者与被监管者的博弈过程提供了最切实的证据:正是因为美国金融市场上的金融创新到了无以复加的地步,而监管实务却没有能赶上被监管者的这种迅速的套利行动,从而导致对风险控制度的不足,最终引发整个金融业界的危机。由此可见,妄图以资本充足指标实现银行监管方的信息不对称是极困难的,除非风险加权的设定极为精密和全面,且能及时因银行业的金融创新行为而作出回应和变动,而这几乎是不可能实现的:其一,巴塞尔委员会是由多国央行成立的国际组织,其规定的资本充足制度虽然对国际上的银行业监管具有极强的公信力,但由于其面对的是来自整个国际社会的金融监管实务,资本协议的出台和修正必然要进行各种的利益平衡与妥协,最后出台的资本协议很有可能是较为保守的,毕竟只有保守的制度设计才有可能尽量多的衡量各国的实际情况。在这样的背景下,资本协议的修正周期不可能促狭,这除了巴塞尔委员会在制定规则时本身就倾向于保守的原因外,多国之间的谈判、信息收集、规则制定本身就是极为消耗时间成本的行为,巴塞尔新旧资本协议的出台间隔了15年即是最明显的证据。其二,正是因为考虑到统一资本协议在多国进行适用时可能产生的与本国监管实务的不切合性,巴塞尔委员会有意的为各国的相机抉择提供了空间:资本协议赋予了各国银行监管当局在确定资本定义、适用信用风险和操作风险资本计量方法等方面的自主权以及各国筹集资本的不同成本。㉕ 此种制度设计的效益在于尊重了不同地域银行业发展情况和监管实际需求的不同,但缺陷在于为制度的内陷提供了激励,各国监管当局有可能会利用这种自主权放松监管,从而有可能造成监管实效大打折扣。

㉓ 此为凯恩(E. J. Kane)的"规避管制理论",即金融机构在获利动机的引导下规避政府所施加的严厉的金融监管措施是金融创新的重要推动力量,在该理论下,金融创新的过程被描述为管制与规避管制不断交替、相互作用的过程。郭峰总编纂:《全球化时代的金融监管与证券法治——近年来金融与证券法的理论研究与学术争鸣概览》,知识产权出版社2010年版,第107页。我国学者也有过非常类似的理论阐述,即认为"随着金融市场的发展,新的金融工具的不断涌现,以及金融创新机制的层出不穷,金融创新和监管正经历着:规避——规制——再规避——再规制的动态均衡过程"。参见刘大洪:《法经济学视野中的经济法研究(第二版)》,中国法制出版社2008年版,第189页。

㉔ 金华:《银行资本充足率监管制度的副作用》,载《武陵学刊》2011年第1期。

㉕ 周仲飞:《资本充足率:一个被神化了的银行法制度》,载《法商研究》2009年第3期。

不仅如此,在现行的资本充足标准难以满足银行业日益高涨的监管套利行为的情况下,资本充足率制度反而有可能走向其监管目标的反面。对此结论的推导如下:法律的核心精神在于稳定和透明,巴塞尔委员会的国际组织性质更是使其要恪守这两大价值,因此资本协议必须予以公开,且不得频繁变动,各成员国在制定自己的监管规范时也当然必须符合此特点。因此,对于被监管者来说,由于立法的公开性,各资产的风险加权情况、未施以风险权重或较低风险权重的资产类别、可以选择且不会影响其资本充足状况的金融衍生工具等信息的获取成本几乎为零[26],而且此种信息还因为法律的稳定性而具有明确的信赖保护,信息的不对称从被监管者一方重重地回落到了监管者一方。如此一来,资本充足制度反而变成了反向激励——以一种默示的方式向被监管者提供规避制度的方案。

上述因资本充足率迷信所带来的制度低效显然是让人不寒而栗的,但可惜的是,目前尚无法探索出一种比资本充足率更加优秀的制度来取代之,现今所能做的只可能是在该制度框架上进行修补,以限制其可能带来的信息不对称和反向激励问题。美国《联邦存款保险法》即采取了一种可以值得借鉴的制度:为不同资本类别的商业银行设置了动态传导机制。申言之,对于被划分为资本良好、充足、不足、严重不足或根本不足五级的商业银行,监管者享有一定的自由裁量权,可以在满足特定条件下将其降一级或虽不降级但适用于下一级银行的特定监管措施。[27] 而适用此制度的条件极为宽泛和不确定,只要监管者认为被监管者处于"不安全或不合理的状态"或"正在进行不安全或不合理的活动"即可。这种被有意扩大的自由裁量权能避免因为资本充足率指标在指向性的不周延,提高了商业银行监管套利的成本,毕竟即使商业银行依靠灵活的金融衍生工具,在不影响其降低成本和谋取巨额利润的前提下使资本充足率指标达到了充足或良好的地步,监管者也同样可以因为认为商业银行存在安全性问题而适用更加强化的监管措施。当然,这种制度设计并不能从根本上改变资本充足制度的弊端,而只能实现小范围的优化,否则美国金融危机便不可能发生。

反观我国的即时纠正措施,对资本充足率的迷信与美国保持了同样的无以复加的地步,不仅如此,由于我国对商业银行资本类别、触发指标上的设定

---

[26] 当然,此类信息的获取成本为零并不意味着进行相关的金融创新的成本为零,被监管者确实投入一定成本进行相关的市场调研与产品设计,以逃避相关的涉及风险加权的监管措施。

[27] The Federal Deposit Insurance Act, Section 38 (g). http://www.fdic.gov/regulations/laws/rules.

极为简化,迟钝性更强,这便会使资本充足率的信息不对称和反向激励问题更加被恶化。在纠正措施上,我国不存在美国立法的银行类别动态传导机制,即没有赋予银监会为了金融安全的考虑加强监管措施的自由裁量权。正相反,我国反而为银监会降低监管标准乃至消极执法提供了依据:《办法》中完全以"可以"一词赋予银监会的纠正措施权限,这种选择性制度的扩张会进一步内陷已是满目疮痍的资本充足率制度。笔者认为,在今后的改革中,我国立法应借鉴美国立法的基本经验,对粗糙的即时纠正措施进行改进,而从长远来看,则要积极探索除资本充足率制度之外更加优化的触发指标和监管方案。

三、简短的结论

笔者在前文中对于商业银行即时纠正措施的法经济学分析主要集中于制度设计的效率评价上,通过中美制度的对比可以发现,我国目前的即时纠正措施之设置尚离基本的效率要求相去甚远,这是我国近期立法中尤其需要改进的地方。除此之外,无论中国、美国还是其他国家,由于资本充足率制度的迷信而使即时纠正措施基本上千篇一律地以资本充足程度作为分级指标,这对于即时纠正措施效率的损害是极为明显的。但是,由于现有的经济分析工具和理论深度尚不能为我们提供除资本充足率之外的其他更可靠的分析指标,目前所做的只能是修补制度而非根本上的变革。综上所述,我国商业银行即时纠正措施一方面应细化资本类别、触发指标和相应的纠正措施,另一方面应借鉴美国的不同类别银行的动态传导机制,以达到对即时纠正措施效率的改进。除此之外,由于金融业监管是一门变动性和回应性极强的实践科学,监管者必须随时对金融界的运转情况保持审慎态度,从而为制度的相机变动提供分析数据。由此来看,《办法》未采用高位阶立法的态度反而为制度的相机变动性提供了空间,当然,由此带来的反面影响则是在行政机关的官僚式运转造成执法懈怠的情况下,低位阶的立法无法提供有效的补救。从目前中国的监管实务来看,后者的成本相较前者的效益表现得更为明显。这更从一个角度说明,我国金融监管实务中所面临的问题更为复杂、紧迫和严重。

丹宗昭信之经济法理论述评

毕　莹[*]

　　有关日本经济法的基本理论,在1972年由渡边洋三主编的《法学文献选集第7卷:法与经济》一书中有所综述,并收录了四篇具有代表意义的相关论文。[①] 该书在"经济法的理论"这一篇章的题解中指出,对当时的世界包括日本而言,经济法是现代资本主义之下一种崭新的法律领域,经济法学也是一种崭新的法学领域。经济法理论现在处于杂散的状态,尚未对"经济法是什么"这一问题本身形成统一的看法。[②] 就相关参考文献而言,综述中提到,有关经济法论的整体情况介绍可参见金泽良雄《经济法》的第一章。[③] 此外稍早的学说文献方面有峰村广郎的《经济法的基本问题》。[④]

　　在日本,最早经济法是一种舶来概念,源自于德国的Wirtschaftsrecht。[⑤]如周知,日本的经济法理论可大致可为第二次世界大战前与战后两个阶段。综述认为,桥本文雄的《经济法的概念》可谓战前经济法学水平的代表之一。[⑥] 此外,类似的代表性文献还包括例如桥本文雄的《社会法与市民法》,[⑦]

---

[*] 毕莹,清华大学法学学士、法学硕士,日本九州大学法学博士,现为浙江大学光华法学院讲师,日本早稻田大学国家公派访问学者。

[①] 早稻田大学土田和博教授向笔者推荐了《法学文献选集第7卷:法与经济》等代表性文献,特此表示感谢。

[②] 参见〔日〕渡辺洋三编:《法学文献選集7:法と経済》,学陽書房1972年版,第195—265页。收录的四篇论文分为:桥本文雄《経济法的概念》、丹宗昭信《経济法(学)的独自性》、正田彬《独占禁止法的性格と理論》以及金沢良雄《わが国的経济法的沿革》。

[③] 参见〔日〕金沢良雄(著),今村成和,《経济法》(法律学全集第52),有斐閣1961年版。

[④] 参见峯村光郎《経济法的基本問題》,慶応通信1959年版。

[⑤] 参见〔日〕渡辺洋三:《法学文献选集第7卷:法与经济》,第196页。

[⑥] 参见同上,第198—213页。

[⑦] 参见〔日〕橋本文雄:《社会法と市民法》,岩波書店1934年版。

菊地勇夫的《经济统制法》等等。⑧总的来看，认为经济法是国家通过扩大对经济生活的法的统制，从团体的视角出发对自由主义个人主义的私法体系进行根本的修正。⑨

关于战后日本的经济法理论，可以说独占禁止法占据了实定经济法的中心。众多的学者对作为独占禁止法之下的经济法的再构成进行了论说，然而真正理论的专著很少。研究的核心主要围绕经济法与市民法、社会法、行政法等部分法之间的关系应如何理解，战前的经济统制法与战后的以独占禁止法为中心的经济法是何关系等等问题。⑩ 其中，丹宗昭信的《经济法（学）的独立性》可谓少数对经济法理论进行体系性解明的尝试之一。⑪ 此外，论述经济法与社会法之间关系这一焦点问题的，可参考沼田稻次郎的《市民法与社会法》。⑫ 涉及对作为战后经济法中心的独占禁止法进行理论性评价的文献包括：以经济从属关系说为代表的正田彬《独占禁止法制的性质与理论》⑬、《经济法的性质与发展》⑭等等。综述指出，正田教授采取的是从与丹宗教授观点完全不同的研究路径，某种意义上可以说是从劳动法学的视角来看独占禁止法的。⑮ 从行政法学的视角来看独占禁止法论的，可关注今村成和《私的独占禁止法的研究》的相关论著。⑯从商法学的观点来看，富山康吉的《现代资本主义与法的理论》也是论及经济法的。⑰ 最后，在学习经济法理论时，倘若希冀了解实定经济法的具体对象是什么等概观的，可参见金泽良雄的《我国经济法的沿革》。⑱

限于篇幅，本文将着重对日本战后经济法理论中具有重要影响力的丹宗教授的代表作《经济法（学）的独立性——以"统制"的概念对经济法统一体系

---

⑧　参见〔日〕菊地勇夫：《経済統制法》，新法学全集 34 卷，1938 年版。
⑨　参见〔日〕渡辺洋三：《法学文献选集第 7 卷：法与经济》，第 196 页。
⑩　参见同上。
⑪　参见同上，第 214—235 页。
⑫　参见〔日〕沼田稲次郎：《市民法と社会法》，法学理論篇 116、法律時報 30 卷 4 号。
⑬　参见〔日〕渡辺洋三：《法学文献选集第 7 卷：法与经济》，第 236—250 页。
⑭　参见〔日〕正田彬：《独占禁止法の性格と展開》，日本評論社 1972 年版。
⑮　参见〔日〕渡辺洋三：《法学文献选集第 7 卷：法与经济》，第 197 页。
⑯　参见〔日〕今村成和：《私的独占禁止法の研究》（一、二、三），有斐閣 1957 年、1964 年、1969 年版。
⑰　参见〔日〕富山康吉：《現代資本主義と法の理論》，法律文化社 1969 年版。
⑱　参见〔日〕渡辺洋三：《法学文献选集第 7 卷：法与经济》，第 251—266 页。

化的尝试》进行详细介绍。[19] 总的来看,论文结构十分清晰,论述条理分明。除引言外,全文主要包括提倡作为经济法统一概念的"统制"的意义、对"统制"的探讨、作为"统制"规制之法的经济法的特色以及在"统制"统一情况下经济法的对象范围四个部分。以下将逐一介绍各部分的论述思路及主要观点。

在引言中,丹宗教授简要地介绍了当时日本经济法理论的研究现状与本文的写作宗旨,指出,关于经济法的规定,迄今为止尚未有定说。既往在日本,经济法(学)或是作为经济统制法(或称统制经济法),或是在经济法名义下论述行政法的一部分,或是涉及企业法中商法的一部分等等来考虑的。战后日本经济法讨论多少倾向于一种形变的方式,例如经济法是什么?经济法是否具有独立性等等。尽管在经济法的固有指导原理以及特定对象领域问题上目前尚未有通识,但是在战败之后,几乎没有听到否定经济法之独立性的积极见解。[20] 经济法的独立性似乎成为了一种默视的事实,或者说问题的焦点已转至经济法是否可以含入与劳动法以及社会保障法并列的社会法体系之中。即便存在诸多探讨,丹宗教授提出,几乎没有看到关于经济法基本性课题,例如经济法的独立性、指导原理、固有的对象领域等的真正性研究,而这正是当今法学界十分紧迫的课题之一。我们需要探究经济法的现代意义,也即理解为何经济法属于与行政法以及商法不同的法体系,进而得出有关经济法的积极性指导原理及解释原理,反省迄今为止仅仅强调经济(统制)法的"公共性"原理和"国民经济的观点"的来龙去脉,意义极大。为此,丹宗教授拟在下文中大胆地展开试论。

接下来在第一主要部分提倡作为经济法统一概念的"统制"的意义中,丹宗教授提出了两方面的重要意义。意义之一是为了确立经济法的独立性。一方面,独立的法律分科是以独立的统一概念(生活关系)为前提的,从而对应的是统一于独立的指导原则之下的经济法及其在法体系中的位置、经济法对象领域的限定等等问题。丹宗教授认为,日本的经济法研究与德国的情形几乎完全相同。德国以第一次世界大战为契机,日本在约20年后以"战时统制法"为契机,经济法开始兴起。为确立经济法的独立性,如德国学界一样,日本也围绕着同一概念展开论说。就像商法中的"商"或者"企业",行政法中

---

[19] 以下分部分详细介绍均参见〔日〕渡辺洋三:《法学文献选集第7卷:法与经济》,第214—235页有关丹宗昭信的《経済法(学)の独自性—「統制」概念による経済法の統一的体系化の試み》一文,以下省略对每一部分逐一进行引用的脚注。

[20] 论文中提到,战前美浓部博士等行政法学者中否定性见解多见。

的"行政",以及劳动法中的"从属劳动"一样,是各法所规制的独立对象(相当于社会、经济的生活关系),为确立经济法的独立性,也必须明确经济法独立的与其他法律分科不同的统一概念。具体地,需要联系既有法学的特性及其统一概念来探讨才能进一步明确。为此,丹宗教授逐一详细分析了上述与经济法最具密切关系的民法、商法、行政法以及劳动法的独立对象,在此基础上提出,民商法、行政法、劳动法各自为独立的法律分科,具有独立特点的规制对象(私的统一概念)以及通过应与此的固有原理而统一起来的,那么经济法是具有怎样独立特点的呢?文中给出的答案是,应明确区别带引号的"统制"与不带引号的统制,而经济法理论的命脉在于"统制"这一概念。有关"统制"的论证将在其后部分中详细加以论证。

　　提倡作为经济法统一概念的"统制"的意义之二在于,以"统制"概念为媒介来考虑经济法与经济政策之间的关联。为此,应把经济法视为规定经济政策立法的法律,当然关于经济政策的法律并非都是经济法。那么紧接的问题是,关于经济政策的法律中哪些部分应作为经济法进行统一限定?20世纪独占阶段国家经济政策之中,最重要的经济政策之一是有关独占与市场"统制"的国家政策。丹宗教授认为,经济法是涉及广义的市场"统制"(或者说独占)的经济政策立法。本文中的"统制"作为统一的概念,不仅指的是缓和独占概念上根据独占资本进行的市场独占,还考虑的是更广义一层的市场的"统制"。例如根据环境卫生关系营业的正当化法,基于同业组合(理发组合、浴室组合等)的"统制",又如根据中小企业等协同组合法的组合以及最近中小企业具有团体结合力而进行的市场"统制"(排除公正自由竞争)等等。该"统制"作为统一的概念,规制"统制"。值得注意的是,这里的规制不仅是指由国家进行"统制"压抑,也含有助长"统制"的意思。综上,丹宗教授主张,经济法与经济政策是以"统制"这一概念为媒介的,对市场进行"统制"的国家经济政策立法即为经济法。

　　论文继而进入了第二主要部分,对"统制"概念展开了详细探讨。首先,丹宗教授所谓的"统制",是一种具有支持经济法的独立性及其体系化的基础性意义的概念,此乃论说的关键所在。在该部分,首先明示了将迄今为止理解的统制这一概念作为经济法统一概念所存在的局限。丹宗教授从分析既往德国和日本的统制概念入手,指出,德国对统制(Wirtschaftslenkung)进行讨论的学者,主要是从"公的行政""直接的国家的干涉措施""国家经济政策""行政行为"等等行政行为意义上进行的。在日本,既往的通说也是将统制这一概念理解为一种国家作用(对私的经济的国家干涉)。例如田中教授认为,统制是通过自治的以及国家权力的方式调整国民经济生活的立法意图表现。或者说是一种通过国家权力参与私人的自由活动特别是经济的生活关系的行政作用;铃木教授主张经济统制法为国家从国民经济整体的立场出发的、旨在调整经济的法律;高田教授指出,对国民经济的国家统制是国家组织意思在特定的计划下指导经济主体,直接或间接对企业或个人的经济活动作出一定的方向指引。总结来看,无论是德国或是日本,统制概念均指的是国家对私的经济的一种干涉规制,将统制作为行政作用而视为行政法的一环。对此,丹宗教授评价道,私法学者们以"统制当然为行政作用"作为对统制的法的特点,如此看法并不明确。具体而言,将统制视为对私的经济的一种国家干涉,当以该种漠然的规定作为经济法时,并不明确作为经济政策立法的经济法涉及的是对私的经济中哪一部分的经济政策立法。也就是说,并不确定统制是作为经济法的规制对象(统一的实体概念),还是视为经济行为的法的特点,因此也无法明确经济法的行政法、民商法、劳动法等之间的界限,对应实际情况的经济法的性质特点也并不清晰。不仅如此,从统制即行政行为出发,也时常将统制作为经济学意义上的市场"统制"加以理解,缺乏将统制概念明确作为义务规定的一贯性理论。

其次,在指出以上局限的基础上,丹宗教授进而提出了自己的"统制"概念。文中从对"统制"概念的法社会学分析入手,指出"统制"成立的经济过程。丹宗教授所谓的"统制",系指在自由、平等的市民法原理上所展开的资本主义经济的结果必然引起的一种经济现象。具体而言,在资本主义经济机制中,资本等于企业的活动,可分为外部关系与内部关系。企业的外部关系是指企业在资本主义经济内所占据的构成单位地位,即企业的法主体,其地位原则上是在独立、自由的原理中存在的(财产的方面);内部关系中企业的统一性是在支配统一的原理即从属劳动的基础上存在的(人的方面)。经济法上的问题为前者,即在企业外部关系中通过财产统一扩大企业的支配权。所有与支配(经营)相分离是20世纪特有的现象,众所周知,利用股份分散带来的所有与支配的分离现象,采用契约自由、公司意志决定自由(多数表决)等市民法的手段,企业达成集中与独占,例如托拉斯的外部卡特尔、寡头等等。资本集中的高层形态的企业集中的问题,并非单通过复数企业自由意思结合,根据这些企业的支配权,投向这些企业的资本的支配权,通过集中运动的主导者强制集中到少数支配团体的手中,资本具有的经济力被滥用,市民(法)自由与实质的自由的背离更甚一层。

在这一背景下,可以说独占即市场"统制",属于非市民法的现象。"统制"规制要求建立在所有权(资本)的社会特点要求的基础上。近代的所有权,以私的要素与社会的要素而构成。自由所有权的私的要素展开为追求利润引起的必然结果,这诞生了历史性否定自由的市场"统制"。然而,通过"统制"表现出来所有权私的要素("营利性")与社会的要素("公共性")之间的不均衡(初期的自由放任建立在所有权的两种性格在自由活动中予定调和的社会哲学基础上)极端地表现了出来。国家不得不介入对所有权两种要素的调整。当所有权私的性质高度的展开,自由主义经济走到尽头与危机时,所有权的社会性质在现实问题前面以及意识面前表现了出来。首先是对"权利的滥用"这一私的性质绝对化的对抗修正的消极形式,这属于私法范围内的修正。之后是以"所有权是来自社会的信托","所有权本来是包含义务的,须为了公共福利而行使"等教养学说表现出来。所有权的公共性、社会性在《魏玛宪法》第153条明确加以规定,确立国家对市场"统制"进行规制的法律根据,魏玛的"社会化立法(强制卡特尔法)"的依据即为宪法。日本新《宪法》第29条所有权条款也在某种意义上解释为承认了国家对市场统制的干涉。总结来看,所有权的社会性质导致了作为市场"统制"规制法的经济法的产生。经济法是调整所有权内所含的私的要素与社会的要素之间的矛盾,维持资本主义经济机制的资本主义国家经济政策立法之物。

再次,在以上论述的基础上,丹宗教授进一步对"统制"的概念内涵与内容范围加以界定。关于"统制"的概念内涵,文中指出,市场"统制"系指在经济市场中"排除公平自由竞争"的经济行为及其后果状态。市场"统制"的典型形态为卡特尔、托拉斯、寡头等等。需要注意的是,独占禁止法所规定的对象不仅包括经济独占,还包括排除更广义一层的"公平自由竞争"的行为。借助独占禁止法的表述,即"防止事业支配的过度集中,排除通过结合协定等方法生产、贩卖、价格、技术等不当限制及其他一切对事业活动的不当拘束,促进公平自由的竞争"。其中,在丹宗教授看来,"予以排除的行为"并不理解为独占,而是更广义的作为统一概念的"统制"。作为经济法原则法的独占禁止法作、适用除外特别立法的强制卡特尔法,以及与强制卡特尔法性质类似的战时中经济统制法等等,也应归入关于市场"统制"(助长"统制")的统一的法体系。此外,很多组合法也是关于市场"统制"的法而应统一至经济法之中。

由此,"统制"关系的社会经济意义在于,倘若从"统制"的主体侧面(人的侧面)来考察,应从市场"统制"的两极所表现的主体即经济强者("统制"者)与经济弱者(被"统制"者)之间所谓的"经济从属关系"加以把握,这点可以类比劳动法的"从属劳动"关系。市场"统制"的主体,大致上为独占企业者或者企业者集团(例如商工组合、农业组合)等等。经济法不仅具有保护"经济从属关系"中经济弱者的社会法之性质,还担负着在德国和日本实际因不景气或恐慌而将重压转嫁给经济强者之功能。

关于"统制"的内容范围,如同劳动法的"从属劳动"现象,"统制"现象也是在市民法的发展过程中所表现出来的一种非市民法的现象,这含有否定市民法原理的意义。简单来说,"统制"概念的分析最终最后要归结到限定作为经济法统一概念的"统制"的内容上。具体而言,丹宗教授作出了若干限定。其一,作为社会、经济实体概念上的"统制"并非是一种诸如行政行为的法律概念。既往将统制的概念作为行政行为而理解的倾向很强,而丹宗教授所谓的"统制"概念,是作为社会经济实体意义上的概念。任何法律分科统一的概念均应为一种实体概念。其二,"统制"须对市场造成某种程度的独占的影响。丹宗教授所谓的"统制"虽以托拉斯和卡特尔的"统制"为典型,但并不限于此,是一种较为缓和的解释。通过加盟企业者或者关系企业者之间的"限制公平自由竞争"而对市场进行极其缓和意义上的独占影响,为其目的的最下限。其三,"统制"是市场经济中产生的现象,并不是国家对私的经济活动的干涉一律称为"统制"。例如渔业法和矿业法等对私的经济进行国家干涉的规制,并不直接是市场经济中的"统制",因此并不称为统制法。经济法是将近代市场经济中所表现出来的"统制"作为其规制对象的。其四,市场"统制"的原则在于,以"统制"为媒介的经济强者与经济弱者的关系是存在于契约自由的市民法关系的背景之中。这种经济的从属关系作为经济法规制的重要对象,具有社会法原理的妥当性。其五,"统制"不仅限于诸如卡特尔、托拉斯等自治的"统制",也包括例如强制卡特尔由国家的法律命令而形成的市场"统制"。由此,"统制"是根据公共性的原理予以规制的,因此不能说是具有诸如最初地租房租统制令之类的社会法的构造。其六,"统制"的规制(抑制或者助长),并不限于国家(行政厅)的司法机关,也包括准司法机关(行政委员会)。最初为司法机关,逐渐为行政机关替代,最近移至行政委员会。

丹宗教授在完成了以上重要论述之后,进入了论文的第三主要部分,即论述作为"统制"规制之法的经济法的特色,揭示了作为统一的概念、具有实体性特点的"统制"的六个特点。第一体现为法主体从 person 至 Mensch 的性质变化。经济法中法主体的性质变化称为经济法相对市民法最显著的特征。市民法上的人,是指在流通过程中负担商品的人格化的、完全无视个别性的抽象孤立的人。与此相对,经济法上的法主体,系指一切经济过程(除劳动过程委任于劳动法外),不仅包括流通,还包括从生产过程到设备的新设扩大等等过程。经济法的法主体属于具体化、个别化、特殊部分社会的社会人，是一种带有性格的法主体特征。第二为经济法制度的个别化与复杂化。因经济法的法主体（即法规制的"统制"的主体）的个别性、具体性以及多样性，经济法依据众多个别立法，使得统一法典成为一种不可能。第三为存在着相互矛盾的两种指导原则，即本来的经济法将其作为独占禁止法系统下一种通过自律"统制"而规制的法，与传来的经济法将其作为（战时）经济统制法体系下的一种他律的（同时规制着"统制"的维持与助长）法。具体而言，日本本来经济法的原理是，禁止或者压制"统制"，即排除公平自由竞争，规制（抑制）"统制者"即经济的强者，经济法可以说是具有保护经济的弱者功能的，具有社会法的特点。保护主义的原理恒为经济法的重要指导原理（社会法的原理）。与此相对，传来的经济法指导原则是，追求以"公共性"或者"公共福利"。综上可见，在市场"统制"问题上，可分为社会法的原理与"公共性"原理两种指导原则。第四是对意思主义的修正。基于市民法理论的基础上自由"意思"的概念，是纯粹的从一切经验的各种条件中解放出来的"意思"。然而，经济法的一部分以及劳动法之类社会法性质的法却正是以人类经验的各种条件为标准的。经济法中，并非以一定的法律效果的发生作为其"意思"，而是倾向于一定的状态，这可以作为经济法的显著特征。基于国家的政策判断而决定，即使是同一市场的"统制"，也会出现因政策主义评价不同而成为经济法规制对象的情形。经济法中，"意思"理论修正的状态理论为难点，存在很多相关学说，其中主要有三种倾向。第一种为通说，赞成"统制"（等于广义的独占）的成立中"意思"并非必要；第二种认为独占禁止法"共同行为"中意思的联络存在问题，可通过仅认定状态而推定；第三种主张经济法的性质本来就是以规制一定的"状态"为目的的，没有私法的"意思"理论插入的余地。对此，丹宗教授总结道，从经济法的状态理论对"意思"论的修正也是解释学上的重要课题，与经济法的性质论相关，因此希冀作为日后的研究课题。第五点特点为一般条款的扩大。不可否认经济法的发展刺激了一般条款的扩大，经济法规制对象的市场"统制"是富有多种多样性和变化性的，因此经济法的规制复杂且高度变动性，这也要求规制的法律具有一定的弹力性。第六，经济法具有三面构造性。私法原则上是对等的私人对私人的关系，公法特别是行政法，原则上是支配服从的权力关系为前提国家（行政官厅）对私人的关系。然而经济法中，原则上三方当事者的关系即三面关系为其显著特点。以"统制"为媒介的经济从属关系包括了私人间的关系和国家与私人间的关系。

最后,根据以上作为统一概念的"统制"的标准,在第四主要部分中,丹宗教授以图示归纳的方式,尝试着将当时日本的实定法逐一划入经济法的对象范围,在理论上将其分为初期的经济法(不正当竞争防止法)、本来的经济法(包括对卡特尔等"统制"禁止关系法、独占法适用除外法以及由国家直接"统制"规制三类独占禁止法系统的法)、中间的经济法(各种事业法系统的法)、传来的经济法(战时统制法系统的法、营团公团等公社规制中涉及市场"统制"形态的、公共事业/公益事业等规制中涉及市场"统制"形态的)四大主要的类别。

内地与香港外汇基本法制之比较：
一个法理的反思

余 涛[*]

2013年11月12日,党的十八届三中全会通过了《中共中央关于全面深化改革若干重大问题的决定》,指出,经济体制改革是全面深化改革的重点,核心问题是处理好政府和市场的关系,使市场在资源配置中起决定性作用和更好发挥政府作用。在外汇领域,同样面临如何处理政府与市场关系的问题。随着中国经济开放程度的增加,用汇单位范围越来越大,国家对外汇资金的管理越来越困难,这就使得外汇领域里政府与市场的关系的协调变得更加重要。本文以香港外汇基本法制为参照系,比较研究内地和香港两地外汇基本法制的异同,找出内地外汇基本法制与香港外汇基本法制的差距与不足,以期对内地外汇法制的完善有所裨益。

一、制度理念：外汇基本法制生成的视角

（一）香港外汇制度的市场化导向

香港《外汇基金条例》在每一法条后面都用括号的形式详细列明本条的历史变动情况和法条演进脉络。例如,《外汇基金条例》第3(4)条规定:"除第(5)款另有规定外,根据第(3)款借入而尚未清还的款项总额,在任何时间均不得超过500亿美元,如以外汇持有,则在任何时间均不得超过以当时汇率计算的相等款额(由1971年第25号第2条增补。由1971年第150号法律

---

[*] 余涛,上海交通大学凯原法学院2013级博士研究生。

公告修订;由 1972 年第 125 号法律公告修订;由 1980 年第 56 号法律公告修订;由 1980 年第 173 号法律公告修订;由 1980 年第 363 号法律公告修订;由 1981 年第 388 号法律公告修订;由 1987 年第 64 号法律公告修订;由 1995 年第 12 号第 3 条修订)。"香港外汇基金法典化的过程,"都前置有一个对传统习惯法的甄别、记录和整理的过程,充满了经验主义色彩的历史选择"①。在某种意义上说,在香港外汇法制的形成过程中,外汇市场处于主动地位,立法机关处于被动地位。外汇规则在市场化的发展中生成,立法机关在此基础上对这些规则予以固化。因此也就决定了香港外汇法制的市场化导向。

这样立法的好处是:第一,有利于读者把握法律变化的来龙去脉,读者可以根据修订提示快速定位过往的法律规范,帮助读者对法律文本进行历史解释。同时,根据修订次数的多少可以反映出社会经济生活的发展变化,有利于我们把握社会经济发展变化与法律变动理念之间的关系,提高法律适用的准确性和科学性。第二,较好地协调了法的安定性与现实变动性之间的关系。香港"活页式"的立法安排,使得在保持法典结构相对不变的情况下,扩大了法典的容量,提高了法律的解释力,有利于保持法典既定结构的逻辑自洽性和完整性。第三,有利于外汇法制文化的积淀与形成。外汇法制的修订历程与外汇实践变化紧密相关,修法的时间线索将外汇实践的经验与教训串联起来,在悠长的历史长河中,这些点滴教训与经验逐日积淀并形成极具地域特色的外汇法制文化。

(二) 内地外汇法制的行政化倾向

纵览内地《外汇管理条例》,除了法律颁布和生效的时间,尚无任何一则条文能够直接传达出该规则的来龙去脉。如果不是专业的研究者,普通的社会公众基本上无法对特定的外汇制度进行历史性把握。"干净整洁"的法律规则,忽略的是厚重悠长的法律文化。本来内地的现代法制文化根基薄弱,这种"屏蔽"过往的立法进路,更加不利于外汇法制文化的积累与形成。从非专业的社会大众角度来看,在外汇市场中,更能感受到的是外汇法律制度而非外汇法律文化,因为社会大众直接面对的往往是体系化的规则,缺乏规则形成文化的熏陶机会。规则专政的事实将会为外汇市场参与者造成误导性的指引——其行为应该合规而非符合外汇市场规律。久而久之,对于合规的关注会形成制度依赖的惰性,使得外汇市场参与主体的反思精神与反思意识

---

① 张志铭:《转型中国的法律体系构建》,载《中国法学》2009 年第 2 期。

在无形间被消解。从根本上说,外汇法律规则是对外汇市场规则的反映,规则是被动的、滞后的,外汇市场是主动的、先进的,立法要"主动适应改革和经济社会发展需要"②。只有在深刻把握外汇市场规律的基础上,才能推动外汇市场的创新,而历史性的立法材料是帮助外汇市场参与者深刻、准确把握外汇市场规律的重要依据。从某种意义上说,外汇市场法规的显性地位代表了法律规则对外汇法律文化的控制。而内地的外汇法规全部由行政机关制定,自上而下的行政导控思想也将在无形间被弥散到外汇法规中。法律文化一旦受到法律规则的左右,社会就会形成自上而下地强加法律价值的恶性导控,就会出现哈贝马斯所说的"生活世界殖民化"的局面。③ 具体到内地的外汇市场领域,就表现为外汇行政管理权对外汇市场发展权的"殖民化"。

二、规则构成:两地外汇基本法的区别

(一)基本法律的规则构成

通说认为,法的构成要素有三:法律原则、法律概念、法律规则。法律规则通常由假定条件、行为模式和法律后果三要素组成,这种结构决定了法律规则应被优先适用,法律规则的完备程度也就决定了法律的可预测性。从法律的可操作性层面而言,法律规则应该占据主要地位;法律原则对法律规则的确立和适用提供指导,起到拾遗补缺、维护法律稳定的作用;法律概念则是为法律规则的适用划定语境逻辑和时空范围等。所以,评价一部法律的可操作性、可预测性基本上等同于对该部法律中法律规则的评价。

在法理上,按照规则的内容是否直接地被明确规定下来,可以将法律规则分为:确定性规则、委任性规则和准用性规则。确定性规则是指,规则明确规定了行为规则的内容,无须再援用其他规则来确定本规则内容的法律规则。委任性规则是指,没有明确规定行为规则的内容,而授权某一机构加以具体规定的法律规则。准用性规则是指,没有规定行为规则的内容,但明确指出可以援用其他法律规则来界定本规则内容的法律规则。④

本文展开分析的样本分别是内地《外汇管理条例》和香港《外汇基金条

---

② 参见2014年10月23日,中国共产党第十八届中央委员会第四次全体会议审议通过的《中共中央关于全面推进依法治国若干重大问题的决定》。
③ 高鸿钧:《法律文化的语义、语境及其中国问题》,载《中国法学》2007年第4期。
④ 张文显主编:《法理学》(第三版),法律出版社2007年版,第120页。

例》,二者的法律规则构成如下:

表一 《外汇管理条例》和《外汇基金条例》的法律规则构成

法典条文	确定性规则⑤	准用性规则	委任性规则
《外汇管理条例》共计54条	第19条、21条、24条、26条、33条、34条、36条、37条、38条、41条、43条、44条、47条、51条(共计14条)	第39条、40条、42条、45条、46条、49条、50条(共计7条)	第9条、12条、14条、15条、16条、17条、18条、20条、22条、23条、25条、28条、30条、35条(共计14条)
《外汇基金条例》共计13条	第66章第3条、第3A条、第4条、第5条、第5A条、第5B条、第6条、第7条、第8条(共计9条)	第66章第3(3A)(aa)条、第6(aa)条(共计2条)	无

(二)评价标准的确定

有学者将法律规则文本体系完备与否的评价标准界定为三个方面:(1)确定性规则、委任性规则、准用性规则三者的数量以及比例,确定性规则数量越多,法律文本体系越完善;(2)准用性规则所需要准许援用的法律规则是否完备;(3)委任性规则中的"委任"是否得到了实现。⑥ 笔者认为,根据确定性规则、委任性规则和准用性规则的数量及比例来判断某一规则体系的完备程度无可非议,但是将准用性规则是否完备以及委任性规则中的"委任"是否得到了实现作为判断标准则值得商榷。

第一,之所以规定准用性规则,是因为内地强调民事、行政和刑事立法、执法与司法的区隔性,不同的行为侵害的法益不同,因为法典区隔性的存在,使得违法行为难以在同一部法典中被评价,准用性规则的作用在于设定不同法典之间的连接点,以对违法行为予以整体评价。每一部法律都有自己的法

---

⑤ 这里需要说明的是,内地《外汇管理条例》中确定性规则和准用性规则的区分并不绝对,因为某一法条之内,既包含了确定性规则,又包含了准用性规则,二者存在一定重合。例如,《外汇管理条例》第39条规定:"有违反规定将境内外汇转移境外,或者以欺骗手段将境内资本转移境外等逃汇行为的,由外汇管理机关责令限期调回外汇,处逃汇金额30%以下的罚款;情节严重的,处逃汇金额30%以上等值以下的罚款;构成犯罪的,依法追究刑事责任。"本条中,除"构成犯罪的,依法追究刑事责任"的规定之外,其余的文字应属确定性规则。而"构成犯罪的,依法追究刑事责任"属于准用性规则,其确切含义应解释为:构成犯罪的,应该根据《刑法》190条和《关于惩治骗购外汇、逃汇和非法买卖外汇犯罪的决定》追究刑事责任。

⑥ 梁平、李广德:《法教义学视角下的转基因争议与法律规制问题研究——以转基因法律规制体系的形式考查为核心》,载《河北法学》2014年第12期。

益保护倾向,所以准用性规则必须协调不同法律之间的法益价值⑦,法律体系的协调性自然应该成为判断准用性规则的标准。"准用性规则所需要准许援用的法律规则是否完备"应该从质和量两方面来解读:(1)是否有足够数量的法规;(2)法规质量是否能够满足现实需求。时至今日,我国"现行法律条文已经相当完善"⑧,法规数量的评价标准已经不合时宜,法规质量才是评价具体发条或法典的最重要的标准。准用性规则应该达到什么样的质量标准呢?笔者认为,准用性规则是不同法典的连接点所在,其基本功能是使不同的法典构成内在关联、逻辑严密的法律体系。所以,准用性规则的质量就表现为其对不同法典价值的协调。

第二,委任性规则在本质上是授权立法的体现,其通常是对某些极具专业性的事项授权下级机关进行规定。可以想见,如果委任性规则大量存在,则可能会使导致上位法的空洞化,损害法律的明确性和可操作性。因此,评判委任性规则不在于"委任"是否实现,而在于"委任"是否必要以及对委任性规范数量的控制。

故而,本文认为,评价一部法律文本规则体系完备与否的标准为:(1)确定性规则、委任性规则和准用性规则的数量及占比;(2)准用性规则对不同法益价值的协调;(3)委任性规则生成的必要性及数量的多少。

(三) 对内地和香港外汇基本法的分析

1. 两地外汇基本法的规则构成比例

对内地和香港外汇基本法的法律规则构成情况如下:

表二 《外汇管理条例》和《外汇基金条例》的法律规则构成比例

法典条文	确定性规则	准用性规则	委任性规则
《外汇管理条例》共计54条	25.93%	12.96%	25.93%
《外汇基金条例》共计13条	69.23%	15.38%	0

2. 三类规则的数量及占比

就绝对比重来看,内地《外汇管理条例》和香港《外汇基金条例》中,确定性规则均占据最大比重;但是从相对比重来看,内地法例中的委任性规则和

---

⑦ 王利民:《民法上的利益位阶及其考量》,载《法学家》2014年第1期。
⑧ 梁慧星:《法律思维与学习方法》,http://www.lawinnovation.com/html/zgfx50rlt/13411.shtml,2015年7月11日访问。

准用性规则都占有很大比重,尤其是委任性规则所占比重与确定性规则所占比重相差无几,而香港法例中不存在委任性规则,即便存在准用性规则,但与确定性规则相比,准用性规则处于绝对少数。将内地和香港的外汇法制作一比较后可知,香港法例的确定性规则占比要远远高于内地的确定性规则占比,委任性规则和和准用性规则占比相较内地又低很多。因此,据第一个标准,我们至少可以得出两个结论:其一,内地的《外汇管理条例》规则体系完备程度不高,香港《外汇基金条例》规则体系完备程度较高;其二,香港的外汇基本法规则体系远比内地外汇基本法规则体系完善。

3. 准用性规则对不同价值的协调

内地《外汇管理条例》的准用性规则均在外汇法律责任一章中出现,包括行政法律责任和刑事法律责任两种。典型的立法句式为"……由外汇管理机关责令改正……"和"……构成犯罪的,依法追究刑事责任"。香港《外汇基金条例》仅在两个具体条款中出现了准用性法律规则,分别是第66章第3(3A)(aa)条:"根据或凭借《硬币条例》(第454章)发行的任何硬币的价值"和第66章第6(aa)条:"根据或凭借《硬币条例》(第454章)而发行的硬币,其发行及维持流通所招致的任何开支"。⑨ 这两条准用性规则的内容都是对"硬币"这一概念进行界定,并不涉及外汇经营或业务中的具体权利义务配置。⑩ 故而,内地外汇基本法的准用性规则集中于法律责任部分,香港准用性规则集中于概念解释部分。从法律规则的结构来看,法律责任制实际上是对"法律结果"的补充,并不会造成不同法益价值的冲突。此外,因为概念解释并不涉及实体权利义务的分配,也不存在价值协调的问题。综上,内地和香港外汇基本法中的准用性规则并不会引发不同法典价值错位问题,准用性规范标准在衡量两地外汇基本法的质量方面并无太大作为。在某种意义上,对两地外汇基本法制的评价就是对委任性规则的评价。由于香港《外汇基金条例》中不存在委任性规则,所以对委任性规则的评价实际上就是对内地《外汇管理条例》中委任性规则的评价。

---

⑨ 实际上香港《外汇基金条例》第3条、第6条的内容并不全都是准用性规则,还包括大量确定性规则。但是笔者为了统计方便,只要出现了准用性规则的内容,就一概将这一条内容都看成是准用性规则。同样的统计方式也适用于内地的《外汇管理条例》。

⑩ 香港《外汇基金条例》第7条规定:"外汇基金所有交易的账目,须于行政长官不时指定的时间,依行政长官不时指定的方式审计。"本条是香港外汇制度的法律责任条款。《外汇基金条例》虽然没有明确规定外汇法律责任,但是将该条与其他法例做一体系性解释可知,香港外汇法律责任应依据《公共财政条例》而定。本条事实上准用了《公共财政条例》的责任制度,但是因为法律并未明确规定,故而笔者不将其归入准用性规则的范畴。

(四)对内地外汇基本法中委任性规则的评价

1. 内地外汇基本法委任性规则的必要性评价

(1) 具体的评价标准及初步的归类

立法主体为保障其所制定的法规范性文件能够得到有效实施,通常将制定配套性规范性文件的权力授予其他有关国家机关,由该国家机关依据所授予的立法权进行立法的活动,这就是授权立法。[11] 而委任性规则的基本构成要件与授权立法条款并无二致,这说明二者在一定条件下是重合的。授权立法条款可以出现于法律文本的总则、分则和附则中。但是,委任性规则通常不会出现于总则或附则中,故而,从规则的分布空间来看,授权立法条款包含委任性规则,委任性规则属于授权立法条款的一种特殊形式。在这个意义上,评价委任性规则存在的必要性的等价命题就被转换为评价授权立法条款的必要性了。现有大量研究都从宏观上对授权立法的必要性进行研究[12],但是宏大叙事忽略的是微观制度建设的可操作性。有学者以实证研究的方法,将我国授权立法的情形归纳为三类:授予受权主体对某一专门事项作出规定;授予受权主体对某一事项作出变通或补充规定;授予受权主体制定法的实施细则或实施办法。[13] 这种来源于对现象进行归纳的结论,更具有说服力,也即,前述三类情形或标准应该成为我们评判授权立法必要性的标准。[14]

那么内地《外汇管理条例》中的委任性规则属于前述哪一种情形呢?通过对内地《外汇管理条例》中委任性规则内容的归纳可知,这些规则的内容主要集中在以下方面:境内机构、境内个人的外汇收入可以调回境内或者存放境外的条件、期限等;交易单证的真实性及其与外汇收支的一致性的审查标准;经常项目外汇支出管理;携带、申报外币现钞出入境的限额;境外机构、境外个人在境内从事有价证券或者衍生产品发行、交易条件;境内机构、境内个人向境外直接投资或者从事境外有价证券、衍生产品发行、交易条件;借用外债;银行业金融机构向境外提供商业贷款;资本项目外汇支出管理;资本项目外汇及结汇资金;综合头寸管理;金融机构在银行间外汇市场进行外汇交易

---

[11] 汪全胜、张鹏:《法律文本中授权立法条款的设置论析》,载《云南师范大学学报》(哲学社会科学版)2012年第2期。

[12] 刘俊敏、蒋鼎峰:《论我国授权立法制度之重构》,载《社会科学家》2013年第10期。

[13] 全胜、张鹏,同注⑫书,第130页。

[14] 当然,笔者认为,"授予受权主体制定法的实施细则或实施办法"的评价标准纯属多余。因为法律文本中即便不作此规定,我们对《立法法》的相关条文进行体系解释后,仍然能得出此种结论。

管理;外汇市场交易的币种和形式;财务会计报告、统计报表等资料标准。我们通过排除法对前述内容进行归类发现,这些内容最有可能被归入"授予受权主体对某一专门事项作出规定"这一标准。评价这一标准的核心要义在于外汇特定事项的专业性。

(2) 专业性和管理性的界分

那么前述内容是否都属于符合外汇专业的专业性事项呢?否。内地对资本项目的严格管控就是一个适例:一方面,中国为了逐步推进人民币国际化,就必须进一步放宽资本项目下的外汇限制[15];另一方面,资本项目的自由兑换是经济市场化的最后阶段,只有在国内信贷能按均衡利率进行,通货膨胀受到明显抑制以致无需汇率贬值时,资本项目自由兑换的条件才算是成熟了。[16] 在这一充满矛盾的进程中,体现的更多的是国家权力对外汇市场及其业务的管控,而非对外汇基本规律的完全皈依。由此,笔者将前述内容所涉及的规则划归为专业性委任性规则和管理性委任性规则两大类。所谓专业性是指,从外汇专业角度对外汇知识、业务等所进行的技术性评价,它反映的是个人或机构对这一专业内在规律的顺应程度。所谓管理性是指,从外汇行政管理的角度对国家权力介入外汇市场程度的一种价值评判,它在本质上属于一种以国家权力为基础的社会改造活动,基本目的是为了有利于国家外汇管理权的实现。

(3) 专业性和管理性关系的阐明

根据前文确立的标准,由于专业性的原因而在外汇基本法中规定委任性规则并非不可,但由于管理性原因而规定委任性规则是否合适呢?要回答这一问题,必须对专业性委任性规则与管理性委任性规则的关系进行探讨。实际上,对二者进行较为清晰的划分并不容易。因为管理性委任性规则的目的是为了实现国家的行政管理权,管理性委任性规则作用的发挥又以专业性委任性规则为基础。本文认为,谈论管理性委任性规则的前提语境为:人民币的国际化和内地的金融自由化。管理性委任性规则的设置必须有利于人民币国际化和内地金融自由化目标的实现。故而,内地《外汇管理条例》中专业性委任性规则与管理性委任性规则的关系为:

第一,专业性委任性规则强调对外汇本身规律性的顺应,管理性委任性

---

[15] 路妍、林乐亭:《危机后国际货币体系非均衡性对中国外汇储备的影响研究》,载《宏观经济研究》2014年第1期。

[16] 陈晓莉、胡金焱:《再论中国金融自由化的次序》,载《南开学报》(哲学社会科学版)2014年第5期。

规则强调对国家权力及利益的服从。对外汇本身规律的顺应是外汇法制建设最终的目标,国家对外汇市场的干预从根本上是为了满足对外汇规律的契合性要求。第二,在某种意义上,专业性委任性规则与管理性委任性规则的关系是我国外汇市场去除行政化或者还原市场化的过程,但是因为受制于特定的客观条件(比如内地资本项目的长期管制,使得套汇、套利活动比较猖獗以及内地房产和股市形势的制约),中国加速推进外汇市场化是极其危险的。[17] 所以,当前阶段内地外汇法制市场化的过程中,又离不开国家的主动管理与干预。总之,就现阶段而言,我国《外汇管理条例》中专业性委任性规则和管理性委任性规则都有其存在的必要性,但是从长远来看,管理性委任性规则所规制的内容应有步骤地放开。

2. 内地外汇基本法委任性规则的数量评价

据前文可知,内地《外汇管理条例》中委任性规则的比例达到了25.93%,香港《外汇管理条例》中不存在委任性规则。通过分析内地《外汇管理条例》委任性规则构成发现,被委任的对象都是"国务院外汇管理部门"(国家外汇管理局)。[18] 这意味着,有超过1/4的管理事项或权限被授权国家外汇管理局规定或行使。大量的委任性规范的存在,使得国家外汇管理局的规定在事实上成为内地外汇监管的重要法律渊源之一。根据法律位阶理论可知,《外汇管理条例》属于行政法规,国家外汇管理局的规定属于部门规章,后者是因为前者的委任性规则而产生。这一构造产生了一系列问题。

(1)外汇法制的可预测性和确定性遭受不利影响

法律位阶的一般理论认为,为了保证法律位阶的确定性,规定法律位阶的规范应是确定性规则,而不应是委任性规则,因为委任性规则确立的法律位阶具有任意性与不确定性。法律位阶的不确定性将大大降低法律的可预测性与确定性,有违法治原则。[19] 以法规的形式渊源为准,可将内地现行有效的外汇管理主要法规[20]分为三类:① 实施细则类;② 暂行办法和暂行规定类;③ 通知、批复和公告类。国家外汇管理局出台的规范规则也基本可以纳

---

[17] 余永定:《从当前的人民币汇率波动看人民币国际化》,载《国际经济评论》2012年第1期。

[18] 例如,《外汇管理条例》第20条第2款规定:"向境外提供商业贷款,应当按照国务院外汇管理部门的规定办理登记。"

[19] 周永坤:《法治视角下的立法法——立法法若干不足之评析》,载《法学评论》2001年第2期。

[20] 参见《现行有效外汇管理主要法规目录》(截至2015年6月30日),该目录共计收录内地外汇管理法规231件。

入这三类。

就法的可预测性和确定性而言,实施细则类法律法规最能实现这一目标。但是,在庞杂的、现行有效的外汇管理体系中,仅有 8 部法规是实施细则类法律规范,其他的法律规范主要属于后两类。

就暂行类外汇法律规范来说,其面临的最大问题是:立法容易废止难。[21] 按照通常的理解,既然是"暂行"规定,那么文件的暂行期间必然是有限的、确定的,但是此类规范性文件并未写明暂行期间。这就造成了"立法容易废止难"的问题。比如,内地现行有效的 231 件外汇管理法律规范中,最早的两部暂行性规范性文件为 1996 年的《境内机构外币现钞托付管理暂行办法》和《银行间外汇市场管理暂行规定》。这两部规章"暂行"了近二十年,而这二十年间内地的经济、社会发生了翻天覆地的变化。我们很难说,是因为这两部法规具有强大的灵活性和适应性,所以才保持了这两部法律法规的长期稳定。[22] 在此,我们面临了一个现实的问题:暂行法律规范的终止机制是什么?分析前述两部暂行规范的具体构成可知,其在附则均规定:"本规定由国家外汇管理局负责解释。"在内地不存在违宪审查制度的情况下,此类暂行规定的终止权就由国家外汇管理局享有。但是国家外汇管理局决定是否终止以及终止此类暂行规定的标准又不得而知。

就通知、批复和公告类法律文件来说,其引发的主要问题有:① 强化了外汇法制的政策性导向。因为内地外汇基本法粗犷简约的特点,导致了外汇基本法律的空洞化。法律空洞化是指立法风格简略、粗犷,法律的完整性、周延性、精确性和普适性不足,没有实质内容,可操作性差。[23] 为了弥补空洞化带来的缺陷,监管部门就不得不依赖大量的通知、批复、公告,以使得外汇法律丰满化。这也就很好地解释了为什么通知、批复和公告类监管法规占据了现行有效的规范的绝大比重。然而,通知、批复和公告通常是针对某一具体问题、现象给出的具有针对性的指导,在事实上使得内地外汇法制呈现碎片化的特点,必定会造成"头痛医头脚痛医脚"的现象。② 游离于正式立法体系之外。此类外汇法律规范,在制定的过程中不必遵循严格的听证辩驳程

---

[21] 张佐国:《论暂行立法的规制》,载《中共浙江省委党校学报》2012 年第 2 期。

[22] 在内地到 2010 年建成社会主义法律体系的预设目标之下,无论是新兴立法,还是清理旧法,这些都是"确保 2010 年形成中国特色社会主义法律体系的重要举措"。所以,在极度功利主义的体系建设思想指引下,法律的质量是第二位的。

[23] 邢会强:《政策增长与法律空洞化——以经济法为例的观察》,载《法制与社会发展》2012 年第 3 期。

序,决定这些法律法规能否顺利推出的决定性因素不在于要遵循外汇实践的根本规律,而是行政权对这一立法进程干预的强度和深度。在中国传统法律语境中,典型的特点之一是坚持"以吏为师"。此处的"吏"主要意指行政权对中国法律话语权的俘获与控制。例如,"律师们在处理商事业务时碰到比较复杂的问题,往往首先询问有关主管机构的政策和具体判断;与判例、学说等相比,行政解释明显被赋予较大的优越性。在这里,解释变质为权威机关或者职能部门针对具体问题进行指示或者作出细则化的规定。"[24]正是"以吏为师"的特性,使得内地外汇法制游离于正式的立法体系之外,与基本的法治精神相悖。

(2)难以调和的悖论

将法律位阶理论和委任性规则理论结合在一起考察内地外汇基本法制时,我们面临着一个制度上的悖论:在理性构建主义理念的指导下,内地外汇基本法立法过于简约和粗犷,这难以满足外汇市场复杂而多变的需求;为了解决这一问题,外汇基本法就设定了大量的委任性规则,以其通过委任性规则来增强外汇基本法的具体性,以此来消解外汇法律有限性与外汇实践无限性之间矛盾;大量的委任性规则带来的是大量的批复、通知、公告类规范性文件,这类规范性文件在本质上是一种政策性指引,是行政权的体现,而这与我国利率市场化建设的根本逻辑又是相悖的。[25]为了实现外汇市场法治化要求和对外汇规律的契合,就应该提高外汇法制的法律位阶,减少具有恣意性的行政干预与政策介入;但是在理性构建主义理念的指导下,对受中国特定国情限制的特殊外汇实践进行抽象的归纳与概括,并规定于高位阶的法律中,这将会进一步加大法律制度与现实脱节的矛盾,进而我们又不得不大规模利用各种批复、通知、公告类规范性文件消解高位阶的外汇法制与外汇实践之间的张力。笔者认为,这一制度悖论在本质上是政府与市场的博弈关系。在某种意义上,我们可以将政府与市场做如下等价转换:政府是指外汇法制,市场是外汇规律。因此,这一悖论也就反映的是外汇法制与外汇规律的博弈。外汇法制一方面要顺应外汇规律,另一方面又要兼顾我国具有太多特殊性的

---

[24] 季卫东:《法制秩序的构建》,中国政法大学出版社2000年版,第122页。
[25] 利率市场化属于社会主义市场经济建设与完善的一部分。社会主义市场经济本质上是法治经济。使市场在资源配置中起决定性作用和更好发挥政府作用,必须以保护产权、维护契约、统一市场、平等交换、公平竞争、有效监管为基本导向,完善社会主义市场经济法律制度。参见2014年10月23日,中国共产党第十八届中央委员会第四次全体会议审议通过的《中共中央关于全面推进依法治国若干重大问题的决定》。

外汇实践。理性构建主义下的外汇法制难以同时满足外汇规律一般性与外汇市场特殊性的要求,故而以大量的授权立法来连接统一的外汇法制与多边的外汇实践。而过多的授权立法又与外汇的基本规律不相符。

三、初步结论:内地外汇法制的完善

(一) 理性认识内地外汇法制困境

从宏观上看,法治国家所涉及的法律体系构建是一项极其宏大的社会现代化工程。从改革开放起,到 2010 年内地宣布建成社会主义法律体系,仅仅只有 32 年。在这么短的时间内建成社会主义法律体系,使得内地必然不能像香港那样秉承历史经验主义,在外汇市场自然发展的基础上,对自我实践进行反思性整合与归纳。外汇法制是社会主义法律体系的重要组成部分。与此相比,内地外汇法制建设必然是秉持着一种带有预设目的的理性构建主义,立法机关直接介入外汇市场,加速外汇规则的生成与发展。在这个意义上,内地外汇市场处于被动地位,立法机关处于主动地位。因为外汇市场的自然发展难以满足"功利化"的构建目标,所以这一过程"奉行的是一种人为建构而非自然成就的思路"[26],其服从于社会主义法律体系。因此也就决定了内地外汇法制的行政化导向。

从微观角度看,我国的外汇法制建设的确坚持了边干边学的经验主义路径。例如,2013 年 9 月 27 日国务院发布的《中国(上海)自由贸易试验区总体方案》强调,自贸区内将加强如下金融制度创新:一是在自贸区内扩大人民币跨境使用;二是先行先试利率市场化,在全国统一部署框架内,稳步推进;三是在自贸区内人民币资本项目可兑换,在风险可控情况下有序推进,支持企业走出去,提高国际竞争力。2014 年 2 月 28 日,国家外汇管理局上海市分局发布了上海自贸区金融外汇管理实施细则,对经常项目收结汇、购付汇单审核、外汇登记手续、对外债权债务、外币资金池、国际贸易结算中心管理等事项进行了规定。这些内容在外汇基本法及其配套的规范性文件中,都属于政府严格控制的事项,也就是我们所说的政府行政权力过度干预的地带。在外汇基本法制中,这些内容主要考虑的不是特定群体所认可的便利性,而是国家管理的秩序性。但是,因为过多的行政干预与理性构建与外汇市场基本规

---

[26] 张志铭,同注①文,第 153 页。

律相悖,故而就出现了上海自贸区的试验性的经验主义探索。

因为内地改革开放事业所面临的知识、经验、信息的匮乏;政治经济社会的大变革;国家幅员和区域差异以及立法知识信息的分散性等因素的制约,决定了内地立法部门所坚持的试行立法,暂行立法,以及利用大量的通知、公告、批复维护法律稳定性具有强烈的实践理性。[27] 具体到内地外汇领域来说,既有的外汇法律体系安排,也是立法者在前述给定条件下近乎理性的选择。

(二) 内地外汇法制建设的趋势

1. 减少委任性规则的数量。与香港外汇基本法相比,内地外汇基本法法律规则构成的最大缺憾之一就是委任性规则数量过多,这导致高位阶的法律法规虚位以待,低位阶的部门规章等规范性文件在事实上起到决定性作用。形式上的高位阶与实质上的低位阶既破坏外汇法制的权威性、统一性与协调性,又混淆了政府与市场的界限。未来,内地应着力减少外汇基本法中委任性规则的数量。具体来说就是:一方面要严格论证设置专业性委任性规则的必要性,另一方面逐步取消管理理性委任性规则。

2. 强调外汇法制对外汇市场的顺应程度,而非国家对外汇实践行政管理目标的实现。霍姆斯大法官认为,法律必须服务于人的生活,因此它的实质必须适应于一个特定时代的特定人群所认可的便利性。[28] 外汇法制同样如此,它必须服务于外汇市场主体的需求,便利于外汇市场的主体的认知与运用,而非主要服务于行政机关行政管理目标的实现。比如,在提升透明度方面,可以借鉴香港更亲民、更直接、更通俗的做法。在满足广大外汇市场主体便利性的基础上,再适当关涉国家外汇行政管理目标的实现。

3. 重视外汇法制文化的自然生成,而非人为的精英化构建。内地法制文化积淀本身就不足,外汇法制文化也是如此。制度规则可以为社会实践带来立竿见影的影响,但是文化却是潜移默化地对社会产生影响。因为制度与文化的演进路径不一样,前者是"跳跃式"的,后者是"渐进式"的。[29] 内地外

---

[27] 黄文艺:《信息不充分条件下的立法策略——从信息约束角度对全国人大常委会立法政策的解读》,载《中国法学》2009年第3期。

[28] 郑戈:《如何阅读〈普通法〉》,http://www.gongfa.com/html/gongfazhuanti/putongfaxianzhengzhuy/2014/1225/2749.html,2015年3月15日访问。

[29] 周洪涛、单晓光:《知识产权文化与知识产权制度关系研究——以知识产权制度的困境为视角》,载《科学学研究》2009年第1期。

汇制度建立在规则荒芜的时代,对制度渴求忽略了制度文化的自然演进。香港对此的做法是将各外汇规则修改用时间线索串联起来,辅之以讲座、展览等各种形式来向社会公众传播、传承外汇法制文化。在这方面,内地外汇管理部门可以将外汇制度来龙去脉、修法资料等内容汇总起来,向社会大众免费赠阅,定期或不定期举办外汇讲座等。

美国行标组织专利池的反垄断规制与专利池博弈模型分析

李乃洪[*]

一、前　　言

随着资讯爆炸及产品更替的速度加快,赢者全拿已成为近代商业常态,产品更替快速的电子高科技产业尤其明显。为了加速整合以面对竞争,各企业往往透过行业标准组织(下称 SSO)积极推动行业标准。

所谓的 SSO,是由各企业整合其研发资源及其知识产权,合作设立 SSO,协调产品所需的技术,形成行业间的共同标准。SSO 本质上具备有效串联行业内的众多优良组件、提升研发创新效率、提高国家整体产品水准质量等优良特征。[①] 然而,SSO 在近代电子商务环境所自然衍生的"网络效应"(Network Effect)[②]经济特性下,也扩大了水平竞争公司形成水平联合垄断的影响力。换言之,行业标准组织本身即存在着双面刃的特性。而 SSO 专利池,系由 SSO 评估行业标准所需要的技术专利后,协调专利权人所形成专利池,以提供标准技术使用者简便的一篮子专利授权形式。SSO 收取的授权金再

---

[*] 李乃洪,北京大学法学院 2013 级博士研究生。
[①] FTC Report, Antitrust Enforcement And Intelletcual Property Rights: Promoting Innovation and Competition, 2007: Standards "can make products less costly for firms to produce and more valuable to consumers… can increase innovation, efficiency, and consumer choice; foster public health and safety and serve as a fundamental building block for international trade."
[②] Network effect refers to "the consumption value of a product or service derives from the number of product or service used by other people, i.e., the more people use a product or service, the more valuable it becomes." Telephone is a good example. See Michael L. Katz &. Carl Shapiro, Network Externalities, Competition, and Compatibility, 75 AM. ECON. REV. 424 passim (1985).

依专利权人投入池内专利的质或量加以分配。由于SSO各成员彼此间利益复杂,自然涉及水平竞争公司彼此间的竞合与反垄断法问题。另外,由于专利池必然存在各个成员的合法专利垄断权利,必然又再次挑起专利法与反垄断法先天上的冲突问题。两法表面上的冲突,依照传统经济学理论仍可透过良好的手段予以平衡协调:以反垄断法适当规制企业的专利权,使得企业在合理的限度内享受市场垄断而不至于导致市场失灵,且促使企业为了争取专利权的垄断利益投入更多的创新研发,从而成为刺激竞争发展的新经济引擎。[3] 然而,SSO专利池的网络效应,扩大了两法的冲突,提升了协调所需的智慧高度及难度。简言之,近代行业标准专利池的反垄断问题,就是在具备双面刃效应的商业行为上(SSO标准推广),再加入协调反垄断法与专利法先天性冲突的问题(SSO专利池),因而更为复杂。此问题再经由"网络效应"扩大,从而引发学界与法律事务界的诸多论证。在学界与法院混沌未明之际,部分厂商已经利用SSO专利池行"专利挟持"[4],造成SSO专利池的持有企业取得超过其应得的市场份额及市场力量,破坏了专利法与反垄断法传统上的平衡,使得利益过度倾向不肖专利权人。[5] 尤有甚者,标准一旦广为业界所采纳,几乎无法以商业合理的方式取代这些被专利权人不当挟持的标准专利技术[6],更凸显此问题的急迫性。

2015年8月,中国通过《关于禁止滥用知识产权排除、限制竞争行为的规定》,积极地对于具市场支配地位的SSO及SSO成员作出新的规范,由于

---

[3] Antitrust Law in Perspective: Cases, Concepts and Problems in Competition Policy, Andrew I. Gavil, William E. Kovacic, Johanthan B. Baker...pp.1109—1110.

[4] FTC Report, The Evolving IP Marketplace: Aligning Patent Notice and Remedies with Competition (March 2011): "holdup was similarly defined as 'a patentee's ability to extract a higher licensing fee after an accused infringer has sunk costs into implementing the patented technology than the patentee could have obtained at the time of design decisions, when the patented technology competed with alternatives."

[5] 例如:Federal Trade Commission Decisions Complaint: IN THE MATTER OF DELL COMPUTER CORPORATION, 121 F. T. C. 616 (1996): A SSO's member, Dell, certified the developing standard did not infringe its patent but asserted patent infringement against other members after the standard adopted its technology.

[6] See U. S. Dep't of Justice & Fed. Trade Comm'n, Antitrust Enforcement and Intellectual Property Rights: Promoting Innovation and Competition 37—38 (2007); the implementer of standards may face high switching costs. Also, the high switching cost can raise price, discourage new entry, reduce market competitiveness, and yield monopoly power. See PAUL KLEMPERER, Competition when Consumers have Switching Costs: An Overview with Applications to Industrial Organization, Macroeconomics, and International Trade, Review of Economic Studies 62, 515—539 (1995).

是新的规定,其成效尚未明朗。本文第二部分遂借他山之石,回顾了垄断法滥觞之地美国相关的法律发展史,以为借镜。本文发现美国法院百年来对于此问题并无一定见解,对专利池时而放任、时而严格,时而以个案分析处理。变动不定的法律难免令学者无所适从,或有莫衷一是之感。观其近代法律所采用的专利滥用规制,也非毫无疑义。本文同时点出美国法律的问题,以作为相关领域研究者的参考。本文的第三部分再参考他山之石经济学。经济学目前对于专利池的经济分析也未臻完备。有学者提出,SSO 的专利池解决了在近代经济体制下形成的专利丛(patent thicket)问题,因此避免专利法成为阻碍创新发展的恶法。⑦ 相反地,也有学者提出:在近代经济体制下,SSO 专利池所形成的专利丛(patent thicket)将阻碍创新发展。⑧由优秀的学者们相左的意见及反复的法律见解观察,足见 SSO 专利池行为的复杂难定。依照现行的模糊法律规范,可想见法院面临相关问题的困难以及所需的智慧高度。鉴于现行 SSO 专利池的经济理论较少论述反垄断法所关注的消费者福利,本文的第三部分第二小节修改简单的博弈经济理论模型,模拟 SSO 专利池授权谈判,而后比较美国现行反垄断法关于 SSO 专利池的规制是否确实有益于消费者福利⑨(消费者剩余)。模拟分析结果将反映出目前规制专利池的通说不必然保证有益于消费者福利。本文第四部分,以模型模拟所得的结果提供简易的分析,认为专利滥用原则不适合单独作为反垄断规制的依据。以模型结果比对《关于禁止滥用知识产权排除、限制竞争行为的规定》,为法学者提供不同面向的非主流思考。最后的第五部分,以分析结果提出整合性结论。

---

⑦ Carl Shapiro, Navigating the Patent Thicket: Cross Licenses, Patent Pools, and Standard Setting, Innovation Policy and the Economy, Volume 1 Jan 2001. Also see Daniel Quint, Economics of Patent Pools When Some(but not all) Patents are Essential, Stanford Institute for Economic Policy Research SIEPR Discussion Paper No. 0628, Stanford University(2006):Pools of nonessential patents can be welfare-negative, even when the included patents are all complimentary.

⑧ Jay Pil Choi and Heiko Gerlach, Patent Pools, Litigation and Innovation, October, 2013. In its conclusion remark:" if patents are relatively weak, patent pools can be used as a mechanism to deter litigation that would invalidate the patents in the pool."

⑨ 维护消费者利益为反垄断法的最重要的目标之一,参见《反垄断法》第 1 条总则。

二、美国专利池规制发展及近代法律回顾

（一）以反垄断法本质违法及合理性原则规制专利池

有鉴于各个经济学者与法学者间的诸多而稍有相左的论述，本文首先回顾美国法院过去百年间，关于 SSO 专利池的反垄断法规制原理。以美国 1902 年的第一个案例 *Bement v. Nat'l Harrow Co.*⑩为例，当时法院认为专利权人既然可以合法实施国家赋予的垄断权力，自无再以反垄断法规制的道理，主张专利法的垄断权优先于反垄断法，因而给予专利权人相当大的自由度获取商业利益。

但仅仅不到十年，美国法院转而以较为严峻的态度面对专利池潜在的反垄断问题。1912 年的判决显示，法院认为专利权人有可能利用专利池作为平台以限定产品在下游市场的价格，而开始将该 SSO 专利池内的限定价格行为归属于违法的反竞争行为。⑪ 然而，如若该限定价格是由专利权人针对其经销商所为之垂直限定价格行为⑫，或专利池内的专利彼此间为互补性专利(blocking or complimentary)⑬，则仍属于合法行为。

到了 1930—1950 年间，法院更为严苛，以反垄断本质违法原则限制诸多商业行为⑭，而专利池也不例外地受本质性违法原则的限制。所谓的本质违法原则是：如果某些行为经法院认定为反垄断法禁止的本质性违法行为，则原告只需证明被告实施本质性违法行为而无需证明该行为具备反竞争效果，

---

⑩ Richard J. Gilbert (2004) 的研究认为 *Bement v. Nat'l Harrow Co.*, 186 U. S. 70 (1902)是第一个专利池的案例。

⑪ *Standard Sanitary Mfg. Co. v. United States*, 226 U. S. 20 (1912) " Before the agreements, the manufacturers of enameled ware were independent and competitive. By the agreements, they were combined, subjected themselves to certain rules and regulations—among others, not to sell their product to the jobbers except at a price fixed not by trade and competitive conditions."

⑫ *United States v. General Electric Co. Et Al.*, 272 U. S. 476 (47 S. Ct. 192, 71 L. Ed. 362), (1926). The court upheld a patentee's license to put a restriction upon his licensee "as to the prices at which the latter shall sell articles which he makes and only can make legally under the license."

⑬ *Standard Oil Company v. United States*, 283 U. S. 163 (1931)

⑭ *Antitrust Policy: A Century of Economic and Legal Thinking*, William E. Kovacic and Carl Shapiro, Journal of Economic Perspectives, Volume 14, Number 1 Winter 2000, Page 49.

法院即可认定被告违法。⑮ 在此期间,水平竞争者间利用专利池所为之价格限定、产能限定,以及分割市场等等行为,都一一受到处分。⑯尤有甚者,连原先允许的专利权人对其经销商所为之垂直限定价格行为,在此时期也受到禁止。⑰到了 1960—1980 年间,更延伸至水平竞争者之间以专利池排除竞争对手及限制竞争的行为。⑱

如同"压得越小的皮球反弹越高"的道理一样,到了 20 世纪 70 年代,芝加哥学派代表 Robert Bork 及 Richard Posner⑲开始挑战垂直限价、经营者集中、并购等等传统上反竞争效率的本质违法行为判决,而使得 20 世纪 70 年代后期的法院逐步地认为这些传统上属于本质性违法的行为可能实际上具有促进竞争效率的效果,而改为采取合理性原则以检验专利池的商业行为。此后法院所采取的合理性原则,必须经由法院评估某行为的促进竞争效果是否大于其反竞争效果,如然,则不违法。⑳换言之,此后法院所采取的合理性原则,是远比先前本质性违法更为宽松的检验原则。

例如,在 1967 年以合法取得的商标权利者对于零售产品实施垂直价格限制行为属于本质性违法㉑,而到了 1977 年,对于垂直性价格限制的行为则改以合理性原则检验。㉒

再如,原本属于本质性违法的专利池一揽子限制(bulk form restriction),

---

⑮ See *United States v. Socony-Vacuum Oil Co.*, 310 U. S. 150,(1940):Plaintiff just need to prove that the conduct occurred and that it falls in the per se category (without showing competitive abuse).

⑯ *United States v. Line Material Co.*, 333 U. S. 287 (1948); *United States v. National Lead Co Et Al.*, 63 F. Supp. 513 (1945); *Hartford-Empire Co. v. United States*, 323 U. S. 386 (1945); *United States v. New Wrinkle, Inc.*, 342 U. S. 371 (1952). "When cross-licensing or pooling arrangements are mechanisms to accomplish naked price fixing or market division, they are subject to challenge under the per se rule."

⑰ *United States v. U. S. Gypsum Co.*, 333 U. S. 364 (1948).

⑱ See FTC 2007 report, Antitrust Enforcement And Intelletcual Property Rights:Promoting Innovation and Competition, 2007, P. 50, citing *Radiant Burners*, 364 U. S. 656; *Nat'l Soc'y of Prof'l Eng'rs v. United States*, 435 U. S. 679 (1978); *Am. Soc'y of Mech. Eng'rs*, 456 U. S. 556; *Allied Tube*, 486 U. S. 492.

⑲ William E. Kovacic and Carl Shapiro, Antitrust Policy: A Century of Economic and Legal Thinking, Journal of Economic Perspectives, Volume 14, Page 52, Number 1 Winter 2000.

⑳ *Chicago Board of Trade v. United States*, 246 U. S. 231 (1918).

㉑ *United States v. Sealy, Inc.*, 388 U. S. 350, (1967).

㉒ *Continental T.V. Inc. v. GTE Sylvania Inc.*, 433 U. S. 36, p. 58, (1977): "Such restrictions, in varying forms, are widely used in our free market economy. As indicated above, there is substantial scholarly and judicial authority supporting their economic utility."

到了 1973 年,美国联邦最高法院转而允许专利池一揽子授权行为,并认为该行为可促进下游市场经销商之间的竞争,从而降低市场价格。因此最高法院推翻下级法院的判决,而仅对被告施以强制合理的授权金费率作为被告反竞争行为的反制。㉓

自 1980 年后,法院明显开始强调专利池解决专利阻却(blocking patent)的促进竞争效果,并认为在缺乏反竞争效果的证据条件下,合法形成的专利池不应受到反垄断法的处分。㉔迄今,就 SSO 专利池而言,不论专利池是否包含非必要性专利,只要专利池不是纯粹为了实施反竞争行为所设的虚假平台,则应以较宽松的合理性原则检验。㉕

(二) 专利滥用原则与 SSO 专利池

专利滥用原则始于 1917 年,而在 1940—1950 年 SSO 专利池的反垄断规制逐步开始引入专利滥用(patent misuse)的概念。㉖在反垄断法方面,传统上的专利滥用是指专利权人以不当手段取得超出于国家赋予专利权人的垄断

㉓ *United States v. Glaxo Group Ltd. Et Al.* 410 U. S. 52 (1973) "Bulk sales would create new competition among wholesalers, by enabling other companies to convert the bulk drug into dosage and microsize forms and sell to retail outlets, and would presumably lead to price reductions as the result of normal competitive forces."; "Mandatory selling on specified terms and compulsory patent licensing at reasonable charges are recognized antitrust remedies."

㉔ *Carpet Seaming Tape Licensing v. Best Seam Inc.*, 616 F. 2d 1133, (1980)

㉕ *Addamax Corp. v. Open Software Found., Inc.*, 152 F. 3d 48, 52 & n. 5 (1st Cir. 1998); See also, *United States v. Microsoft*, 253 F. 3d 34, (D. C. Cir. 2001) rejected to find a package license combining "essential" with "nonessential" as per se violation of tying; also see *U. S. Philips Corp. v. Int'l Trade Comm'n*, 424 F. 3d 1179, 1193(Fed. Cir. 2005); "package licensing has the procompetitive effect of reducing the degree of uncertainty associated with investment…apply the rule of per se illegality to Philips's package licensing agreements was legally flawed."

㉖ Daryl Lim, *Patent Misuse and Antitrust: Rebirth or False Dawn?*, 20 Mich. Telecomm. & Tech. L. Rev. 299, P. 315, (2014). citing *Motion Picture Patents Co. v. Universal Film Mfg. Co.*, 243 U. S. 502, 502 (1917) as the first case articulated patent misuse and *Morton Salt v. G. S. Suppiger Co* 314 U. S. 488 (1942) as the first Supreme Court case to address both Patent Misuse Doctrine and Antitrust competition policy ; See also, *United States v. United States Gypsum Co.*, 333 U. S. 364, 400, 68 S. Ct. 525, 92 L. Ed. 746 (1948), patents "grant no privilege to their owners of organizing the use of those patents to monopolize an industry through price control."

权利,例如以诈欺手段取得专利㉗、以专利搭售非专利商品,或以延长收取授权金超出专利年限。㉘早期 SSO 专利池的专利滥用行为适用本质性违法原则,而近来毫无意外的一并适用合理性原则。㉙基于合理性原则,一个 SSO 专利池的专利滥用行为需要确认:(1)被告实施专利滥用行为,以及(2)合理原则分析:被告行为所造成的反竞争不当效果大于该行为本身的促进竞争效率的效果。必须在两要件同时存在的条件下,才能以反垄断法限制 SSO 专利池的不当行为。㉚

目前,学界特别关注专利滥用原则的公平合理无歧视(RAND)以及专利披露(Disclosure Rule)以避免专利权人对于 SSO 专利池采取"专利挟持"的行为。所谓的专利披露是指 SSO 成员必须披露其所有与 SSO 在研拟中有关的专利,以供 SSO 选择。㉛公平合理无歧视则是指标准必要专利权人对标准实施者负有以符合公平、合理、无歧视条件许可的义务。㉜

然而,在反垄断法诉讼中采取专利滥用原则分析并非毫无争议,例如:在 In re Rambus (2006)一案中,美国联邦贸易委员会(FTC)认为 SSO 成员在标准专利池设立过程中隐瞒其专利(违反了 Disclosure rule)并承诺以 RAND 方式授权使用该技术,却在该技术成为业界标准后对该技术使用者提起专利诉讼,并拒绝 RAND 授权,此行为依照专利滥用原则应违反反垄断

㉗ Walker Process Equipment, Inc. v. Food Machinery & Chemical Corp., 86 S. Ct. 347 (1965): this case inquired whether the enforcement of a patent obtained by fraud may be the basis of an action under § 2 of the Sherman Act. also see Bendix Corporation v. Balax, INC., 471 F. 2d 149,159 (1972)

㉘ Brulotte v. Thys Co.,379 U. S. 29 (1964); "royalty agreement that projects beyond the expiration date of the patent is unlawful per se."; White Motor Co. v. United States, 83 S. Ct. 696 (1963);" Where the sale of an unpatented product is tied to a patented article, that is a per se violation since it is a bald effort to enlarge the monopoly of the patent beyond its terms."

㉙ U. S. Philips Corp. v. International Trade Com'n, 424 F. 3d 1179 (2005), "A packaged patent license agreement ⋯does not constitute patent misuse per se, and shall be reviewed under rule of reason."

㉚ Princo Corp. v. International Trade Com'n, 616 F. 3d 1318 (Fed. Cir. 2010).

㉛ In re Rambus Inc., FTC Docket No. 9302, pp. 118—119, (Aug. 2, 2006), see the conclusion: the FTC agency applied "Disclosure rule" to challenge "patent ambush" behavior that a SSO member concealed relevant patent information during standard development yet asserted patent claim against firms employing the standard at a later time.

㉜ Broadcom Corp. v. Qualcomm Inc., 501 F. 3d 297, 314 (3d Cir. 2007); violating RAND commitment can constitute patent misuse and antitrust violation.

法。③ 然而,华盛顿特区巡回法院(D. C. Circuit Court)则认为违反 Disclosure 以及 RAND 的承诺不必然属于反竞争行为。㉞

目前学术论述的主流倾向于当 SSO 成员违反 Disclosure 以及 RAND 的承诺时,即使与标准实施者不存在合约关系,该 SSO 成员仍应负担反垄断责任。㉟ 然而,美国法院相关案例似乎正朝不同的方向发展。㊱ 回顾美国百年来相关法律的发展,SSO 专利池的反垄断规制或者随着经济变迁,或者随着经济理论转变而不断反复,迄今为止,实难脱其法律原则莫衷一是的慨叹。

基于此,本文第三部分转而参酌部分经济学家的理论观察。经济学者的研究重点在 SSO 专利池的效率问题,而较少着墨反垄断法学者所关注的 SSO 专利池与消费者福利的关联。因此,本文的模型着重消费者福利,从而修改经济学模型并模拟 SSO 专利池授权谈判的博弈结果,以资反垄断法学者参考。

三、经济文献概述与简易经济模型

(一) 文献概述

Shapiro(2001)以 Cournot 模型提出 SSO 的互补型专利池可以解决因专利"royalty stacking"造成的阻碍科技发展的问题。Gilbert(2004)认为:如果专利池包含可替代专利,将造成使用该技术的厂商的额外成本;Gilbert 同时指出,近百年来,美国法院并未区分互补型专利池或包含了可替代专利的专利池,而只关注专利池上下游产业的关系,并再次强调 SSO 专利池是否由互补型专利所组成的重要性。Daniel Quint(2006)则以帕累托改进的观点证明了专利池(包含非基础型专利)对社会产生的危害。㊲ 在学界关心基础性

㉝ In re Rambus Inc., FTC Docket No. 9302, pp. 118—119,(Aug. 2, 2006), see the conclusion.

㉞ *Rambus Inc. v. FTC*,522 F. 3d 456, 466 (D. C. Cir. 2008)。

㉟ 罗娇、冯晓青:《标准必要专利使用费纠纷中'FRAND'义务的司法认定》,载《中国法律》2014 年第 5 期;赵启杉:《论对标准化中专利行使行为的反垄断法调整》,载《科技与法律》2013 年第 4 期;

㊱ See *Princo*, 616 F. 3d 1318 (Fed. Cir. 2010)。

㊲ Daniel Quint, Economics of Patent Pools When Some(but not all) Patents are Essential, Stanford Institute for Economic Policy Research SIEPR Discussion Paper No. 0628, Stanford University (2006).

及互补性专利的分野时，Jay Pil Choi1 and Heiko Gerlach（2013）[38]则提出SSO 专利池包含有专利性较弱的专利时对社会福利造成的危害。

从前述说明可以发现，经济学家关注的焦点由专利权人与专利使用者的经济利益分析，逐步地转为分析专利池对于整体社会福利的影响，然而尚未明确以消费者福利（消费者剩余）作为分析的指标。本文基于反垄断政策的目标在于促进消费者利益[39]，因此修改简单的博弈经济理论模型，模拟SSO 专利池授权谈判，分析 SSO 专利池采取专利滥用原则的反垄断规制是否确实有益于消费者福利（消费者剩余），以检验美国学界所推广的专利滥用原则是否符合中国反垄断法的基本目标。

（二）模型

本文模拟专利授权谈判的模型是借用垄断模型、库诺特、史坦博格的博弈假设[40]，重新加入专利池利益分析的修正版模型。本文并将利益倾向再细分为具备审核技术者的发起人[41] f_1 及技术提供者 f_2, f_3。[42] 其中 f_1, f_2 关注产品产能 q_1, q_2 获利，而 f_3 关注于收取权利金 R_3，此两种不同专利权人的利益倾向已有法学者进行研究，但目前经济模型的讨论仍比较少见。[43]

关于专利滥用原则事前揭露（Ex Ante Disclosure Rule）的基本假定 1.1：f_1, f_2, f_3 在第一步即取得权利金 R_1, R_2, R_3 资讯，而后 f_1, f_2，再依权利金将生产产能调整至最大获利。1.2 对照组则为：f_3 没有实践事前揭露原则，并对

---

[38] Jay Pil Choi and Heiko Gerlach, Patent Pools, Litigation and Innovation, October, 2013. In its conclusion remark:" if patents are relatively weak, patent pools can be used as a mechanism to deter litigation that would invalidate the patents in the pool."

[39] 参见《反垄断法》第 1 条：为了预防和制止垄断行为，保护市场公平竞争，提高经济运行效率，"维护消费者利益和社会公共利益，"促进社会主义市场经济健康发展，制定本法。

[40] 张维迎：《博弈论与信息经济学》，上海人民出版社 2012 年版。$P=a-q_1-q_2$，价格为 p，产能为 q。

[41] 例如 Blue-Ray Joint Technical Committee members，available at http://blu-raydisc.com/Assets/Downloadablefile/BDA_Committee_Rules_v1.7.pdf access 20th Nov. 2015.

[42] 例如 Blue-Ray Standard，由技术发起公司的成员所组成的合作技术委员会（Joint Technical Committee）审核技术贡献者所在的 TEG 所提的技术方案（Employees of each Contributor Member formed a Technical Expert Group (TEG) which submits format proposal to Joint Technical Committee for review and confirm. Joint Technical Committee consists of persons from each BOD Member Company, the TEG Chairs, the JTC Chair and JTC Vice Chairs. Available at http://blu-raydisc.com/Assets/Downloadablefile/BDA_Committee_Rules_v1.7.pdf access 20th Nov. 2015）。因此，技术发起公司的成员自然享有先动优势。

[43] Jorge L. Contreras，Technical Standards and Ex Ante Disclosure：Results and Analysis of An Empirical Study，53 Jurimetrics J. 163 2013.

于 f_1, f_2 所形成的专利池行专利劫持(利益最大化)。本文意图以消费者剩余[44]评估事前揭露原则对于社会福利的影响,以符合反垄断法的目标。换言之,本文将较多产出 Q 视同对于消费者福利的提升。

基本假定 1.1 事前揭露原则的类库诺特博弈模型(专利池参与者已知授权金率: R_1, R_2, R_3)

⩾ f_1 的获利公式: $\pi_1 = q_1(a - q_1 - q_2 - C) + R_1 q_2 - (R_3 + R_2) q_1$

⩾ f_2 的获利公式: $\pi_2 = q_2(a - q_1 - q_2 - C) + R_2 q_1 - (R_3 + R_1) q_2$

⩾ $\frac{\partial \pi_1}{\partial q_1} = 0$; $\frac{\partial \pi_2}{\partial q_2} = 0$; 最佳量为 $q_1 *$

⩾ $q_1 * = \frac{1}{3}(a - c) - \frac{1}{3}(2R_2 - R_1 + R_3)$; $q_2 * = \frac{1}{3}(a - c) - \frac{1}{3}(2R_1 - R_2 + R_3)$.

⩾ Total capacity $Q * = q_1 * + q_2 * = \frac{2}{3}(a - c) - \frac{1}{3}(R_1 + R_2 + 2R_3)$.

⩾ $\pi_3 = R_3 \, x \left[\frac{2}{3}(a - c) - \frac{1}{3}(R_1 + R_2 + 2R_3) \right]$;

基本假定 1.2 类库诺特专利劫持模型博弈(专利池已知授权金率: R_1, R_2; f_3 隐瞒 R_3 而在 f_1 f_2 投入产能后行专利劫持,提高授权金)

⩾ f_1 的获利公式: $\pi_1 = q_1(a - q_1 - q_2 - C) + R_1 q_2 - (R_2) q_1$

⩾ f_2 的获利公式: $\pi_2 = q_2(a - q_1 - q_2 - C) + R_2 q_1 - (R_1) q_2$

⩾ $\frac{\partial \pi_1}{\partial q_1} = 0$; $\frac{\partial \pi_2}{\partial q_2} = 0$; 最佳量为 q_1'

⩾ $q_1' * = \frac{1}{3}(a - c) - \frac{1}{3}(2R_2 - R_1)$;

$q_2' * = \frac{1}{3}(a - c) - \frac{1}{3}(2R_1 - R_2)$;

最佳量 $Q' = q_1' * + q_2' * = \frac{2}{3}(a - c) - \frac{1}{3}(R_1 + R_2)$

$\pi_3' = R_3 \, x \left[\frac{2}{3}(a - c) - \frac{1}{3}(R_1 + R_2) \right]$

我们比较基本假定 1.1 事前揭露原则库诺特博弈模型与库诺特专利劫持博弈模型可以发现, f_3 的专利挟持行为的利润 $\pi_3' = R_3 \, x \left[\frac{2}{3}(a - c) - \right.$

㊹ $\frac{1}{2}(q_1 + q_2)^2 = \frac{1}{2}Q^2$.

$\frac{1}{3}(R_1+R_2)$]>事前揭露原则条件下的利润 $\pi_3 = R_3 x \left[\frac{2}{3}(a-c) - \frac{1}{3}(R_1+R_2+2R_3)\right]$,因此 $f3$ 有动机挟持专利池。

而就消费者福利相关的总产量而言,专利劫持的总产量 $Q' = q_1'* + q_2'* = \frac{2}{3}(a-c) - \frac{1}{3}(R_1+R_2) >$ 事前揭露原则下的总产量 $Q* = q_1* + q_2* = \frac{2}{3}(a-c) - \frac{1}{3}(R_1+R_2+2R_3)$,换言之,消费者会因 f_3 的专利挟持行为而间接受益。

基本假定 2.1:f_1,f_2 联合垄断,f_3 实践事前揭露原则:

换言之,$f_1 f_2$ 在决定产能时具备 R_1,R_2,R_3 的知识:

因此:

由于 $f_1 f_2$ 联合垄断,所以只需对整体总利益 π 极大化:$\pi = \pi_1 + \pi_2 = Q_x(a-Q-c-R_3)$;$\frac{\partial \pi}{\partial Q} = 0$;最佳量为 $Q*$

⩾$Q* = q_1* + q_2* = \frac{1}{2}(a-c-R_3)$;$q_1* = \frac{1}{4}(a-c-R_3) q_2* = \frac{1}{4}(a-c-R_3)$;

⩾$\pi_3 = R_3 x Q* = R_3 x \frac{1}{2}(a-c-R_3)$;

事实上 R_1,R_2,只是用于 f_1,f_2 联合垄断企业彼此间的利益分配,与整体消费者福利无关,故不另行讨论。[45]

基本假定 2.2:f_1,f_2,f_3 联合垄断,而 f_3 行专利挟持;换言之,$f_1 f_2$ 在决定产能时只具备 R_1,R_2 的知识,而后 f_3 行专利挟持:

⩾$f_1 f_2$ 整体总利益 $\pi = Qx(a-Q-c)$;$\frac{\partial \pi}{\partial Q} = 0$;最佳量为 Q'

⩾$Q' = \frac{1}{2}(a-c)$;$q_1'* = \frac{1}{4}(a-c) = q_2'*$

而后 f_3 行专利挟持:

⩾$\pi_3' = R_3 * \frac{1}{2}(a-c) > \pi_3$

---

[45] $\pi_1 = q_1*(a-q_1-q_2-c-R_2)] + R_1 q_2 \pi_2 = q_2*(a-q_1-q_2-c-R_3-R_1)] + R_2 q_1$;联合垄断企业的目标在于极大共同利益并分享产能 Maximize $\pi_1 + \pi_2$, given $q_1 = q_2$, $d\pi/dq_1 = 0$ ⩾$q_1* = \frac{1}{4}(a-c-R_3) q_2* = \frac{1}{4}(a-c-R_3)$;$Q = \frac{1}{2}(a-c-R_3)$;结果相同。

比较基本假定 2.1 事前揭露原则垄断模型与利劫持垄断模型可以发现，f_3 的专利挟持行为的利润 π_3' 大于事前揭露原则下的 $\pi 3$，因此 f_3 有动机实施专利挟持。而就消费者福利相关的总产量而言，专利劫持的总产量 Q' 将大于事前揭露原则下的总产量 $Q*$。如同库诺特博弈模型一样，消费者将得益于 f_3 的专利挟持行为。

基本假定 3.1：事前揭露原则下的类史坦博格专利池博弈模型：将类库诺特模型的假定修改，f_1 属于技术审核的先行者，因此享有先动优势，f_2 f_3 为技术贡献者（contributor），（f_1 发起专利池，在得知授权技术及授权费即先行开始生产，授权费率：R_1，R_2，R_3）

解　Stackelberg Competition 方程式[46]，最佳量为 $Q*$，q_1*，q_2*

$\geqslant q_1* = \frac{1}{2}(a-c) - \frac{1}{2}(2R_2+R_3)$；

$\geqslant q_2* = \frac{1}{4}(a-c) - \frac{1}{4}(2R_1-2R_2+R_3)$；

$\geqslant \text{Total } Q* = \frac{3}{4}(a-c) - \frac{1}{4}(2R_1+2R_2+3R_3)$

$\geqslant \pi_3 = R_3 x Q* = R_3 x \left[\frac{3}{4}(a-c) - \frac{1}{4}(2R_1+2R_2+3R_3)\right]$

$\geqslant \text{if } \frac{\partial \pi_3}{\partial R_3} = 0 \geqslant R*_3 = \frac{1}{2}(a-c) - \frac{1}{3}(R_1+R_2)$；

$\geqslant \text{Total } Q* = \frac{3}{4}(a-c) - \frac{1}{4}(2R_1+2R_2+3R_3) = \frac{3}{8}(a-c) - \frac{1}{4}(R_1+R_2)$

基本假定 3.2：类史坦博格专利池专利挟持博弈模型：f_1 属于技术审核的先行者，因此享有先动优势，f_2 f_3 为技术贡献者（contributor），f_1 发起专利池，因此在得知授权技术及授权费即先行开始生产，f_1 f_2 在授权费率：R_1，R_2 条件下生产，而后 f_3 行专利挟持。

同上，解 Stackelberg Competition 方程式：

$\geqslant q_1'* = \frac{1}{2}(a-c) - R_2$；$q_2'* = \frac{1}{4}(a-c) - \frac{1}{2}(R_1-R_2)$；最佳量为 Q'

---

[46] Given q_1 and $\frac{\partial \pi_2}{\partial q_2} = 0$, the best reaction function S_2 for Firm 2, the value of q_2 maximizing π_2, is derived. Firm 1 therefore may maximize its profit by finding best quantity q_1* under the condition of knowing the reaction function S_2 of Firm2. $\geqslant \pi_1 = q_1(a-q_1-S_2-C) + R_1 S_2 - (R_3 + R_2)q_1$. q_1* can be derived by maximizing π_1, $\frac{\partial \pi_1}{\partial q_1} = 0$.

$\geqslant \text{Total } Q' = q'_1 * + q'_2 * = \frac{3}{4}(a-c) - \frac{1}{2}(R_1+R_2)$;

$\geqslant$ 大于基本假定 3.1 的总量 $\frac{3}{4}(a-c) - \frac{1}{4}(2R_1+2R_2+3R_3)$

四、启示与建议

本部分以反垄断法所要保护的消费者利益作为目标、比较目前法律主流的合理性原则对于各种授权谈判形成的专利池,而后依模型计算及法律分析的结果提出建议。首先整理消费者剩余相关的产量 Q 与各种博弈模型的关系如下:

图表 1 竞争模型消费者剩余比较图

	Total Q^* $(q_1^*+q_2^*)$ (Firm 3 follows Ex ante Disclosure)	Total Q' $(q'_1+q'_2)$ (Firm 3 conceal)
Firm 1 and Firm 2 in Cournot Competition (scenario I)	$\frac{2}{3}(a-c) - \frac{1}{3}(R_1+R_2+2R_3)$ / or $\frac{1}{3}(a-c) - \frac{1}{6}(R_1+R_2)$	$\frac{2}{3}(a-c) - \frac{1}{3}(R_1+R_2)$
Firm 1 and Firm 2 coordinate duopoly (scenario II)	$\frac{1}{2}(a-c-R_3)$; or $\frac{1}{4}(a-c)$	$\frac{1}{2}(a-c)$
Firm 1 and Firm 2 in Stackelberg Competition(scenario III)	$\frac{3}{4}(a-c) - \frac{1}{4}(2R_1+2R_2+3R_3)$ / or $\frac{3}{8}(a-c) - \frac{1}{4}(R_1+R_2)$	$\frac{3}{4}(a-c) - \frac{1}{2}(R_1+R_2)$

(一)事前揭露不必然保证消费者福利提升,依照合理原则专利权人未事前揭露不宜适用反垄断处分

依照模型计算结果及图表 1 显示,美国 FTC 所推动,SSO 成员在标准设立过程中以 ex ante disclosure 事前揭露权利金以避免专利权人涉及专利滥用的做法,不必然有利于消费者。至少在 SSO 发起者的获利主要来自于产品而不是授权金时,专利权人隐瞒其部分专利而后以专利挟持手段收取较高额的权利金,在一定的期限内其实是有利于消费者。[47] 换言之,纵然企业彼

---

[47] 请比较 Table 1:Firm 3 conceal 及 disclose 消费者剩余的变数 Q。

此间的竞争或有失公平，对于整体的消费者而言，仍可享有更多廉价的产品。此种竞争自无不利于消费者。

由于反垄断法的目标在于保护消费者福利[48]，以此推论，引入专利滥用原则中的 Disclosure Rule 并以反垄断法中限制 SSO 成员的此类行为或有可议之处。然而，此结论与《关于禁止滥用知识产权排除、限制竞争行为的规定》第 13 条的规定略有相左。该规定第 13 条禁止：具有市场支配地位的经营者……不得在标准的制定和实施过程中……故意不向标准制定组织披露其权利信息……在其专利成为标准必要专利后，拒绝许可、搭售商品……排除、限制竞争的行为。

事实上中国有部分的法院也认为，SSO 成员违反 Disclosure Rule 及 RAND 承诺，可依《民法通则》第 4 条及《合同法》第 5 条、第 6 条采取司法救济。[49]换言之，专利挟持应是专利权人及企业之间是否公平博弈的问题，属于私领域间的纠纷。在消费者利益未受损的前提下，不应是公领域的反垄断法所限制的行为。

（二）鼓励 SSO 组织的技术先行者"自发性"形成行业标准专利池，以增进消费者福利

由于 f_1 属于技术审核的先行者，且其关注点在产能获利而非专利权利金收入，可合理推断 $(a-c) \gg (R_1+R_2)$。

在此条件下比较假定 3 与假定 1 的总产量，如果法律不禁止享有先动优势的技术审核的先行者 f_1 在形成行业标准专利池的同时先行生产，消费者将可取得更大的产能及消费者剩余，f_1 也可以获得更大的利益。相反的，f_2 的获利则会减少。

由于技术领先者往往也是形成行业标准专利池的技术审核的先行者，因此鼓励民间自发性的行标组织也是鼓励技术领先者取得生产的先动优势，从

---

[48] 除美国《反垄断法》第 1 条之外，也可以参考 Russell Pittman, Consumer Surplus as the Appropriate Standard for Antitrust Enforcement, EAG Discussion Papers, EAG 07—9, June 2007. Also see Robert H. Lande and Neil W. Averitt, Consumer Sovereignty: A Unified Theory of Antitrust and Consumer Protection Law Antitrust Law Journal, Vol. 65, p. 713, 1997: demonstrate both antitrust law and consumer protection law can support one another as the two component parts and both ensure the consumers to enjoy the fruit of competition.

[49] 交互数字技术公司（InterDigital Technology Corporation, Inc）与华为技术有限公司标准必要专利使用费纠纷上诉案—标准必要专利使用费率纠纷具有可诉性，(2013)粤高法民三终字第 305 号，本案虽然提出依民法通则救济的理由，判决内容仍包含了反垄断考虑。

而使消费者间接受益。此结果也与美国规制 SSO 专利池的 SDOAA 的法案内容相呼应：鼓励企业间自发性形成行业标准，原则上免除 SSO 反垄断法的三倍处罚，并采取合理原则分析。[50]

透过行业标准的设立，企业可实施更有效率的研发，解决产品间兼容性问题，以及彼此间阻却性专利影响新产品的问世的反竞争问题[51]。由此可见，不宜无端的引用反垄断法禁止企业间朝有利于消费者的方向竞争。

（三）确认以反垄断法规制专利池须采合理原则分析的合理性

以反垄断法规制 SSO 专利池，美国百年来经历了放任宽松、严厉，最后以合理性原则有限度地放宽的数个阶段。本文首先至少证明在某些垄断的情形下（Scenario II），消费者剩余确实不如其他情形下授权谈判的消费者剩余。因此适度地规制 SSO 专利池是必要的。其次，本文提供的模型明确地指出，在某些情形下即使是企业彼此间显然不公的专利挟持行为（conceal），可能反而对于消费者是有利的。再者如上所述，某些具备先动优势者所取得的谈判优势也可能有利于消费者，因此法院不宜任意地干预专利权人彼此间的谈判行为。

基于上述两个结果，SSO 专利池相关问题对于消费者的影响还是必须以个案的合理性原则分析，考虑企业的行为对消费者是产生效益或妨害，再决定是否对于某些特定行为实行反垄断规制。本文认为，法院在面对消费者利益远比传统商业行为复杂的专利池反垄断问题时，实不宜直接以当事人的专利滥用行为径行判决。

（四）专利联营的成员不得利用专利联营交换产量、市场划分等有关竞争的敏感信息立法理由的确认

本文的经济模型计算结果（图表 1）显示，Scenario II 的两专利权人如果利用 SSO 的专利池作为分割产能或分割市场的平台时，产出的消费者剩余

---

[50] Standards Development Organization Advancement Act of 2004 (SDOAA).

[51] Navigating the Patent Thicket: Cross Licenses, Patent Pools, and Standard Setting, Carl Shapiro, University of California at Berkeley, 引注 5，6，Cournot (1838) 提出："the resulting price of brass was higher than would arise if a single firm controlled trade in both copper and zinc, and sold these inputs to a competitive brass industry… One natural and attractive solution is for the copper and zinc suppliers to join forces and offer their inputs for a single, package price to the brass industry."

总产能远不如 Scenario I 和 Scenario III 竞争情形下，专利权人不进行分割产能并各自追寻利益极大化时所得的总产能。本文透过经济理论证明《关于禁止滥用知识产权排除、限制竞争行为的规定》第 12 条确实保护了消费者的权益。

五、结论与醒思

本文运用简易经济模型结论检验美国法律的基本方向及美国最新的判决，以及中国的《关于禁止滥用知识产权排除、限制竞争行为的规定》的相关规定。由消费者的角度观察，本文确认相关规范的基本方向皆符合经济理论，符合消费者利益。仅美国法律所规范的 Disclosure Rule 及中国上述规定的第 13 条与结论略有相左。依照经济模型的结果显示，不经合理性原则分析而直接禁止 Disclosure Rule 所认定的专利滥用行为不必然保护消费者的最大利益。

本文进一步确认由民间自发性形成行业标准专利池有利于整体消费者利益。观察目前中国在 SSO 专利池的规制，主要引用了当前世界各主要国家所重视的 RAND 及 Disclosure Rule 原则，尚未进一步依法放宽并鼓励行业标准专利池。[52] 以美国较新的相关判例而言，法院逐渐以更为谨慎的态度处理以反垄断法限制 SSO 专利池专利权人的商业行为，当事人必须同时证明专利权人同时存在伤害社会利益以及专利滥用的行为时，才得以适用反垄断法。[53] 甚至以专法 SDOAA 鼓励民间鼓励民间自发性地形成专利池并原则上地免除 SSO 的反垄断责任，此作法与本文的经济模型结论相符。

依照前述经济模型的分析结果，本文建议以专法鼓励设立 SSO 专利联营组织、仅对于 SSO 成员的少数切割产能等反垄断行为予以明文限制、其余可疑行为则由政府监理部门以个案方式分析监理而非径行禁止，以期进一步提升整体产业竞合的效率并保护消费者权益。

---

[52] 诸如《国家标准涉及专利的管理规定（暂行）》施行条例，依其规定涉及国家标准的专利必须在公平、合理、无歧视基础上，实施免费或收费许可。不在公平、合理、无歧视基础上许可的专利，不得为国家标准。而《关于禁止滥用知识产权排除、限制竞争行为的规定》。此二规定主要是为了制止经营者滥用知识产权排除、限制竞争的行为而不是为了鼓励行业标准专利池。

[53] Princo Corp. v. International Trade Com'n, 616 F.3d 1318 (Fed. Cir. 2010); which required both conducts hurting competition and patent misuse by patentee to prove antitrust violations.

场外金融衍生品之事前规制措施
——以韩国事前审议制度为主

〔韩〕张妍美[*]

一、问题的提出

自20世纪70年代起,作为可以有效管理企业金融风险的金融技巧,金融衍生品[①]受到了广泛的欢迎。随着美国投资银行对金融衍生品的大量开发,金融衍生品交易市场也得到了快速发展。但是,从20世纪90年代的早期实践到后来全球金融危机中的推波助澜,金融衍生品作为兼具风险管理功能和可创造高额收益的金融商品[②],在享受着相当广泛投资者的"宠爱"的同时,其产生的负面效应也深受诟病。在交易过程中,与销售金融衍生品的金融机构相比,投资者往往处于缺乏相关交易信息的不利地位,即会存在信息

---

[*] 张妍美,北京大学法学院2012级博士研究生(韩国留学生)。

[①] 金融衍生品(financial derivatives)是作为衍生商品(derivatives)的一种,至今不存在对此统一的定义。不过,通常定义为"特定东西(比如,金、石油、猪肉、证券、外汇、天气等的基础资产(underlying 或 bases))的价格或指数(index)来决定其价值的商品"。金融衍生品主要定义为,"以利率、汇率、证券等作为基础决定其价值的商品"。最常用的商品类型有发生将来买卖权利·义务的期货(future;场内)、远期交易(forward;场外)、掉期(swap);只发生将来购买权利的看涨期权(call-option),只发生出售权利的看跌期权(put option);作为期权(option)的一种附加一定的权利行使条件的 cap、floor、collar、swap 等。混合多种商品类型的商品被称为 synthetic 或 exotic 商品。김건식(Geon-Sik Kim)、정순섭(Sun-Seop Jeong):자본시장법(资本市场法),두성사(Du Seong Sa),2013年,第663—672页;김석진(Seok-Jin Kim)外:한국자본시장론(韩国资本市场论),삼영사(Sam Yeong Sa),2009年,第205—236页;권순일(Sun-Il Kwon):증권투자권유자책임론(证券投资劝诱者责任论),박영사(Park Young Sa),2002年,第14—17页等。

[②] 〔美〕罗伯特·E.惠利:《衍生工具》,胡金炎等译,机械工业出版社2010年版,第1—27页。

不对称问题(information asymmetry)。③ 而投资者充分了解有关金融衍生品的内容及其风险是其决定是否参与金融交易的重要因素。④ 但在实践中,不论是基于故意还是过失,因金融机构未充分向投资者说明金融衍生品的内容及风险,而致使投资者遭受不可预测的损失的情形屡见不鲜。金融衍生品也被认定为2008年全球金融危机的主要凶手并被冠以大规模杀伤性武器(financial weapons of mass destruction)的名号。⑤⑥ 在这场席卷全球的危机过后,各国监管机构均开始探索更有力地保护投资者的监管措施⑦,其中强化对场外金融衍生品的规制即为其中之一。⑧

韩国也不例外,以 KIKO 事件为起点,试图从各种层面找出可以有效规制场外金融衍生品的方案。事前审议制度就在这样的背景下,作为事前性管理、监督手段被引进。⑨ 不过,由于很多学者对引进事前审议制度持有强烈的反对意见,最终其作为日落条款(Sunset Clause),仅在 2010 年 6 月 13 日至 2011 年 12 月 31 日的特定期间内实行。与其他各国规制场外金融衍生品市场的手段,如中央清算所(Central Counterparty,以下简称为 CCP)和交易信息储备所(Trade Repository)相比,韩国当时实行的事前审议制度具有更强的规制市场功能。这是因为 CCP 主要通过集中清算已被标准化的衍生品来

---

③ 白玉:《信息不对称与经营者的说明义务》,载《山东社会科学》2009 年第 3 期(总第 163 期),第 119 页。

④ 刘勇:《论金融机构的缔约说明义务——以金融商品销售为对象》,载《政治法律》2011(5),第 32 页。

⑤ George A. Akerlof & Robert J. Shiller: Animal Spirits: How Human Psychology Drives the Economy and Why It Matters for Global Capitalism, Princeton University Press, 2009.

⑥ 美国的著名个人投资者 Warren Buffet 将金融衍生品称为"金融大规模杀伤性武器"(Financial weapon of mass destruction), Fortune, "What Worries Warren"(2003.3.3); Frederic S. Mishkin and Stanley G. Eakins: Financial Markets and Institutions", 6th ed. Prentice Hall 2009.

⑦ Thomas Lee Hazen, "Disparate Regulatory Schemes for Parallel Activities: Securities Regulation, Derivatives Regulation, Gambling, and Insurances", 24 ANN. REV. OF BANKING & FIN. L,375(2005).

⑧ 除了各国政府监管机构对为了规制金融市场采取的措施以外,有关规制金融市场的必要性及其根据的学术研究成果也不少。比如,Llewllyn(2010)、Gausch and Hahn(1999)等学者从防止市场失败角度看,DiGlorgo、Di Nola and Piatti(2000)等学者从市场本身的不完整性和资源的非效率分配角度提示规制金融市场的必要性及其根据。

⑨ 김홍기 (Hong-Gi Kim), "장외파생상품 사전심의제도의 주요내용 및 운용방안에 대한 검토"(关于场外金融衍生商品事前审议制度的主要内容和运用方案的检讨),《首尔大学金融法中心》第 42 号,2010 年,第 89 页。

实现对风险的管理,而对未被标准化的衍生品并不适用。交易信息储备所也只停留在储备金融衍生品交易信息和事后管理风险的阶段。与这两种手段不同,韩国所实行的事前审议制度还介入了商品设计和销售阶段,具有非常强大的事前规制市场的功能,这在全球范围内尚属首次,因而受到了国内外有关机关的关注。⑩

下面笔者将从韩国原有事前审议制度出发,对世界其他国家具有代表性的事前审查制度也进行考察,在此基础上,进一步讨论中国引进事前审议制度的必要性及其可能性。

二、韩国的事前审议制度

通过场外金融衍生品交易,投资者可以获得较高的对冲效应带来的收益。但同时,金融衍生品对市场的高度依赖导致其交易结果亦具有较高的不确定性。因此,建构可以预防或管理其负面影响的系统很有必要。2008年美国金融危机爆发的部分原因也可以归咎于这种系统的缺失。无独有偶,韩国也因 KIKO 事件面临过几乎完全崩溃的金融市场,风暴过后,完善场外金融衍生品风险评估机制、管理交易相对方的风险、防止不完整销售等保护一般投资者的制度已成为社会共识。通过几位国会议员的发议,为提高保护投资者的力度并确保资本市场的健康有序发展,同时预防系统性风险⑪,韩国引进了事前审议制度。⑫ 虽然作为所谓的日落条款,仅在 2010 年 6 月 13 日至 2011 年 12 月 31 日的特定期间内实行⑬,但考虑事前审议制度的规制对象,即规避风险结构的合理性、说明义务性及销售计划的适当性,作为强化保护投资者的措施之一,它仍有再次被引进的可能。

---

⑩ ISDA,"ISDA Expresses Concern over Korea's Proposed NPA Bill", News Release (2009.12.16), See http://www.isda.org/press/press121609.html, 2014 年 12 月 25 日访问。

⑪ 우영호(Yeong-Ho Woo),"장외파생상품 사전심의제도의 내용과 의의(场外金融衍生商品事前审议制度的内容及其意义)",《首尔大学金融法中心》第 44 号,2010 年,第 33 页。

⑫ 김홍기(Hong-Gi Kim),"장외파생상품 사전심의제도의 주요내용 및 운용방안에 대한 검토"(关于场外金融衍生商品事前审议制度的主要内容和运用方案的检讨),《首尔大学金融法中心》第 42 号,2010 年,第 85—89 页;우영호(Yeong-Ho Woo),"장외파생상품 사전심의제도의 내용과(场外金融衍生商品事前审议制度的内容及其意义)",《首尔大学金融法中心》第 44 号,2010 年第 32 页。

⑬ 《资本市场法附则》第 2 条。

(一) 主体

为保证事前审议主体的独立性,韩国《资本市场法》明文规定事前审议制度的主体为场外金融衍生商品审议委员会。⑭ 该委员会作为金融投资协会的下设机构,其委员长和委员资格、选任方式、委员长和委员的任期、委员会审议程序以及意思决定效力等有关场外金融衍生商品审议委员会的组成和运行事项均由金融投资协会来决定。⑮ 由金融投资协会而不是金融委员会下设机构来承担事前审议职责,确保了场外金融衍生商品审议委员会的独立性,以达到免受政府和金融监督机关对审议制度的不必要干预的目的。⑯ 这样一来,金融委员会将事前审议权限授权给金融投资协会就属于行政委托,金融投资协会有时可被视为行政主体,存在成为行政诉讼中被诉对象的可能性。⑰ 对此,韩国政府通过法律明文规定将金融委员会授权给金融投资协会的这一行为性质界定为自律规制权限。

(二) 对象

1. 专门投资者

事前审议程序的适用对象仅为"首次进行交易"⑱的场外金融衍生品。具体而言,对专门投资者来说,包括:第一,以当事人或第三者的信用等级的变化或破产或债务重组等信用风险作为基础资产的信用衍生品;第二,除了金融投资商品、货币、一般商品和信用风险以外的,以基于自然、环境、经济现象而产生的风险中,通过合理并适当办法可以算出或评级其风险作为基础资产的衍生品。下述两种情况除外:第一,信用衍生品或自然等衍生品的基础

---

⑭ 《资本市场法》第288条之2第1行。
⑮ 《资本市场法》第288条之2第7行。
⑯ 국회입법조사처(国会立法调查处),"장외파생상품 청산보고 및 파생상품 심사제도의 발전방안: NARS 정책연구용역보고서(场外衍生商品清算报告及衍生商品审议制度的发展方案:NARS政策研究报告书)",국회입법조사처(国会立法调查处),2011年,第6页。
⑰ 김홍기(Hong-Gi Kim),"장외파생상품 사전심의제도의 주요내용 및 운용방안에 대한 검토"(关于场外金融衍生商品事前审议制度的主要内容和运用方案的检讨),《首尔大学金法中心》第42号,2010年,第92页。
⑱ 判断在是否属于由金融投资业者来"首次进行交易"的金融衍生品时,不是以市场作为其判断标准,而是以个别金融投资业者作为其标准。우영호(Yeong-Ho Woo),"장외파생상품 사전심의제도의 내용과 의의(场外金融衍生商品事前审议制度的内容及其意义)",《首尔大学金融法中心》第44号,2010年,第34页。

资产及其利率、指标等的信息充分公开于证券市场、衍生品市场以及金融委员会指定市场的商品[19];第二,在特定商品结构上有变化时,提供该商品的基础资产及其价格信息方与提供在该商品结构发生变化之前的信息方没有变化时,不需经过事前审议程序。

2. 一般投资者

对一般投资者来说,则包括全部场外金融衍生品。[20] 将销售给一般投资者的全部场外金融衍生品均规定为事前审议程序的适用对象是为了强化对一般投资者的保护力度,防止再次出现类似 KIKO 事件的负面影响。[21] 以一般投资者作为销售对象的商品之中,具备下列两种情形之一者,不适用事前审议:第一,虽然商品基础资产或指标发生变化,但与发生变化之前的商品系同样的结构并属于同一基础资产分类内的商品[22];第二,对商品结构没有影响的因素,如契约期间、契约金、行使价格等有变化,但其基础资产没发生任何变化时。这两种例外的安排主要是考虑一般投资者的交易目的是风险规避,而上述内容的变化对此影响不大或几乎没有,加上监督当局依照监督规定已实施了监控业务,缓和了首次进行交易的条件,因此并不将其视为"首次进行交易的场外金融衍生品"。

(三) 内容

1. 专门投资者

主要审议提供有关基础资产价格变动性信息的可能性,包括:金融机构能够提供基础资产价格的时间及其及时性和信息提供的持续性;计算价格方式的客观性和合理性。如果由第三方提供其价格,该第三方的独立性等因素也是须审查的内容。[23]

---

[19]《资本市场法》第 166 条之 2 第 1 行第 6 号但书。

[20]《资本市场法》第 166 条之 2(场外商品的买卖等)第 1 行第 6 号。

[21] 우영호(Yeong-Ho Woo),"장외파생상품 사전심의제도의 내용과 의의(场外金融衍生品事前审议制度的内容及其意义)",《首尔大学金融法中心》第 44 号,2010 年,第 34 页。

[22] 按照《场外衍生商品审议委员会规定》第 15 条第 1 号规定,基础资产被分为债务证券、股本证券、受益证券、投资合同证券、Derivatives-linked securities、证券托管证券、利率、货币、一般商品。

[23]《资本市场法》第 288 条之 2 第 4 行第 1 号、《场外衍生商品审议委员会规定》第 22 条第 1 行。

2. 一般投资者

(1) 规避风险结构之合理性

根据《资本市场法》的相关规定[24],对交易相对人为一般投资者的金融衍生品必须要审议投资者所有或预计所有的规避风险对象与场外衍生商品基础资产的一致性及其规避风险的效果。此外,通过与风险规避对象比较的方式,还须审议该风险规避的方向和规模的合理性以及在根据特定契约条件时的减少风险规避效果的可能性。

(2) 说明资料的充实性

场外金融衍生商品委员会须审查金融机构提供给一般投资者的说明资料的内容。根据《资本市场法》和《场外衍生商品审议委员会规定》的相关规定[25],该委员会需要审议的内容可以大致分为说明的理解性和获得性。比如,审议说明资料是否易于理解基础资产价格变动会产生的损益变动内容、是否适当地说明了特定契约条件下遭受损失的可能性及其风险、是否告知一般投资者中途终止契约的方法及其要件、适当的将场外衍生商品的风险进行等级分类等内容。

(3) 销售计划的适当性

有关销售计划的适当性需要审议的内容包括:第一,投资劝诱、咨询人是否具备适当资格;第二,投资劝诱、咨询人是否接受过完整的销售教育;第三,是否具备能够确认投资者所有或预计所有的风险规避对象的程序;第四,是否具备可以掌握投资者的投资倾向、投资目的以及投资经验等的程序。[26]

(四) 程序

1. 申请资料

销售给专门投资者的商品需要提交场外衍生商品事前审议申请书、商品概要书、提供有关基础资产价格变动信息可能性的说明书。销售给一般投资者的商品需要提交场外衍生商品事前审议申请书、商品概要书、商品契约书、商品提案书、商品说明书和风险告知书、销售商品计划书等。除此之外,在场

---

[24] 《资本市场法》第288条之2第4行第2号、《场外衍生商品审议委员会规定》第22条第2行第1号。

[25] 《资本市场法》第288条之2第4行第2号、《场外衍生商品审议委员会规定》第22条第2行第2号。

[26] 《资本市场法》第288条之2第4行第2号、《场外衍生商品审议委员会规定》第22条第2行第3号。

外衍生商品审议委员会的委员长认为必要时,可以要求补交所需的其他资料。[27]

2. 事前审议的具体程序

金融投资业者向金融投资协会申请事前审议,在该场外衍生商品属于简要审议对象时,场外衍生审议委员会的委员长进行简要审议。[28] 而当该商品不属于简要审议对象范围时,先由场外衍生审议委员会进行审议后,金融投

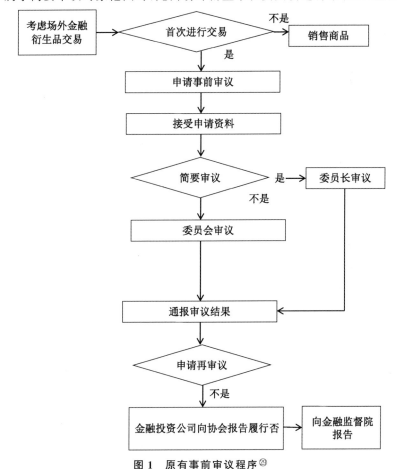

图 1　原有事前审议程序[29]

---

[27] 《场外衍生商品审议委员会规定》第 19 条。
[28] 《场外衍生商品审议委员会规定》第 17 条。
[29] 금융투자협회(金融投资协会),"금투협,장외파생상품 사전심의업무 시행(金投协,实行场外金融衍生品事前审议业务)",2010 年 6 月 10 日,第 5 页。

资协会将其审议结果通知给金融投资业者。㉚ 如果金融投资业者对其审议结果有异议时,可以申请再审议㉛,在没有异议或经过再审议后需要修正或补充时,金融投资业者必须要向金融投资协会报告履行审议结果的情况。㉜ 场外衍生商品审议委员会也需要向金融监督院长报告其审议结果。㉝

三、外国和国际组织规制场外金融衍生品市场之措施

(一) 美国的《Dodd-Frank 金融改革法》

1. 概述

制定于 2009 年的美国《Dodd-Frank 金融改革法》㉞为了提高场外金融衍生品的透明度,引进了场外金融衍生品的清算和报告义务制度。㉟ 期货交易委员会(Commodity Futures Trading Commission:以下简称为 CFTC)负责对赌博、威胁国家安保等违背社会公共利益的全部不法行为进行事前规制。㊱ 该法进一步明确了 CFTC 的管辖权和恢复美国证券交易委员会(以下简称 SEC)对互换交易的调查管辖权,同时为了消除规制的"死角",提高了 CFTC 和 SEC 的合作效率。㊲

2. 制定《Dodd-Frank 金融改革法》前后的变化

在制定《Dodd-Frank 金融改革法》之前,美国主要依靠《Commodity Futures Modernization Act of 2000》(以下简称为 CFMA)规制金融衍生品。该法案将专门交易当事人(sophisticated parties)之间进行的大部分场外金融衍生品交易明确排除在 1936 年的《Commodity Exchange Act》和联邦法律的规

㉚ 《场外衍生商品审议委员会规定》第 25 条第 1 行。
㉛ 《场外衍生商品审议委员会规定》第 28 条。
㉜ 《场外衍生商品审议委员会规定》第 27 条。
㉝ 《资本市场法》第 288 条之 2 第 6 行、《场外衍生商品审议委员会规定》第 30 条。
㉞ 本法案的正式名称为 Dodd-Frank Wall Street Reform and Consumer Protection Act,通常简称为《Dodd-Frank 金融改革法》。
㉟ Dodd-Frank Act Section 723(a) (3) & Section 763。
㊱ 欧洲也跟美国相同,不断强化对金融衍生品的规制。Byong-Youn Kim, "Regulation of Over-the-Counter Derivative under Dodd-Frank Act", Business Law Review 25(4), Korea Business Law Association, 2011.12,p.236。
㊲ 맹수석(Soo-Seok Maeng), "Dodd-Frank Act 의 장외파생상품 거래에 대한 주요 규제내용과 법적 시사점(Dodd-frank Act 对场外金融衍生品交易的主要规制内容和法律启示点)",《证券法研究》第 11 卷第 3 号(2010),第 103 页。

制范围外,是一部缓和规制的法律。㊳ 不过,2001 年 Enron 事件等一系列金融危机后,CFMA 掌握的缓和规制的政策方向受到了猛烈的批评。以 2008 年制定《Close the Enron Loophole Act》为起点㊴,美国正式展开对场外金融衍生品的规制,直至《Dodd-Frank 金融改革法》实现了对所有场外金融衍生品进行的概括式规制,即依照《Dodd-Frank 金融改革法》,交易场外金融衍生品的主要金融机构受到联邦规制当局的规制。

3.《Dodd-Frank 金融改革法》对场外金融衍生品之规制

有关规制场外金融衍生品交易的规定主要集中于《Dodd-Frank 金融改革法》Title VII㊵㊶,其主要内容可概括为六大规制措施:第一,CFTC 和 SEC 合作规制场外金融衍生品市场的必要性㊷;第二,实行规制对象的部分互换进行强制清算(mandatory clearing);第三,强制要求在交易所进行特定互换交易;第四,使交易信息储备机关或 CFTC 和 SEC 承担报告清算对象的互换和非对象互换(non-clear swaps)之义务;第五,强化非强制清算对象的互换交易关联资本要件。第六,公开互换交易规模和价格信息。

(二)欧盟的《Ensuring efficient safe and sound derivatives markets》

在 2009 年 10 月,欧盟执行委员会(European Commission,简称为 EC)发表了强化规制场外金融衍生品之方案,即《Ensuring efficient safe and sound derivatives markets》。根据该方案,监督当局保有在市场发生的有关场外金融衍生品的全部交易信息,同时向市场和参与交易者确保市场的透明性。除此之外,为了确保金融系统的稳定性,鼓励使用中央集中化的系统。

为了防止金融危机的再次爆发,欧盟执行委员会国际清算银行在 2010

㊳ 除此之外,还规定排除适用州法(state laws),再次缓和对场外金融衍生品交易的规制。Byong-Youn Kim, "Regulation of Over-the-Counter Derivative under Dodd-Frank Act", Business Law Review 25(4), Korea Business Law Association, 2011.12, p.242.

㊴ 根据本法修改了 Commodity Exchange Act (7 U.S.C. 1a)。

㊵ 《Dodd-Frank 金融改革法》Title VII 废止 2000 年由 CFMA 制定的场外金融衍生品的免除规制条款。Byong-Youn Kim, "Regulation of Over-the-Counter Derivative under Dodd-Frank Act", Business Law Review 25(4), Korea Business Law Association, 2011.12, p.243.

㊶ Michael Sackheim & Elizabeth M. Schubert, "Dodd-Frank Act Has Its First Birthday, But Derivatives End Users have Little Cause to Celebrate", 2 Harv. Bus. L. Rev. Online 1 (2011).

㊷ 对与能源和农业有关的互换交易,CFTC 具有优先规制权限;对混合互换(mixed swap),CFTC 和 SEC 具有共同权限。

年提交了强化规制金融衍生品交易的法案。其主要内容为建立对于投机目的金融衍生品交易体系及运用的标准(clearing requirements)和强化投资者的公式标准(short selling requirements)。具体说,在进一步强化对大型金融公司的金融衍生品交易规制力度的同时,另设置对一般公司在对冲商品价格过程中进行的金融衍生品交易的免除规定,再次明确了规制范围。大型金融公司参与的几乎所有金融衍生品交易必须要通过中央清算所(centralized clearing house)进行。为了保障清算所独立性,需要满足一定条件。

(三) 国际清算银行

国际清算银行(Bank for International Settlements,简称 BIS)在 2009 年 9 月 26 日发表年度报告书(Annual Report),提出可以确保金融系统的透明度和稳定性的注册认证制(registration and certification)。其主要内容为新型金融投资商品依其安全性等级(degree of safety)向相应类型的投资者出售。即针对"非处方药品"(non-prescription medicine)等安全性较高的金融投资商品允许全部投资者的参与,对"处方药品"(prescription medicine)等金融投资商品只允许获得许可的投资者参与,对还在"临床试验阶段药品"(drug in experimental trials)的金融投资商品只允许经事前审查的投资者在限定的金额内进行投资,安全性最低的金融投资商品视为违法商品。[43]

后来,国际清算银行通过发表于 2010 年 6 月 28 日的年度报告,重新强调引进 2009 年发表的注册认证制的必要性。为了建构更稳定的金融体系,其同时指出了金融投资商品的标准化和文献化、运用中央清算所、强化公示等可以强化向投资者提供信息的必要性。[44]

---

[43] BIS, 79th BIS Annual Report 2008/09(2009), pp. 126—127. "Balance can be achieved by requiring some form of product registration that limits investor access to instruments according to their degree of safety. In a scheme analogous to the hierarchy controlling the availability of pharmaceuticals, the safest securities would, like non-prescription medicines, be available for purchase by everyone; next would be financial instruments available only to those with an authorisation, like prescription drugs; another level down would be securities available in only limited amounts to pre-screened individuals and institutions, like drugs in experimental trials; and, finally, at the lowest level would be securities that are deemed illegal".
See http://www.bis.org/publ/arpdf/ar2009e7.pdf,2015 年 12 月 9 日访问。

[44] BIS, 80th BIS Annual Report 2009/19(2010), pp. 97—102. "The design of countercyclical capital buffers illustrates these issues. As discussed in last year's Annual Report……"
See http://www.bis.org/publ/arpdf/ar2010e1.pdf,2015 年 12 月 9 日访问。

四、对中国借鉴意义

(一) 中国现状

根据制定于 2004 年、修改于 2010 年的《金融机构衍生产品交易业务管理暂行办法》,参与金融衍生品交易的金融机构首先需要向中国银行业监督管理委员会(China Banking Regulatory Commission,简称 CBRC)提交相关资料并获取意见。[45] 同时,根据在 2009 年 7 月 31 日公布的《关于进一步加强银行业金融机构与机构客户交易衍生产品风险管理的通知》,银行业金融机构必须要认真评估机构客户参与场外金融衍生品交易的"真正需求背景"[46][47],同时还规定在符合金融客户需求背景的情况下,取得衍生产品交易资格的银行业金融机构与机构客户进行衍生产品交易,在营销与交易时应首先选择基础的、简单的、自身具备定价估值能力的衍生产品。[48] 通知进一步规定,要求银行业金融机构制定或完善衍生产品销售人员的内部培训、资格认证及授权管理制度,建立严格的问责制度。[49] 通过上述规定可以看出,中国也设有对场外金融衍生品交易的一定限度的制约制度,也可以视为一种对场外金融衍生品的事前审议制度,但实际上上述规定没有真正发挥事前规制场外金融衍生品的作用。[50]

(二) 引进事前审议制度的必要性

在韩国金融投资业者违反保护投资者义务时,需要承担损害赔偿责任。不过,在获得法院判决之前,双方当事人不仅很难预测法院对金融机构是否

---

[45] 《金融机构衍生产品交易业务管理暂行办法》第 8 条。

[46] 中国银行业监督管理委员会:《关于进一步加强银行业金融机构与机构客户交易衍生产品风险管理的通知》[2009]74 号,第 1 条。

[47] 与其他国家不同,中国尤其强调金融机构确认客户对衍生交易具有真正需求背景。刘卉:《论我国金融衍生品交易中的适合性原则》,载《商事法论集》第 23 卷,第 308 页;杜怡静:《金融商品经纪人/交易商关于说明义务之理论与实务上之运用——对连动债纷争之省思》,载《月旦民商法》第 26 期。

[48] 中国银行业监督管理委员会:《关于进一步加强银行业金融机构与机构客户交易衍生产品风险管理的通知》[2009]74 号,第 5 条。

[49] 中国银行业监督管理委员会:《关于进一步加强银行业金融机构与机构客户交易衍生产品风险管理的通知》[2009]74 号,第 6 条。

[50] 정성구 (Seong-Gu Jeong),"장외파생상품 사전심의제도에 관한 법적분석(关于场外金融衍生品事前审议制度的法律分析)",《银行法研究》第 2 卷第 2 号,2009 年,第 223 页。

履行说明义务这一事实的判断,并且即使法院承认金融机构的损害赔偿责任也不能排除因过失相抵等确定损害赔偿范围的原则的适用[51],这往往导致投资者可以获得的赔偿金无法弥补其遭受的损失。因此,人们意识到,仅依靠追问金融机构的损害赔偿责任方式远远不能为投资者提供充足的保护。

事前审议制度的主要目的与有关保护投资者规定的宗旨相同,即通过事前控制新型场外金融衍生品的负面影响,确保市场的健康发展和投资者保护,防止系统风险。而要求金融机构承担保护投资者义务的目的在于解决金融投资业者和投资者之间的信息不对称问题,实现实质上的契约自由原则。[52] 从这一角度考虑,可以说事前审议制度大部分内容就是落实确保有关保护投资者措施的完整性和解决投资者的理解水平问题,通过事前审议金融衍生品,在一定程度上能够满足有关法律所规定的金融机构所负担的保护投资者义务的要求。但需要注意的是,事前审议程序并不能百分之百保障特定场外金融衍生品的安全性。韩国原有《场外金融衍生商品审议委员会》第25条第2款也规定,在商品提案书上需要记载在判断特定商品是否适于特定投资者时必须要考虑投资者的投资趋向等个别因素。不过,在发生纠纷以后,在达成交易之前得出的事前审议结果可以作为判断金融机构是否履行说明义务的重要根据之一。有些学者主张,事前审议制度会阻碍资本市场的发展。[53] 但笔者认为,整个资本市场的发展不可能完全取决于事前审议制度等单项制度或一部法律,而取决于如何运行相关的制度和规制措施。将事前审议特定金融投资商品等同于阻碍资本市场发展是在逻辑上的跳跃,通过事前审议反而可以获得投资者对资本市场的信赖,进而促进资本市场的发展。

另外,有些学者指出在事前审议过程中存在泄漏营业秘密的可能性。[54] 通过允许金融投资者亲自出席场外金融衍生商品审议委员会的事前审议程序,提交有关资料并进行说明,在结束有关程序后就回收有关资料的方式可以消除上述对泄漏营业秘密的担忧。同时,对有泄漏营业秘密嫌疑的委员申

---

[51] 日本法院也持有同样态度,因投资者怠于努力理解交易内容时,适用过失相抵原则。最典型的判决为大阪高判平成7年4月20日判决,《判例时报》第885号,第207页。

[52] 朱慈蕴:《论金融中介机构的社会责任——从应对和防范危机的长效机制出发》,载《清华法学》2010年,第1页。

[53] 김홍기(Hong-Gi Kim),"장외파생상품 사전심의제도의 주요내용 및 운용방안에 대한 검토"(关于场外金融衍生商品事前审议制度的主要内容和运用方案的检讨),《首尔大学金融法中心》第42号,2010年,第96页。

[54] 전국은행연합회(全国银行联合会):장외파생금융상품의 사전심의제도에 관한 건의서(《关于引进场外金融衍生品事前审议制度之建议书》),2009年,第5—6页。

请回避,在最大程度上试图保障营业秘密。⑤

综上,笔者认为引进事前审议制度主要出于以下几点必要性的考虑:第一,事前审议制度可以提高金融市场的透明度,有助于促进场外金融衍生品市场的健康发展,扩大市场规模⑥;第二,事前审议制度通过事前管理、监督场外金融衍生品,能够降低金融衍生品之不确定性和风险,符合有关规制资本市场法规的宗旨⑰;第三,随着全球资本市场一元化的趋势,在国外实施的行为效果影响到国内的可能性也不断增大。因此通过事前审议制度可以有效地预防国外开发的高风险型场外金融衍生品交易带来的负面影响⑱;第四,虽然中国也在有关法律法规上规定了损害赔偿责任等⑲救济投资者损失的条款,但只依靠事后性措施,远远不足以实现一般投资者的有效保护⑳;第五,事前审议制度还有助于发现和验证较为薄弱的金融投资业者㉑;第六,通过事前审议制度可以有效地保护投资者并为场外金融衍生品的稳定维持提供助力。㉒㉓

(三)对中国的启示

1. 主体

为了保障事前审议制度的独立运行,需要设置像原韩国场外金融衍生商

---

⑤ 우영호(Yeong-Ho Woo),"장외파생상품 사전심의제도의 내용과 의의(场外金融衍生商品事前审议制度的内容及其意义)",首尔大学金融法中心,第44号(2010),第39页。

⑥ Byong-Youn Kim, "Regulation of Over-the-Counter Derivative under Dodd-Frank Act", Business Law Review 25(4), Korea Business Law Association, 2011.12, p.239.

⑰ 이성남(Sheng-Nam Lee),"장외파생상품 심의제도도입배경과 그 영향(引进场外金融衍生品审议制度的背景及其影响)",首尔金融讨论会资料,2009年,第1—2页。

⑱ Byong-Youn Kim, "Regulation of Over-the-Counter Derivative under Dodd-Frank Act", Business Law Review 25(4), Korea Business Law Association, 2011.12, p.240.

⑲ 《资本市场法》第48条等。

⑳ 김홍기(Hong-Gi Kim),"장외파생상품 사전심의제도의 주요내용 및 운용방안에 대한 검토(关于场外金融衍生商品事前审议制度的主要内容和运用方案的检讨)",《首尔大学金融法中心》第42号,2010年,第96页。

㉑ 국회입법조사처(国会立法调查处):장외파생상품의 청산보고 및 파생상품심사제도의 발전방향: NARS 정책연구보고서(《场外衍生商品清算报告及衍生商品审查制度发展方案:NARS 政策研究报告书》),국회입법조사처(国会立法调查处),2011年,第80—81页。

㉒ 美国期货交易委员会(Commodity Future Trading Commission,简称为CFTC)具有类似于事前审议制度所规定的审查衍生商品和禁止交易的权限。

㉓ 신현탁(Hyun-Tak Shin),"미국금융개혁법의 소개와 전망-장외파생상품의 규제를 중심으로(美国金融改革法的介绍和展望—以场外金融衍生品的规制为中心)",《金融法研究》第7卷第2号,2010年,第111页。

品审议委员会这样的独立于金融监管当局的组织。同时,需要赋予其自律规制的权限并保障发挥最大限度的自律规制功能。只有保障事前审议主体的独立性和自律规制功能才能免受金融监管机关的不必要干预。[64] 另一方面,保障事前审议主体的独立性对金融机构来说也具有重大意义,这是因为在没有保障事前审议主体独立性的情况下,经过事前审议的商品容易被视为由金融监管当局保证过安全性的商品。如果市场参与者产生这样的误解,那么不仅在投资劝诱阶段会产生道德风险(moral hazard)问题,而且金融监管当局也将面临无数纠纷的风险。[65]

2. 对象

如前所述,在韩国需要经过场外金融衍生商品审议委员会事前审议的场外金融衍生品只限定为"首次进行交易"[66]的场外金融衍生品。[67] 对此,笔者认为中国在考虑引进事前审议制度时,需要重新界定"首次进行交易"和"一般投资者"的范围和概念。在实务中,判断"首次进行交易"的标准是非常模糊的:首先,过去对场外金融衍生品交易的信息没有进行系统的整理,因此很难判断到底何种场外金融衍生品属于"首次进行交易"的商品;其次,还存在从哪方的角度来判断"首次进行交易"的问题,比如,对首次参与特定场外金融衍生品交易的客户来说,某商品当然属于"首次进行交易"的商品,但对金融机构来说也许并不是"首次进行的交易";再次,还需要进一步明确,"首次进行交易"是仅限于国内市场还是可以包括国外市场,许多在国际市场上进

---

[64] 当然自律规制机关的规制权也得受到适当的规制和监督,不过无论是韩国还是中国,考虑政府机关对自律规制机关的影响力,还是需要再次强化自律规制机关的自律性是有必要的措施。据《中华人民共和国证券法(修订草案)》(2015年4月20日人大审议稿)第22条、第63条和第64条,向证券交易所赋予了最大限度的决定权,对韩国有借鉴意义。虽然证券交易所和场外衍生品委员会是不同机关,不过两家机关都自律规制机关且在资本市场上发挥的作用非常相似。可以将规制证券市场的证券交易所的相关法律规定来说明场外衍生品委员会的性质也不妨理解。

[65] 这是明确否定或没有明确承认自律规制机关自律性规制的行政行为属性的最大原因。一旦被承认为行政行为,自律规制机关会面临无数的信息披露、行政复议、行政诉讼等,需要承担非常沉重的负担。北京大学光华管理学院—上海证券有限责任公司联合课题组:《证券交易所管理市场职能的法律性质研究》,See http://biz.sse.com.cn/cs/zhs/xxfw/jysjs/sseResearch/2003-4/20034b.pdf,2015年10月23日访问。

[66] 判断在是否属于由金融投资业者来"首次进行交易"的金融衍生品时,不是以市场作为其判断标准,而是以个别金融投资业者作为其标准。우영호(Yeong-Ho Woo),"장외파생상품 사전심의제도의 내용과 의의(场外金融衍生商品事前审议制度的内容及其意义)",《首尔大学金融法中心》第44号,2010年,第34页。

[67] 우영호(Yeong-Ho Woo),"장외파생상품 사전심의제도의 내용과 의의(场外金融衍生商品事前审议制度的内容及其意义)",《首尔大学金融法中心》第44号,2010年,第34页。

行交易的场外金融衍生品还没在国内进行过交易,在这种情况下,以何种标准来判断是否"首次进行交易"?虽然有关法律法规已对一般投资者作出了相应的界定,但在参与场外金融衍生品交易的专门投资者中,一部分的专门投资者[68]被视为一般投资者,与场内金融衍生品交易相比,具有更广泛的一般投资者概念。另外,即使是专门投资者,也有转为一般投资者的可能性,因此需要更详细的界定事前审议制度中的"一般投资者"的范围。

3. 标准

在整个事前审议过程中,最着重审查的是说明的完整性和出售计划的适当性。审议诸如像规避风险结构合理性等评价场外金融衍生品本身的合理性会导致分散有限的资源和精力。由行政主体来评价并规制场外金融衍生品本身的合理性可以避免不必要的纠纷和争论,并可以消除事前审议制度降低资本市场效率的担忧。将主要集中审议说明的完整性和销售方式的合理性,与由行政主体对场外金融衍生品本身合理性的审查相结合,会获得最有效率的规制效果。

4. 程序

当然,如果中国在引进事前审议制度时,直接重新使用韩国原有事前审议程序也可以达到事前审议制度的目的。不过,如前所述在审议对象中,删除"首次进行交易"要件较为合理,调整从申请事前审议阶段的相关程序即可。除此之外,为了圆满运行事前审议制度,也可以考虑调整申请事前审议时期。比如,某一公司要出售特定金融商品但该商品还没通过该公司的商品委员会时,允许申请事前审议或者允许金融投资业者通过电话等方式与事前审议机关商量有关即将要申请事前审议商品,在一定程度上确保金融机构出售计划的正常执行。另外,将事前审议对象的事项规定为一种公示的标准,使金融机构公示有关重要事项也可以提高事前审议制度效用。

五、结　　论

韩国引进并执行事前审议制度之初,很多学者和实务人士都担忧该项制度存在阻碍金融衍生商品市场发展的可能性。由于韩国当初决定引进事前审议制度的最大导火索就是KIKO事件,因此有人评价引进本制度在一定程度上只是用纸包火的做法。现在看来,虽然事前审议制度实行期间较为短

---

[68] 股份上市公司、注册专门投资者等。

暂,但并没有发生当初让人担心的阻碍金融衍生品市场的副作用,反而通过事前管制,对消除 KIKO 事件后一般投资者对金融衍生品市场的不信任和怀疑态度有所贡献。当然,它确实在一定程度上降低了金融机构开发多样金融衍生品的热情以及无法审议所有场外金融衍生品等方面的缺点。因此,若韩国再次引进或中国引进事前审议制度时,建议在原来的事前审议制度框架内,进行部分修改或补充的规定,以提高制度本身的完整性和运行效率。有效实行事前审议制度是利用有限的资源促进并帮助金融机构贯彻履行有关保护投资者义务的措施之一。

本文虽以韩国的场外金融衍生品的事前审查制度为对象,但对中国的有关立法也有借鉴意义。中国和韩国的法律制度本就系出同源,中国的资本市场亦存在与韩国类似的种种问题。韩国在积极引进资本市场较为发达国家的一些法律和制度的同时,也自身采取了适合韩国资本市场的各种措施,一定程度上体现出韩国立法的灵活性。事实上,中国也存在这种变化,只是尚未在金融领域有所突破和发展。如前文所述,韩国的变革有一定局限性,而从本质上讲这种局限性反映的正是亚洲一些国家法律体系本身的局限性。[69]

中国已经迈入了发展的新阶段,各项体制的改革已进入深水区,在这一关键时期,作为中国市场经济重要一环的资本市场将何去何从,不仅是中国人民关心的焦点,也为整个世界所瞩目。毋庸置疑,健全和活跃现有的规制场外金融衍生品市场的相关制度以迎接后金融危机时代的新形势,是中国法律、政策的制订者和执行者必须承担起的重任,而在这一过程中需要以更加开放、包容的姿态汲取各国和地区的先进经验,引入新型的制度并结合本土的实际情况加以改良。中国在考虑完善场外金融衍生品市场相关法律规定时,不妨参考韩国的做法,在引入新制度或修改原有法律的同时,切记将重点放在提高本土化的适应水平上,不要犯与韩国同样的错误,毕竟两国的金融衍生品市场还远未达到世界先进市场的成熟程度。金融稳定与金融效率,两手都要抓,才能实现资本市场本身长足的发展。[70]

---

[69] 张妍美:《韩国国际报告准则之引进及其应用局限》,载《金融法苑》2014 年 01 期。
[70] 张妍美:《韩国对 SPAC 法律移植及其局限》,北京大学法学院硕士毕业论文,2012 年。

综 述

全面改革、依法治国与经济法

——第二十三届全国经济法理论研讨会综述

孟庆瑜 刘广明[*]

2015年9月19—20日,由河北大学政法学院、河北大学国家治理法治化研究中心承办的中国经济法学研究会2015年年会暨第二十三届全国经济法理论研讨会在京畿重地、千年古城——河北省保定市隆重召开,会议主题为"全面改革、依法治国与经济法"。现综述如下。

一、全面改革、依法治国与经济法总论相关问题研究

(一)全面改革、依法治国与经济立法

"法律是治国之重器,良法是善治之前提"。全面推进依法治国,必须坚持立法先行,发挥立法的引领和推动作用。北京大学杨紫烜教授认为,全面深化改革、推进依法治国,就经济立法而言,当务之急是要抓紧制定《中华人民共和国经济法纲要》,并在条件成熟的时候制定《中华人民共和国经济法》,这均是"完善以宪法为核心的中国特色社会主义法律体系"的需要。其中,作为由全国人大制定的经济法规范性文件体系中的基本经济法规范性文件——《中华人民共和国经济法纲要》,其调整对象范围广,稳定性强,法律效力高,是处于统率地位的基本法律,是多层次的经济法规范性文件体系的关

---

[*] 孟庆瑜,法学博士,河北大学政法学院院长、教授、博士研究生导师,河北大学国家治理法治化研究中心主任,主要研究方向:经济法、环境资源法;刘广明,法学博士,河北大学政法学院副教授,硕士研究生导师,河北大学国家治理法治化研究中心研究员,主要研究方向:经济法、农村法治。

键一环。《中华人民共和国经济法纲要》的制定将有助于完善社会主义市场经济法律制度,更好地发挥经济法规范性文件体系的整体功能;有助于完善市场监管,实现市场功能,充分发挥市场机制的作用;有助于发挥宏观调控的长处,防止或消除经济中的总量失衡和结构失调,优化资源配置,推动经济社会的协调发展。

湘潭大学陈乃新教授认为,虽然早在新世纪元年的 2001 年,我国就已把经济法列入中国特色社会主义法律体系,使经济法成为构成该体系的七大法律部门之一,到如今已经过去了十多年,我们仍未制定出类似《民法通则》的基本经济法,当下显然难以适应全面改革与依法治国的客观需要。当务之急,应首先明确经济法调整劳动力关系,并在此基础上,使其在"领域立法"之中真正得到更多体现与应用,唯有如此,方能满足全面改革、依法治国的需要。

厦门大学卢炯星教授认为,中国经济法的产生和发展是伴随国家经济体制改革而产生和发展的,每次大的经济体制改革成果都会产生一批新的经济法律、法规和规章,为满足全面改革、依法治国之需,当前亟须从以下几个方面加强和完善经济立法:一是在宏观调控立法领域,应着手制定作为宏观调控基本法的《促进国民经济稳定增长法》以及《政府间转移支付法》《房产税法》《环境保护税法》《农业促进法》《第三产业促进法》《支柱产业促进法》《中小型银行法》等法律及其配套政策,并应着手修改《个人所得税法》《证券法》等相关法律;二是在市场规制立法领域,应着手制定《市场准入法》《市场监管法》《标准化法》等法律,并应修改《反不正当竞争法》《价格法》等相关法律;三是在对外开放立法领域,应着手制定《外资国家安全审查条例》等法律,并加快《口岸管理条例》的立法进程。

河北经贸大学郭广辉教授等认为,立法是法治的基础,良法是治国的保障,而作为一种提高地方立法质量的有效方式,立法评估则对全面实现依法治国具有重大的现实意义,但受历史条件等因素制约,我国的地方立法评估工作尚处于探索发展阶段,在一些关键问题和配套制度建设上还需要分析研究。当前,亟须在批判的学习各国立法评估经验的基础上,结合我国国情,主要从以下几个方面建立起具有中国特色的地方立法评估制度:一是确立系统的地方立法评估制度;二是形成以第三方评估为主的多元化评估主体模式;三是促成立法评估的期限常态化和对象选择标准化;四是完善地方立法评估内容体系;五是建立健全立法评估跟踪反馈机制。

黑龙江大学王妍教授认为,与其他部门法相比,经济法对效率的追求尤显突出,因为作为法的价值之一的效率,不仅包括法律制度本身在应用过程中应当具有效率,还包括法律应当促成市场经济资源配置效率的实现。对于经济立法而言,虽然经济法效率的实现具有一定的复杂性,但效率是不可或缺的考量要素。其一,经济立法必须考虑效率问题;其二,经济立法必须对"效率绝对"倾向进行矫正;其三,经济立法应对"效率"赋予更广泛的内涵。

中央财经大学邢会强教授认为,法律不能忽略细节,否则就形同虚设,国家法治建设是通过一点一滴来完成的,不能仅仅有宏观构想而该宏观构想又缺乏细节考虑和实施机制。就经济立法而言,我们应虚心学习发达国家在相关方面的立法技术与立法理念,以实现经济立法的精细化。

云南大学周昌发副教授认为,经济基础决定上层建筑,在我国新常态经济背景下,为了应对经济发展迟缓、促进经济转型,增加经济内驱力,相应的政策和法律的更新是必不可少的。而经济法更需要跟上时代和经济发展的脚步,进行自我内在的完善和创新。一方面,应革新经济法优化政府职能之精神;另一方面,应注重经济法程序规范之价值。

西南政法大学尹亚军博士认为,要建立完备的法治体系,立法是其中关键环节,而科学立法则是对立法质量与立法协调性的具体要求。通过考察经济法立法发展的实践逻辑,一种由"理论导向"到"问题导向"的立法趋势清晰可见。"问题导向式立法"有着极强的实践品格,以问题为中心、发散地展开探索、综合考量相关因素以及选择合理的解决方案,此种开放思维与当下的法学实证研究、法律思维特性高度契合,长远来看,经济法的"问题导向式立法"将引发经济法治在认识论和方法论上的深刻变革。

(二)"新常态"的经济法回应

当前我国经济发展已经进入"新常态",适应"新常态"、把握"新常态"、引领"新常态",是当前和今后一个时期我国经济发展的大逻辑。对于此,经济法必须予以应有回应。西南政法大学黄茂钦教授认为,时下,经济法立法中存在着阻滞综合立法发展趋势的"碎片化"现象,该问题已经引致了经济法实践和理论层面的困境,为克服此困境,经济法立法应立足于"经济新常态"背景下综合立法的发展趋势,把握全面依法治国为促进经济法立法的"体系化"提供的机遇。在此过程中,经济法综合立法将实现从各子部门法的"小综合"到《经济法纲要》的"大综合",从囿于经济领域硬法的制定到经济领域的硬法与软法协同发展,从经济法律体系到经济法治体系的演进,从实践中的综合立法到理论上的综合立法的跃升。

山西大学董玉明教授认为,对于"经济新常态",就经济立法问题而言,应主要从以下五个方面予以必要回应:一是要加强和完善宏观调控法;二是要重点研究和促进市场运行中的消费力增长问题;三是要十分重视对自然资源的分类管理和环境保护问题的研究;四是要研究"经济新常态"下对外贸易与投资的相关立法完善问题;五是要在统一大市场的格局中研究区域市场力的配置问题。

山东政法学院隋洪明教授认为,"新常态"的出现,既不是短期的临时性调整,也不是局部的小范围改革,而是一场自我革命式的全面革新,为此,必然带来法律上的重大变革,在这一变革中,经济法律不能缺席。"新常态"下,经济法的使命要得以实现,需要在诸多方面及时作出及时的改变,概言之,主要体现在以下几方面:一是整体利益向新个体利益的转变;二是经济法主体的变化;三是价值追求的矫治;四是回归秩序;五是干预(调控)的内涵转变。

中国社会科学院肖京博士认为,在当前的"经济新常态"下,经济转型与经济创新是我国经济发展的核心问题,而经济转型与经济创新则对经济法理论与实践提出了更高的新要求。面对经济转型和经济创新中新情况与新问题的挑战,经济法必须在理论与实践层面进行有效回应,而其关键则是要从理论体系、立法层面、执法层面和司法层面等方面着手构建经济法的"刚柔并济"的差异性适用长效机制。

澳门科技大学陈阵香博士认为,面对"新常态",经济法理论应当与时俱进,要积极推动经济法理论与实践的深化以适应政府与市场主体的关系从服从性关系向服务性关系转变的趋势。具体来说,一方面,要抓紧制定基本经济法;另一方面,在领域立法中,应更多更好地运用经济法的调整原则、调整方法,以此来满足"新常态"下中国经济发展的需要。

(三)京津冀协同发展的经济法解读

2014年2月26日,习近平总书记在京津冀协同发展工作座谈会上发表重要讲话,并指出,"实现京津冀协同发展,是一个重大国家战略。"河北省政府法制办时清霜主任认为,面对京津冀协同发展这一重大国家战略,如何全面、及时、准确适应这一新形势、新要求,既是当前政府法治工作的重大挑战,也是一个重大机遇,而其关键就是要全面推进依法行政,做好立法、修法工作,用法治手段保证顶层设计和重大决策的落实。同时,也要求京津冀三地要坚决实现协同发展、重点突破、策划改革,要加快破除体制障碍,推进要素一体化,加快公共服务化体制改革。

北京交通大学张瑞萍教授认为，从京津冀一体化的内涵来看，其绝不仅限于市场的一体化、公共服务的一体化、环境保护和生态文明建设的一体化以及规划的一体化，法制的一体化是其应有之义，并且随着京津冀社会经济协同发展的深入，法律的价值与作用必将愈发凸显。法制的一体化是京津冀社会经济一体化的保障，其不仅包括规则的一体化，还包括规则实施的一体化。实现京津冀法制一体化，除应通过区域立法机构制定区域性法规，还应通过协同立法的方式实现区域法制的一体化。要实现协同立法，关键是要构建与京津冀协同发展相互适应、相互支撑、相互促进的协同立法机制，进而实现区域内制度融合、利益整合和整体利益的最大化。

河北大学孟庆瑜教授等认为，京津冀地区的环境问题严重制约了三地经济和社会的可持续发展，要解决区域环境问题，必须要突破现行分割式的发展模式，走生态环境协同保护之路，而其关键就是要积极探索建立区域环境协同立法保障机制，加强地方环境协同立法，构建区域环境资源法律体系，增强区域环境立法的科学性、有效性，以充分发挥法律规范的引领和推动作用，为京津冀区域生态环境的协同保护提供重要的制度支撑和法律保障。

二、全面改革、依法治国与财税法相关问题研究

（一）全面改革、依法治国与税收法定原则

北京大学刘剑文教授认为，税收法定原则的核心理念是民主法治，落实税收法定原则是全面深化改革和全面依法治国的内在需要。落实税收法定原则是法治国家建设的突破口，对建立现代财政制度、全面深化改革和全面依法治国具有重要推动作用。从深化改革的要求看，落实税收法定原则，表面上看确实是在规范、约束和监督政府的权力，但在深层次意义上，其实也是维护、深化和保障政府权力的正当行使。对于立法机关而言，落实税收法定原则，就是要充分运用税收立法权回归的历史契机，提升主导税收立法和税收政策审查监督能力，发挥我国特有的民主政治制度优势，尽责履职，推动法治国家建设；对于行政机关而言，落实税收法定原则，就是要正确理解税收法定原则的涵义，特别是运用法治思维、法治方式的框架下依法行政，在确保税收政策和税制调整的有效性、连续性和稳定性的基础上，配合全国人大落实税收法定原则。

华中科技大学彭礼堂教授认为，作为现代法治的两大枢纽之一，税收法

定原则既是税宪法的重要原则，也是一体化税法的基本原则。税法定原则是财税法治和国家治理现代化的基础，坚持税收法定原则是实现财税法治的形式要求。中国宪法无税收法定原则的规定，《立法法》仅明确了有限的税收法定原则，因之完善税收法定原则立法，增加税用法定原则的规定，是实现财税领域最低限度法治化的需要，也是中国财税体制改革成本最低且最有效的突破口。

（二）全面改革、依法治国与预算制度完善

中南财经政法大学黎江虹教授认为，作为统领国家财政收支的枢纽，各种因素汇集于预算，由此导致庞杂而又混沌，规范性和有效性间的张力长期存在。《预算法》实施以来，预算的规范性虽得以大大增强，预算公开、人大监督角色也得以一定的强化，但"过于强调规范性是否会导致预算的有效性被削弱"的疑问仍然存在，相关部门在具体操作时，仍不知如何去把握预算规范性和有效性的合理边界，这直接关系到预算规范的规范性是否会被执行部门架空。基于构建规范性与有效性有机结合的预算制度的考虑，未来亟须从信息共享、规则完善、结果预算等三个维度去创新相应机制。

中国人民大学李帅博士认为，由于我国目前的法院司法预算因内置于政府预算之中而造成行政干预司法以及部分地区司法经费保障不利的情况，因此，为保障法院依法独立公正行使审判权，我国应当借司法改革的契机优化司法预算设置，使司法预算独立于政府预算，由法院进行司法预算的编制和执行，由省法院统一管理本地区法院预算，建立"央—省"二阶分层的独立司法预算结构，且司法预算应当向基层法院倾斜，保障司法一线人员的办案经费和薪酬。

（三）全面改革、依法治国与PPP制度创新

台湾大学王文宇教授认为，公共建设的良窳直接关系国民基本生活品质的好坏，且是奠定国家经济建设根基的关键所在。从发达国家的经验来看，PPP模式确实能够为公共建设注入新血与活力，的确值得借鉴。观诸推动PPP模式顺利的国家，英国经验的确极具功效，且其成功关键在于完善相关法制与有效市场机制的配合。当前，中国制定相关政策和法律以积极推进PPP模式的改革路径无疑是正确的，但由于中国的国情特殊，因此，在引进先进国家经验时，宜加以调整。具体来说，需按部就班，成功地营造有利的法规与市场条件，包括明确中央和地方政府权限、厘清公共部门和国有企业角色

等,唯有如此,PPP模式才能在中国发展茁壮。

华东政法大学陈少英认为,良好的法律环境、科学的政策体系是PPP规范健康发展的基础和保障,中国本土化的PPP最需要的是法制创新。目前,国家发改委和财政部以"通知""办法",指定"政策"的方式来规范PPP的运作,其法律效力较低;且在各自管理范围内作出的规定,缺乏普适性、全局性和系统性,甚至难免将政府部门自己的意志强加于私人部门。基于财政法定原则,当前亟须制定一套专门的法律法规,对PPP项目的立项、投标、建设、运营、管理、质量、收费标准及其调整机制、项目排他性及争端解决机制,以及移交等环节作出全面、系统的规定。

三、全面改革、依法治国与金融法相关问题研究

(一)全面改革、依法治国与金融法治

中国人民大学朱大旗教授等认为,新常态下金融创新飞速发展,金融领域法律制度呈现落后态势,这是法律、经济、社会等多种因素作用的结果。法制滞后、法治常新,面对日新月异的金融市场,必须从法制思维转变到法治思维,厘清金融市场与政府的边界,倡导监管概括性赋权,完善问责制,提高监管法律程序意识,做到依法监管,实现社会整体利益。

西南政法大学李瑞雪博士认为,金融具有商品性和社会性的双重属性,金融公平则具有经济公平和社会公平的双重内涵,前者强调金融机会公平,而后者强调金融结果公平。当前,我国应采用以市场配置为主、以计划配置为辅的金融资源配置模式,以实现金融经济公平,同时,亦应针对金融市场中存在的具体问题,提出相应的法律对策,以实现金融社会公平。

(二)全面改革、依法治国与互联网金融监管

中国人民大学杨东教授认为,互联网金融具有满足小微投融资者需求、降低交易成本、促进竞争、提高市场透明度的作用,发挥着分散金融风险、回归金融本质的功能,但管制型立法对互联网金融信用风险规制失灵,催生刚性兑付和过度依赖担保,抑制竞争且加剧信息不对称,因此,应重新厘定信息工具范式,以大数据和征信体系为基础,规范市场准入并明确市场主体法律地位,发挥信息工具之风险预警作用,构建投资者保护立法,完善融合型互联网金融法律规制体系,以弥补管制型立法的制度错配和法律漏洞,并规制信

用风险,降低系统性风险,进而激励竞争、促进信息的产生和传递、分散和利用风险,以发挥互联网金融内生的优化资源配置的功能。

上海交通大学许多奇教授认为,安全性与效益性一直是各国金融监管立法的两大相互博弈的价值目标,能否在安全与效益的博弈中把握适当的度,取得动态的平衡,成为考量决策者或立法者理性与智慧的尺度。2015年7月18日,中国人民银行等十部委所发布的《关于促进互联网金融健康发展的指导意见》正是围绕"鼓励创新"和"防范风险"这两根主线展开的。作为一个新生事物和一种新生业态,对于互联网金融必须要制定适度宽松的监管政策,为其创新留有余地和空间,因此,应遵循"依法监管、适度监管、分类监管、协同监管、创新监管"的监管原则。在风险防范的具体路径以及促导创新的基本类型方面,《关于促进互联网金融健康发展的指导意见》都有所拓展,表述更为清晰明朗,但若想真正取得互联网金融安全运行与自由创新的和谐平衡,必须要在此基础上对各项要求与制度进一步具体化,以增强其可行性与实效性。

(三) 全面改革、依法治国与 P2P 网贷法律规制

山西财经大学张旭娟教授等认为,虽然近年来 P2P 网络贷款异军突起,已成为我国互联网金融发展的中坚力量,但由于我国尚未建立一套完整的互联网金融监管体系,进而严重影响到其健康发展。由于并非所有的 P2P 网贷平台的业务模式都能涵盖于银监会的监管范围之内,因此,一定要避免"一刀切"确定监管主体的做法。考虑各类平台的运营模式,从 P2P 网贷平台的法律关系入手,应对平台予以分类定性,并应确立在市场准入、持续经营和市场退出等方面有差别的分类监管模式。

山东财经大学于朝印副教授认为,我国的金融法制依然带有明显的金融抑制色彩,作为互联网金融的一种重要形式,P2P 网络借贷虽在我国得到了快速发展,但国家相关监管部门针对 P2P 网络借贷所确定的监管原则仍体现了比较浓厚的金融抑制色彩,明显不利于 P2P 网络借贷的健康发展。为了更好地促进 P2P 网络借贷的健康发展,监管政策应当在金融深化的理念指导下进行差别化市场准入、加强行业自律监管等改进。

沈阳工业大学郭金良博士认为,随着国务院和十部委两部"互联网发展"纲领性文件的出台,一直饱受争议的 P2P 网贷也有了较为明确的界定,但关于该类互联网金融业态中投资者保护法律机制仍存在诸多缺陷,需要从投资者保护正当性以及投资者保护中存在的法律障碍入手来研究 P2P 网贷投资

者保护法律机制。而其关键就是应建立以明确投资者法律地位和P2P平台法制化为核心的保护路径,具体来说,主要包括P2P网贷投资者金融消费者法律地位的确立、P2P网贷平台市场准入制度完善、平台民事义务与责任法制化、平台退出机制的建立等内容。

四、全面改革、依法治国与竞争法相关问题研究

(一)产业政策与竞争政策的协调

中国人民大学史际春教授等认为,产业政策与竞争政策暨反垄断法是现代市场经济国家协调经济发展、参与并调节市场的重要手段。竞争政策暨反垄断法的作用是维护、弘扬市场机制,无法对产业发展进行统筹协调。产业政策高于竞争政策,对经济和产业的调控具有直接性、全局性,其目的或作用是规避从自由竞争到合理竞争结构的不必要代价,弥补自由竞争之不能。当然产业政策也必须立足于市场,不得扭曲或破坏竞争机制,并服从于社会整体利益。垄断与竞争是市场配置资源的两种方式,并非截然对立。

上海交通大学王先林教授认为,在几乎所有市场经济国家,政府在克服市场失灵、对经济进行干预时都会同时使用产业政策和竞争政策这两类重要的政策手段,而在某些政府起主导作用的市场经济国家,产业政策曾被认为起着决定性作用。在过去的一个很长时期里,中国在推动经济发展中非常重视产业政策的作用,而对竞争政策重视不够,运用不足。但和世界上其他国家一样,在中国越来越多的人发现竞争以及以维护竞争为宗旨的竞争政策才是促进产业发展和创新的原动力。由此,竞争政策和产业政策在中国也进入了共存和共同发展的阶段。在当前中国全面深化改革和全面推进依法治国的背景下,如何充分利用竞争政策的激励作用和制度保障功能就成为一个非常值得关注和深入研究的问题。总体来说,中国反垄断法中的若干规定为产业政策的制定和实施留下了适当的空间,但真正实现竞争政策与产业政策的协调还需要进一步明确其路径:第一,要坚持以市场机制为基础和原则;第二,要合理界定和正确实施反垄断法的适用除外制度;第三,应重视产业政策监管部门和反垄断执法机构共同管辖权的制定与行使;第四,要充分发挥国务院反垄断委员会的协调职能。

(二)全面改革、依法治国与消费者权益保护

中南财经政法大学刘大洪教授等认为,我国消费者保护领域的惩罚性赔

偿制度是伴随着市场经济的建设而渐进形成的,其制度构建过程是基于经济现实的"倒逼"而非学理上的先知先觉,理论准备的不足和现实对制度的迫切需求致使立法中"实用主义"倾向的形成,从而导致了一系列的适用困难。从《消费者权益保护法》出台的 1993 年算起,至今已二十余年,立法与现实需求之间的充分互动已为我们提供了足够的来自于本土资源的经验和教训,在这个关键的时节,对琐碎的惩罚性赔偿立法进行联动和整合非常必要。具体来说,就是应针对在立法中规则的碎片化、不系统所造成的标准不一和适用困难,对现行立法实践的三种类型("伪类型""标准类型"和"变通类型")进行联动和整合,进而最终形成以《消费者权益保护法》规定为基准,以商品房购买、食品安全等领域特殊立法为补充的惩罚性赔偿制度体系。

重庆大学靳文辉教授认为,新《消费者权益保护法》第 25 条关于远程交易中消费者撤回权的规定固然会降低消费者的维权成本,但也会带来一些低效率的意外后果:比如扩大了消费者追求合作剩余最大化的时间范围,诱发消费者的道德风险,对消费者的冲动性购买行为形成激励等。这些低效率后果产生的原因在于当下撤回权规定对经营者采取了"集体化"的惩罚方式,剥夺了经营者的抗辩权,改变了交易行动中风险的"双方预防"原则。为避免这些意外后果及其产生的低效率,应充分利用信息工具来克服远程交易中的信息不对称,同时要求消费者对不合理退货的行为担责,明确经营者的举证责任,以此来实现自治与强制的兼顾,成本与收益的平衡。

河北大学刘广明副教授认为,安全环境系影响消费开展的关键性要素之一,但从实地调研的情况来看,农村消费安全环境的总体状况还不容乐观。农村消费安全环境的治理至关重要,它不仅直接关系到农村消费者人身、财产安全能否得到有效保障,而且在一定程度上决定农村消费需求能否得以正常释放、农村消费市场能否实现良性发展。当前对农村消费安全环境的治理基本上是在政府主导下进行的,它在取得一定成效的同时亦存在不少问题。为实现农村消费安全环境的有效治理,亟须对现行路径予以必要创新,而消费者作用的充分发挥是实现农村消费安全环境有效治理的关键所在。

(三) 全面改革、依法治国与竞争法制的域外借鉴

中国政法大学戴龙副教授认为,日本早在 1934 年就制定了《不正当竞争防止法》,数十年来,该法经过不断修订,成为日本民事侵权行为的特别法,对于维护市场竞争秩序,维护经营者之间的公平竞争,预防不正当竞争和赔偿因不正当竞争所致的经济损失发挥了重要作用。和我国 1993 年制定的《反

不正当竞争法》所确立的行政执法体制不同,日本《不正当竞争防止法》属于经营者实行私力救济的民事特别法,实行过错责任原则,依赖法院的司法执法得以实施,它在以下方面或值得我国参考和借鉴:第一,在商业混淆行为的规制上,对一般商品商标或营业标记的仿冒是以"知名"为条件的,即只有在市场上具有一定的知名度的商品或营业,对其标记的仿冒才构成不正当竞争;第二,对著名标志的保护,不以混同为必要的后果条件,即仿冒著名标志即使不存在市场混同的后果,也可认定其行为的违法性;第三,日本《不正当竞争防止法》不仅保护注册商标,还包括没有注册的商标;第四,对侵害商业秘密的行为规制上,主要通过强化对于侵害经营秘密行为的处罚和加大刑事处罚力度而实现;第五,在处理与反垄断法的关系上,日本《不正当竞争防止法》的法律定位和规制具有一定的参照价值。

沈阳建筑大学袁日新副教授认为,经营者集中救济制度是反垄断法中的一项特色制度。为回应经营者集中救济执法司法实践和理论的重大发展,美国2011年指南在继续沿用2004年指南基本框架结构的基础上,拓展了经营者集中救济的目标,彰显了行为性救济的地位,强化了经营者集中救济的保障措施,促进了经营者集中救济的有效实施。我国应当借鉴美国的先进做法,结合现实国情,明确经营者集中救济的目标,细化行为性救济的类型,完善经营者集中救济的保障措施,加强经营者集中救济的执法资源配置。

五、全面改革、依法治国与企业法等经济法其他领域相关问题研究

(一)全面改革、依法治国与国企改革

华东政法大学陈婉玲教授等认为,政府部门和社会资本在PPP模式中扮演何种角色将直接关系到整个公私合作制度的价值取向和具体制度的设计。PPP项目公司是与社会资本与政府部门均发生法律关系的机构,无论从特许经营协议、项目合同还是项目公司在项目建设、运营过程中与第三方发生的合同关系中,均处于独立的私法主体地位。明确项目公司的法律地位,才能更好地规范政府职能,促进国有企业混合所有制改革。

吉林大学王彦明教授等人认为,国有企业负责人薪酬问题一直饱受争议,这与企业负责人享受"双重激励"的特殊待遇、缺乏明确的薪酬标准以及薪酬信息不透明有关。欲从根本上解决国企负责人薪酬治理问题,需要立足

于全面深化改革,运用法治思维和法治方式,建立与选任方式相匹配的企业负责人薪酬分配制度;明确薪酬总额"适当性"标准,建立与之相匹配的薪酬扣减制度;实施国企负责人薪酬强制披露,接受公众监督。

浙江大学吴勇敏教授等认为,准确界定国企功能定位对深化国企改革具有重要意义,然而国内目前单维度的分类理念不足以解决国企多元功能特性的定位问题,因此需回归国企"特殊公司法人"的本质,寻求新的国企类型化标准。基于对德国公营事业概念及制度的考察,可以发现德国公营公司与我国国企的相似定位和问题。以德国经验为借鉴,"新资本结构说"可作为国企类型化之新标准,在此基础上,应构建"单核心,双轨制"的国企法律制度,以清晰解读国企多元功能的特性。

郑州大学曹明睿副教授等认为,国企改革一直是我国经济体制改革的核心内容,发展混合所有制已成为目前国企改革的重点路径选择。以经济法视阈来看,国企混合所有制改革的实现方式应包括开放式改制重组、整体上市或核心资产上市、员工持股、引入战略投资者和引入基金进行产权制度改革等;其保障机制应包括建立科学灵活的用人机制、完善法人治理结构以及优化国有资本布局结构等。国企混合所有制改革的目标是更好地实现政府权力和国企权利的法治化边界界定,从而最终提升国企的运营活力和经济绩效。

中国政法大学侯向阳博士认为,党的十八届三中全会通过《中共中央关于全面深化改革若干重大问题的决定》为国有企业改革提出新任务,即要"建立职业经理人制度,更好发挥企业家作用"。然而,国企职业经理人制度的构建还面临很多根本性的问题和难点需要解决。考察世界各国国有企业治理实践,立基于中国国有企业的特性,当前亟须从以下几个方面来着手构建中国国有企业职业经理人制度:一是构建科学配套的市场化国有企业职业经理人制度;二是完善国有企业治理结构,构建职业经理人成长的良好制度;三是构建国有企业职业经理人的激励与约束制度。

(二)全面改革、依法治国与农地制度完善

河南师范大学吕军书教授就农户宅基地的利用状况、腾退意愿这一问题进行了实际调查,共涉及河南省新乡市 190 个样本农户,并在此基础上提出了建立农村宅基地有偿退出的政策建议:一是要做好农村宅基地退出的政策准备;二是要建立利益均衡的农村宅基地溢价分配格局。

北京交通大学郑翔副教授认为,农村集体建设用地流转市场虽已在我国

各地逐步建立和完善，但相关法律规定还存在着许多不足，主要体现在：缺乏集体建设用地流转市场基本法律规范、流转主体权益不明确、流转价格不规范、流转程序不规范、土地流转信息不畅。为妥善解决农村集体建设用地流转市场所存在问题，首先，应该确立农村建设用地入市的基本原则；其次，应明确政府在建立城乡统一建设用地市场中的职责；再次，应建立合理的农村集体建设用地价格体系和评估机制；复次，应完善农村集体建设用地物权流转制度；最后，应建立城乡统一的土地交易平台。

南京大学江晓华博士认为，作为农村土地制度改革的重要内容之一，宅基地使用权退出目前的典型模式有二，即直接市场化模式和政府主导模式，然该两种模式在妥适性上均有不足。在此情况下，建议创设社区合作型退出这一新型模式，以农户和所在集体经济组织作为宅基地使用权退出的主体力量，合作推动宅基地使用权间接入市。社区合作型退出模式的具体实现路径主要包括退回机制和转化机制，退回机制主要涉及退回原则、程序、主体、条件、补偿和风险治理的交易规则和干预规则，转化机制则包括转化规则和转化后的集体经营性建设用地流转。

（三）全面改革、依法治国与环境资源法制创新

河南财经政法大学向贤敏教授认为，在资源利用、环境保护方面，环境税收法律制度因其可有效地集聚环境保护资金、推进社会公平和调节产业结构，促进可持续发展等重要的经济社会价值而具有直接管制、财政补贴、排污权交易、征收环境费等环境保护手段所无法比拟的价值优势。当前，我国现行的环境税费法律制度因缺乏专门系统的环境保护税、系统性的税收优惠措施等而远远不能适应环境和经济整体可持续发展的需要，为此必须对其优化选择。优化我国的环境税收法律制度，应进行如下选择：通过强化流转税、资源税等税类的税收约束和充分发挥流转税、所得税等税类的激励作用，推进环境税收措施的完善；改革排污收费制度，有选择地实行费改税，保留必要的排污收费项目，对一些条件较成熟的收费项目如水污染费、大气排放污染费、固体废物污染费等进行费改税；借鉴国际上的有益做法，开征环境保护税，对其税种、构成要素等进行科学合理的设定，并建立环境税收实施的相应配套措施。

青岛科技大学李响教授认为，消费模式与经济模式互为因应。超越碳经济客观上需要低碳消费模式，该模式是经济社会可持续发展、应对气候变化挑战的关键。低碳消费是指遵循低能耗、低污染和低排放的原则，使用低碳

物质资料及劳务以满足消费者的某种需要的行为。它具有生态环保、可再生能源利用、创新技术、私权干预等系列内涵要素,并且,它体现了消费终端对源头环节低碳生产的逻辑延伸,是对消费者高碳消费模式的法律反观,具有公平性、可持续性、现代性、技术性和适度性的表征。

河南师范大学赵宁副教授认为,重点生态功能区被规划入"限制开发区"极大地限制了功能区内农民原有的自由生活方式和经济开发行为,在法律上剥夺了其对土地等自然资源使用权与发展权。重点生态功能区利益补偿机制是一种矫正环境不公平的利益协调机制。我国应当建立生态补偿专门机构、确定科学的生态补偿标准、完善自然资源产权制度以及健全财政金融法律体制。

河北大学马洪超副教授认为,国家在"十二五"规划中制定了明确的节能目标,单位 GDP 能耗的下降,是"十二五"期间能耗降低的攻坚战。能源消耗的下降,不但取决于节能技术与意识,而通过完善的市场制度、科学的经济制度,也是促进节能指标下降的方式。通过市场来促进节能,可以实现低成本减排,有效的提高能源利用效率,逐步实现国内减排总量控制目的,改变单位 GDP 高能耗,排放总量上升的格局。

六、结　　语

作为此次会议的主题,"全面改革、依法治国与经济法"不仅是一个紧扣时代脉搏的命题,而且是一个极具开放性的论题。也正因如此,此次会议不仅吸引了来自于北京大学、中国人民大学、中国政法大学、中国社会科学院、西南政法大学、西北政法大学、华东政法大学、中南财经政法大学、武汉大学、浙江大学、吉林大学、四川大学、兰州大学等 90 余所高等院校、科研院所以及河北省政府法制办等实务部门的 200 多位专家、学者参加,而且累计收到 180 余篇学术论文,参会人数和论文数量的新高,使得本次会议真正成为了一场学术盛宴,以上仅仅是对此次会议主要论题讨论情况的一个粗浅梳理,仅供学界交流参考,并恳请在综述中未正式提及的专家、学者谅解!

稿　　约

《经济法研究》是由国家重点学科——北京大学经济法学科所在的北京大学经济法研究所(网址:http://www.bishengde.cn/)定期出版的集刊,创刊于1999年,以兼容并包、注重创新、形式活泼、态度严谨为办刊宗旨,一直致力于打造经济法学术交流的广阔平台,集中展现经济法学的最新成果,推动经济法学的繁荣发展。本刊诚挚欢迎经济法领域的理论探讨、制度研究、环球视野、书评综述、学术随笔等各类主题的学术文章。本刊每年上半年6月份和下半年12月份各出一期。

现就有关事项说明如下:

一、来稿应为尚未公开发表或主体部分未曾公开发表的作品。译文应无版权纠纷。

二、来稿请注明是否专投本刊,有关作者姓名、学位、职称(职务)、单位及详细联系方式等个人资料请另附一页标明,不要书写于正文中,以便本刊进行专家匿名审稿。

三、来稿请在正文前加列"目次""摘要"与"关键词"。目次列明文章一、二级标题即可;摘要为文章主要观点之提炼,字数一般控制在300字以内;关键词一般为3至5个。

四、来稿统一使用A4纸打印,亦可采取电子邮件方式投稿,文档存为word格式,电子邮件主题为"作者姓名+论文题目"。

五、来稿请寄编辑部,勿寄个人。来稿在3个月内未被采用的,作者可自行处理。未被采用的稿件一般不退,请自留底稿。稿件一经采用,寄送当期刊物一册。

六、注释体例

(一)本刊提倡引用正式出版物,出版时间应精确到月;根据被引资料性质,可在作者姓名后加"主编""编译""编著""编选"等字样。

(二)文中注释一律采用脚注,全文连续编码,注码样式为:①②③等。

（三）非直接引用原文时，注释前加"参见"；非引用原始资料时，应注明"转引自"。

（四）数个注释引自同一资料者，自第二个注释起，可采简略注释，例如：梅因，同注×引书，第28页。

（五）引文出自于同一资料相邻数页时，注释体例为：……，第67页以下。

（六）引用自己的作品时，请直接标明作者姓名和作品名称。

（七）具体注释体例：

1. 著作类

[1] 胡长清：《中国民法总论》，中国政法大学出版社1997年版，第20页。

2. 论文类

[1] 苏永钦：《私法自治中的国家强制》，载《中外法学》2001年第1期。

3. 文集类

[1]〔美〕J. 萨利斯：《想象的真理》，载〔英〕安东尼·弗卢等：《西方哲学演讲录》，李超杰译，商务印书馆2000年版，第112页。

4. 译作类

[1]〔法〕卢梭：《社会契约论》，何兆武译，商务印书馆1980年版，第55页。

5. 报纸类

[1] 刘均庸：《论反腐倡廉的二元机制》，载《法制日报》2004年1月3日。

6. 古籍类

[1]《史记·秦始皇本纪》。

7. 辞书类

[1]《新英汉法律词典》，法律出版社1998年版，第24页。

8. 外文类

依从该文种注释习惯。

9. 网上文献类

张义敏：《中和应泰董事会金立左博士谈郑百文重组方案还只是一个框架》，《中国证券报》网站，http://www.cs.com.cn/csnews/articles/26651444.htm，2010年3月20日访问。

七、本刊专家匿名评审的标准主要分为具体评价指标、论文总评价两大项。具体评价指标包括选题价值、论文创新、论证方法、论证深度、文字规范等；论文总评价主要是指论文在本学科的定位。专家根据以上标准给出评价意见和刊用意见。

八、来稿请寄：

地址:北京市海淀区颐和园路5号北京大学法学院《经济法研究》编辑部

邮编:100871

电子信箱:jjfyjbjb@163.com

期待您不吝赐稿！

谢谢您的支持与合作！

衷心祝您，

工作愉快！万事顺心！

《经济法研究》编辑部